北京市文物局
青年科研丛书

2011年北京市文物局青年业务人员科研成果出版项目

北京石刻艺术博物馆石刻文化系列丛书之二十

钩沉石影

GOUCHEN SHIYING

——北京石刻艺术博物馆馆藏法帖原石

BEIJING SHIKE YISHU BOWUGUAN GUANCANG FATIE YUANSHI

李巍◉著

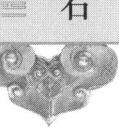

北京燕山出版社

序

本书是北京石刻艺术博物馆一位青年研究人员整理馆藏法帖刻石的成果，也可以说是一部“读帖”的心得之作。

从事书法艺术的人要读碑，这是尽人皆知的。上世纪七八十年代，我国书法界前辈沙孟海先生为前浙江美术学院（今中国美术学院）书法专业硕士班制定课程表时，就曾将《古碑文选读》定为与《古代汉语》并重的一门必修课，可见其重要。但却不曾见“读帖”（锐案，这里所说的“帖”，不是平时人们常说的“临帖”、“字帖”之帖，而是指与“碑”、“志”、“摩崖”等对举的“法帖”）之说。但是必须读，比如你要临学《兰亭序》，不先把那二百多字读懂，怎么写得进去呢？

就目前石刻研究领域而言，在石刻诸品类中，像碑碣、墓志、摩崖、造像记、刻经等，在性质上与法帖是不同的。前者诸品的价值，在史料和文献；而后者则是一种“艺术石刻”，其价值在保存书艺珍品和传播书法艺术。但是，只要是用文字写成的作品，其文字总是要传达一定内容的。人们在鉴赏或临习前贤法帖时，总是先要知道那些法帖里都写了些什么，才能知道书者为什么要用这种（书法）艺术手法来传达这些内容。北宋治平元年（1064）秋，欧阳修在给其所藏的王献之法帖作《跋尾》时写到：

“余尝喜览魏晋以来笔墨遗迹，而想前人之高致也。所谓法帖者，其事率皆吊哀、候病、叙睽离、通问讯，施于家人朋友之间，不过数行而已……”

（《集古录跋尾卷四·晋王献之法帖·一》）

这种认识，当然是读帖的结果。就六一所跋而论，“吊哀”、“候病”、“叙睽离”、“通问讯”，说的实即长笺短简之类的信札尺牍。而这恰恰是一批很珍贵的文献资料，它们不仅可以补诸家文集之阙，在历史研究领域也有其重要价值。譬如现存可信的王羲之各帖，我们阅读之下，会觉得颇有《世说新语》中某些篇章之味道。其篇幅最长的《十七帖》（实则并不是十七种帖，而是二十九种，唐人著录时取第一帖首之“十七日先书……”一句的“十七”二字命名此帖，因此或称之为《十七日帖》）之内容，几全为发给羲之好友、东晋益州刺史周抚（292~365，字道和）和外亲郗氏的书信。《十七日帖》全系草书，明代文徵明有朱笔正书释文，不难读，其内容是很有研究价值的。本书作者对本馆所藏《敬和堂帖》中文徵明、董其昌、祝允明、王铎诸帖，数年来是下过一番释读功夫的。虽然由于年龄和治学经历等原因（作者一直从事地方文献考证一类工作，很少涉猎书法艺术），对其中的草书尤其是波澜壮阔的王觉斯草书，释读起来尚感有些困难，但她数年来孜孜不倦，居然读通了其中的大部分。以之对照王铎的文集，发现《帖》本中有不少信札为文集所未收。这不能不说是她“读帖”的可喜成果。再就法帖中所收前人墨迹而言，这和收藏者的情况有很大关系。如成亲王永瑆以清代帝子之身份，多见内廷珍祕，就往往藏有“世不经见”之本。今日所知我国时代最早的晋代陆机墨迹《平复帖》即其所藏。本书作者所举的明太祖朱元璋敕旨墨本，更是不仅在书法史领域，而且就文献价值而言，也不失为珍贵资料。将这些资料从法帖中发掘、鉴别钩稽出来，应该说既是“读帖”的成果，也未始不可说是在做一项文献整理工作。

本书第二部分，是对《诒晋斋》系统诸帖原石的排比缀合。接触到这些帖石，才知道这部帖全由一石双面刻成。但帖石佚缺严重，共刻若干石，现存尚缺若干石，目前无从知道。其文字顺序，是一面自为起讫，还是两面连刻，也不大清楚。现已知明人吴廷所刻《余清斋帖》亦系双面刻石，今仍藏于安徽歙县之新安碑园，且已嵌壁展出，如能目睹其石，读通其文，应当说对整理本馆帖石，会有莫大裨助。目前本书作者所从事的工作，乃是先辨识现存各石两面各自的文句起讫，记录其首句和尾句，再对比各石，看其有无连缀之可能。这是一项极为艰苦单调的工作——不管是整日里不厌其烦地反复校对拓片，还是在风日之中来回摩挲上百方帖石，细读刻文，其付出之劳动可以想见。即使能查到几种本子，也终因帖石缺佚甚多，一时也不易定其原貌。这些就都有待大量的后续工作了。

本书之名，作者用了“钩沉”一语，此名称最早用于著作，恐怕应推西晋杨方的《五经钩沉》(280年）了。其书自叙其“钩沉”之义，是“钩经传之沉义，著论难以起滞”（见王应麟：《玉海》卷廿四引）。二字唐人写作“钩深”，其义不外是从群籍中钩稽出不被人注意或不易被发现的某方面信息。其后，此名多被一些经学、小学著作所用，如《古经解钩沉》、《小学钩沉》以及《国学钩沉论》等等。至于鲁迅先生的名著《古小说钩沉》，则是我们都熟知的了。本书作者自名其书曰“钩沉”，我想这也是来源于读帖过程中的一种甘苦之言。尽管作者还年轻，做这种钩深索隐的工作还刚刚起步不久，但只要持之以恒，努力做下去，相信随着学识的增加和经验的积累，无疑是会不断取得新的成果的。

韩 锐

二〇一二年五月二十日

凡例

一、本书收录石刻馆馆藏法帖刻石两大类五种：《敬和堂法帖》和《诒晋斋书卷》、《诒晋斋法帖》、《诒晋斋巾箱帖》、《诒晋斋采珍帖》。

二、排序以《敬和堂法帖》叙述在前，诒晋斋诸帖在后。因《敬和堂法帖》收录了明代书法家的作品。《诒晋斋书卷》是御制摹刻清人永瑆的作品，并因而引出了以诒晋斋为名的诸种法帖。虽然《诒晋斋法帖》选刻宋元以前的墨迹，但因是永瑆主持，为了便于叙述，仍归于后者。

三、以容庚先生《丛帖目》为根据，在叙述帖名上延续《丛帖目》的名称，便于研究者对照。

四、录文中换行处标以“/”。

五、本书录文中相同篇章内容因有增减者皆录两次，例如：《诒晋斋书卷》中《雪赋》中的“折园中之护草摘阶上之芳薇”句就是作者所加。

目录

概述

石刻法帖是摹刻于石版之上的书迹，多选刻历代帝王、名臣、名人的墨迹，以为师范，供人临摹、欣赏。但“帖”字的原义却不是我们今天所用的这种涵义。《说文解字·巾部》“帖”字下云：“帛署书也”。什么是“帛署书”，很是费解，清代学者段玉裁注解说，“帛”上的“署书”，就如同后世的“标签”。后来范围逐渐扩大，专指文书、信札、便笺和书稿一类墨迹而言。唐人已经把王羲之父子等晋人的一件这类作品称为“一帖”。所以北宋欧阳修在《集古录》中说：“所谓法帖者，其事皆吊哀候病、叙睽离、通讯问，施于家人朋友之间，不过数行而已。”这类信札、便笺有的是著名书法家或名人所书写，因此便有人从事搜集、收藏以供观赏或临摹习作。“帖，就是把著名的书迹摹刻流传的一种复制品”（启功先生语）。由于原迹比较稀少，常用椎拓、钩填等方法来复制。大约在隋唐时开始将墨迹摹勒镌刻在石上，再用纸墨将它拓出，借此以更广泛地流传。宋太宗命翰林侍书王著选编内府所藏历代帝王、名臣、书画家等墨迹，刻成《淳化秘阁法帖》十卷。学习书法者无不以名家墨迹为临习的范本，但是古代名家的墨迹随着岁月的流逝，与日俱少，而且大多为内府或私人秘藏。赵孟頫在《兰亭十三跋》中语：“昔人得古刻数行，专心而学之，便可名世”，足见名家墨迹的重要和不易得。为了能使名家墨迹化身千百，广为传播，以满足众多临习者和鉴赏家的需要，在印刷技术未传入中国之前，古代人发明了拓印技术，用透明薄纸覆在墨本上对着光亮双钩出原件字形，这种把名人墨迹钩填摹勒于木版上，之后又采用石版，又用纸墨拓取其字，装订成册，方便阅览临摹，这就是拓本。

石刻法帖与其他类石刻的区别，不仅在内容、书体、形制等方面，更在于其用途和性质的不同。其他类石刻（除石雕以外），是以纪事、纪念、表彰为目的，由书丹人用朱墨直接写在石上，然后镌刻。而石刻法帖是以墨迹为范本，钩摹复制，是一种传统原始印刷技术，即法帖在创作伊始，即具有可效法，供欣赏之目的。或者可以说，碑、志、经、记类石刻的主要价值在文献史料，而法帖石刻之主要价值在书法艺术。

法帖分为丛帖和单帖。单帖是单件书迹摹刻的，只收录一种帖。丛帖也就是一部帖里收录若干种帖，有的按照年代排序，有的按照人物的地位主次排序（比如帝王、名臣、名士、隐逸），有的按照卷次分，有的丛帖里既收录自己书写的内容又收录其他名家的书迹。

刻帖始于何时，各家著述不一。相传《乐毅论》是东晋王羲之亲自书刻的最早的单册帖，隋智永曾摹刻《兰亭序》。至于丛帖，有人认为始刻于南唐的《升元帖》、《保大帖》、《澄心堂帖》，是镌刻法帖的开始。宋元时期人的笔记中曾记载，江南后主曾诏徐铉将内府收藏古今法帖刻石，名《升元帖》，在《淳化阁帖》之前，当为法帖之祖。又传《保大帖》、《澄清堂帖》是南唐汇帖之始。对于《澄清堂帖》，容庚先生已做了详细的考证，在宋人论法帖的书里都没有记载。明代邢侗首先得到残本，全部收刻王羲之的书迹，比《淳化阁帖》还要多出三十多种。之后风行于世，辗转摹刻，又有增补，共计十一二卷，是南宋嘉定年间坊肆间书贾刻的。近代张伯英云：“《澄清堂帖》，不知何人所刻，以甲乙字为卷数。……兹就所存卷数审之，盖南宋人汇辑各帖之右军书，依米元章、黄长睿二家所评，汰其赝迹，以成此本。气骨甚清，具生动之致，异于常刻，但亦有单弱之处，逊于他刻者。”南唐的这三种帖，至今未见有真本传世，其可靠性和真实性值得怀疑，但是却引起了后人不断的猜想和附会。目前学术界一致公认的、无争议的中国历史上的第一部大型丛帖当推《淳化阁帖》（全称《淳化秘阁法帖》），这部法帖的拓本至今流传，有“法帖始祖”之称。

作为一种文化收藏活动成果的表现和社会高层文化界的时尚，自唐宋以来，刻帖之风渐渐盛行。北宋淳化三年（992 年），宋太宗命令翰林侍书王著将内府藏的历代书法作品编次为十卷，摹刻于枣木版上。收录了历代帝王法帖，汉至唐十九人书，五十帖；历代名臣法帖六十七人书，一百一十四帖；诸名家法帖十五人书，二十三帖；收入王羲之、王献之书二百三十三帖。十卷字体包含了篆、隶、楷、行、草等诸体。宋太宗经常赠赐给官员，椎拓次数越来越多，使木版产生了裂痕。后来宫禁失火，原版全都烧毁。

《淳化阁帖》收录了历代帝王的法书、历代名臣的法书，还有一些古法帖，单在第六卷至第十卷大量收录了王羲之、王献之的墨迹。《淳化阁帖》收罗丰富，保存大量的古代书法遗迹，对后世书学及后来方兴未艾的刻帖行业影响极大。自此之后临摹重刻的有几十种，愈刻愈劣，愈翻愈脱离了原印，内容更有增减，人物则古今杂糅，字体大小不等，并且另立名称斋号。最后已是真假难辨。宋代私刻《淳化阁帖》最早是丞相刘沆守长沙时摹刻，因此称《长沙本》，又名《潭帖》。后又有《绛帖》、《临江帖》。从此全国各地皆有仿刻者，各以其所在地名而称为某某本，不胜枚举。“《淳化》一出，天下翕然从风。其后临摹重刻不知几十百种。盖墨刻之盛行从此始也。然模仿既久，渐至乱真，辩论纷纷，遂成聚讼。盖不独兰亭为然矣。国朝帖本，如东书堂、宝贤斋等，皆出宗藩，既非法眼，又无神手，萎靡不振，仅足充枣脯尔。”①然而即使这样，能保存至后世者，也百中无其一二。

元代仁宗延祐五年（1318 年）所刻丛帖《乐善堂帖》是目前已知唯一传世的元代丛帖。此帖是赵孟頫的好友顾信摹刻的赵孟頫书字帖，现仅存四卷。此帖后附名贤法帖八、九、十卷，辑刻了宋代姜白石、卢柳南二人的书法作品。此帖石一直到了明正德、嘉靖年间才从一陶姓人的宅邸出土。出土之后其拓本在苏州地区盛行，被书家视为赵书佳本。但是帖石后来却不知下落。著名的碑帖鉴定专家张彦生先生所著《善本碑帖录》中所列宋刻丛帖二十九种，明代丛帖五十五种，然元代丛帖仅此一种。近人容庚所著《丛帖目》一书收录丛帖最为宏富，列目达三百余种，未见此帖。容先生对丛帖很有研究，且几十年精心搜集，勤于笔录，不知此帖尚存，可见这部明拓《乐善堂帖》传世至今实属鲜为人知，有极高的版本珍藏价值，是辑刻赵体丛帖最早的版本拓本之一。近代著名碑帖收藏家鉴赏家张伯英得到此帖，感慨于虽出明代，何异于宋元古拓。

明代能书的帝王不在少数，太祖（洪武）、成祖（永乐）、仁宗（洪熙）、宣宗（宣德）、孝宗（弘治）、世宗（嘉靖）、神宗（万历）均有能书之名，但均未有修帖的记载。明永乐十四年（1416 年）周宪王朱有燉摹刻《东书堂集古法帖》十卷。弘治九年（1496 年）晋庄王朱钟铉命其子主持，王进、杨光溥、胡汉、杨文卿选集，宋灏、刘瑀摹刻《宝贤堂集古法帖》。万历四十三年（1615 年），张鸣鹤奉肃庄王之命摹刻《肃府本阁帖》。以上三种可称官修帖，也是以《淳化阁帖》为蓝本而修。明代的官府刻帖远远逊于民间私家刻帖，这是明朝文化发展的一个特点，明代中期社会比较安定，经济发展，江南一带更是富甲天下，文化氛围活力炽盛。嘉靖元年（1522 年），无锡华夏精选出秘藏的墨迹刊刻《真赏斋帖》，此帖由文徵明父子钩墨，章简甫镌刻。被清王澍誉为“有明第一佳刻也”②。明嘉靖十六年（1537 年）至三十九年（1560 年），文徵明编选，其子文彭、文嘉摹勒，刊刻《停云馆帖》十二卷。后代书家对此帖评价甚高，明王世贞作十跋，对此帖逐卷评论，盛赞此帖。自此开创了明代刻帖高潮。此帖不仅局限于刊刻前代书法家、名人的墨迹或者翻刻《淳化阁帖》，当代文人的书法也汇集其中。据统计，明朝民间刻帖有五六十种之多，尤其万历至天启年间，董其昌参与的刻帖内容尤多，很多帖都收入了他的作品。明代的刻帖活动为当时的出版印刷增添了一个新的行业。

刻帖活动在清一代，盛况不减，因其多藏于私人家中，访寻较难，究竟有多少石刻法帖曾经点缀在私人的园林别墅，其存灭历史为人所忽视，至今未见有对其专门的普查和记录。清代初年康熙、乾隆二帝均好书、善书，康熙帝时刻有《懋勤殿法帖》，乾隆帝重刻《淳化阁帖》，逐卷自作跋文，又命大臣详加校勘，是历史上另一次大型的刻帖活动。又刻《三希堂法帖》及《三希堂续刻》。民间刻帖之风更甚，尤其到了乾嘉时期，丰富的金石、文字和考古研究成果，助长了文人雅士的复古嗜古的兴趣。千余年来不被重视的碑版石刻，重新被学术界推崇和研究，刻帖活动成为时尚，据《丛帖目》统计，清代刻帖不下千种。因刻帖的盛行，引出了阮元的《南北书派论》书学思想，继而出现了包世臣、康有为的“尊碑抑帖”之说，其影响延续至今。

容庚先生的《丛帖目》收录宋代、明代、清代及民国刻帖共计三百四十四种；启功、王靖宪二先生主编的《中国法帖全集》收录了共三百四十种，其中有元代现存唯一丛帖《乐善堂帖》，并汇集了众多近现代关于法帖的研究成果，对于各代刻帖始末都有详尽评述。

历史上有记载的宋刻丛帖不下七八十种，然而历经千年沧桑，今日仅存一二十种残拓传世，明代能够保存下来的完整法帖石刻，更是寥寥无几，十存一二。因为年代久远、社会的动荡，法帖石刻由于数量体积和重量的限制，即使幸存也零散而不成体系。很多著名的现今仍流传于世的石刻法帖，例如，安徽歙县新安碑园的《馀清斋法帖》、《清鉴堂法帖》；北京北海的《三希堂法帖》、《快雪堂法帖》；河南汝州的《汝帖》等这些法帖的原石多镶嵌于园林壁墙之上，有效地防止了人为搬运腾挪造成的遗失和损害，而且对于石刻本身的自然风化也起到了保护作用。

民国时期影印技术传到中国，历代墨迹精品和拓本的影印本为广大读者提供了阅读的便利条件，刻帖活动开始走下坡路，所刻历代书家的墨迹，仅《百爵斋藏历代名人法书》、《蕴真堂石刻》、《壮陶阁帖》等寥寥数种。《壮陶阁帖》三十六卷，续帖十二卷，补遗一卷，霍丘裴景福撰集。裴景福字伯谦，在广东做官时，得到潘仕成《海山仙馆帖》、孔氏岳雪楼诸家遗物，汇集成册，于民国元年刻成帖。起初木版和石版掺杂相刻，后弃石专用枣李木版。收帖虽卷帙浩繁，然而鉴选失当，所收伪书不少。续帖十二卷，补遗一卷，刻于民国十一年（1922 年）。正、续、补刻版，现均藏于南京博物院。

民国时期所刻丛帖，也仅有《明清藏书家尺牍》、《明清两朝画苑尺牍》、《明代名人墨宝》、《明吴门四君子法书》、《名贤墨迹》等，单帖有王羲之书《兰亭集帖》、邓石如书《邓石如篆书十五种》，其他杂刻，仅《印人画像帖》一种而已。《印人画像帖》一卷，民国三年（1914 年）所刻。山阴吴隐撰集，王云摹像，俞逊刻丁敬等二十八印人画像，帖前有吴昌硕题字和吴隐序。

北京历五朝古都，人文荟萃之所。明崇祯十四年（1641 年）勒石的《快雪堂法帖》，是北京地区现存最早的法帖原石。石刻共四十八方石，全部为青石质。每石长 100 厘米，宽 33 厘米，厚 10 厘米。《快雪堂法帖》共五卷，是明末清初涿州冯铨选辑，宛陵刘光旸（雨若）摹刻。共收入魏晋以降至元代的二十一位书法家共八十一帖。该帖大部分自真迹摹勒。勒石者为铁笔名家刘光旸，神韵犹存，因而久为世人所重。因首刻为王羲之的《快雪时晴帖》，清高宗于乾隆四十四年（1779 年）在北海建“快雪堂”存贮这批原石，并作《快雪堂记》记之。现镶于快雪堂二进院回廊的墙壁。

清以来当属康熙、乾隆二帝刻帖之最为庞大，如康熙《懋勤殿法帖》，康熙二十九年（1690 年）勒石。石表风化，字迹已漫漶。该贴收录了自夏禹以降至明代帝王和名人书法一百四十二家，五百三十四帖，并穿插康熙御书、御临法帖六十四种。其中有部分内容来自《淳化阁帖》而重新进行增删编次。流传拓本极少。原石存北京故宫博物院。

乾隆《三希堂法帖》，全称《御刻三希堂石渠宝笈法帖》。共收入了魏、晋以来至明末135人的340件楷、行、草书作品；另有新题跋210余件；印章1640余方。编成三十二卷。乾隆十四年（1749年），青石质，共五百方。其中包括法帖正文四百九十五石，清高宗敕谕、跋尾、题诗、职名等五方。每石长95厘米，宽30厘米，厚10厘米。梁诗正、蒋溥、嵇璜、汪由敦等从三希堂和内府收藏编入《石渠宝笈》的历代法书墨迹中选择一部分，加以编次；乾隆十四年（1749年）七月开始由宋璋、扣住、二格、焦林等人镌刻，乾隆十八年（1753年）刻就，藏于北海阅古楼。道光十九年（1839年），清内务府御书处将全部石刻中除了三寸以上的字未加剔刻外，其余一二寸的小字及印章全部进行了剔刻，并在每石周边加刻了“回”纹图案。乾隆六十年（1795年），山东省淄川县知县孙功烈等五十人又为《三希堂法帖》编注了全部释文，最后由阮元题跋。

《敬胜斋法帖》，乾隆二十六年（1761年）勒石。汉白玉质。共三百七十六方。每石长90厘米，宽33厘米。内容为清高宗御书、御制诗文十册，御书、经书及前人诗文十册，御临诸家名迹二十册，统为四十卷。现存故宫乐寿堂两侧回廊内。

御制《重刻淳化阁帖》石刻，乾隆三十四年（1769年）勒石。青石质，共一百四十四方。现存七方。每石长90厘米，宽33.5厘米，厚11厘米。此帖系清高宗命内廷将所得宋拓《淳化阁帖》（据考原本系宋太宗赐毕士安之本）重摹上石，藏于圆明园内长春园淳化轩。1860年毁于英法联军之手。1993年，此七石于该遗址西侧出土。

《兰亭八柱》石刻，乾隆四十五年（1780年）勒石。青石质。兰亭八柱每柱高约420厘米，柱呈方形，边长51厘米。外罩蓝琉璃瓦重檐八角攒尖顶亭，又名“景自天成”亭。“兰亭八柱”帖装裱为八册。第一册，虞世南摹《兰亭序》。第二册，褚遂良摹《兰亭序》。第三册，冯承素摹《兰亭序》。第四册，柳公权书《兰亭诗》墨迹。第五册，戏鸿堂刻柳公权书《兰亭诗》原本。第六册，于敏中补戏鸿堂刻柳公权书《兰亭诗》阙字。第七册，董其昌仿柳公权书《兰亭诗》。第八册，御临董其昌仿柳公权书《兰亭诗》。兰亭八柱碑亭及碑原址在圆明园，1917年移于中山公园内。

民间刻帖，原石仍存的有《松雪斋法帖》、《延禧堂忆旧帖》、《光赞堂法帖》、《清爱堂帖》、《诒晋斋法帖》、《蕴真堂法帖》等等。

《松雪斋法帖》刻石，嘉庆十四年（1809年）、嘉庆二十一年（1816年）勒石。刻石高35厘米，宽120厘米。包括松雪斋法书墨刻六卷，清嘉庆二十一年（1816年）共刻赵孟頫书十七种。松雪斋法书六卷，共刻赵孟頫书十五种。均由金匮钱泳摹勒。现存首都博物馆。

《延禧堂忆旧帖》刻石，乾隆四十八年（1783年）勒石。漳浦蔡新辑。汪由敦篆书“澄怀八友图”五字于首，常铣绘澄怀八友图。分上下二卷，上卷刻皇三子、经畬主人、瑶华道人等十一家题诗，下卷刻陈世倌等十九家题诗。现存首都博物馆。

《光赞堂法帖》石刻，嘉庆五年（1800年）饮和轩摹勒上石。青石质。共十四石。一般法帖刻石均为长方形，而此种刻石形制独特，呈正方体，底部饰圭角。每石边长38厘米。周围四面及顶面刻字。此帖是根据御赐内阁法帖选刻晋代王羲之及唐代欧阳询《圣教序》、颜真卿《争座位帖》等而刻，有隶书“秘阁法帖”四字。现藏于首都博物馆。《光赞堂法帖》未见《丛帖目》、《中国法帖全集》著录。

《蕴真堂法帖》石刻，民国十一年（1922年）勒石。青石质。共五十四石。每石长92厘米，宽30厘米。此帖收入唐、宋、元三代十六家墨迹未曾刻石或石已不存的作品共三十九帖，分四册。大兴冯恕编辑，关中郭希安镌刻。冯恕是中国近代史上的民族企业家、收藏家，曾编撰《冯氏金文研谱》。石刻原镶嵌在冯氏祠堂（西城区羊肉胡同73号）东厢房壁上，现藏西城区文物保管所。

以上列举也是烟波浩渺的法帖原石之中的幸存者，虽有部分遗失，亦能窥见其真实风貌。

北京石刻艺术博物馆自1986年建馆以来，本着保护文物、抢救文物的原则，在近三十年的时间里收藏了北京地区大量石刻，尤其对石刻法帖的抢救更是功德无量。《诒晋斋法帖》、《敬和堂法帖》这两部丛帖的刻石基本完好地保存了下来，无论从其艺术价值、历史价值还是经济价值来看，都是不可多得的。这也是文化界的一件幸事。之后又陆续收藏了一些名人墨刻、集字、诗文的刻石，丰富了北京石刻收藏的种类。

例如，《间架结构摘要九十二法》石刻，乾隆四十九年（1784年）秋日勒石。共三石。此帖系乾隆四十九年（1784年）进士邵瑛摘要集成的。他根据汉字结构规律特点，总结具有代表性的九十二种书写方法，并以各种"间架"、"结构"搭配，以口诀的形式提炼。是习字的范本。该石刻比已出版发行的清代黄自元所集《间架结构》帖早近百年。

《草书要领》石刻，现存三十石。相传为唐天宝年间，玄宗李隆基敕命书法名家集晋二王的草书，分类上石刻成的一部习字法帖。该帖分仁、义、礼、智、信五集，共辑草字三千八百六十三个，每个草字旁附以楷、篆两种书体，便于学书之人临摹、查阅。光绪丁亥年（十三年，1887年），李云麟在整理旧刻拓片的基础上，重新摹刻上石。

以上两种法帖，在容庚先生的《丛帖目》未见收录，也未见其他文献的著录。

纸寿千年，载籍多舛，法帖收录了众多书法名家多种风格的字迹，从书法方面说可谓是丰富多彩。但许多书迹的原本已不存，拓本珍稀，更有爱不释手者见真迹而摹了又摹，又数次翻刻，不仅尽失原帖的面貌，也失去了初始刻石的钩捺撇划的味道，正所谓神形具失。而后来者多在影印本中揣摩翻阅，难窥法帖之初承载体的始末。

本书主要介绍北京石刻艺术博物馆馆藏《诒晋斋帖》，及刻石始刻于嘉庆九年（1804年），存石一百四十方。《敬和堂法帖》及刻石（同治十年（1871年））勒石，现存一百五十七方的概况，以馈观者好奇之心。关于"诒晋斋"法帖，本书收录了四种和一些零散无出处的帖石，不排除有翻刻的帖，即使不能达到赏心悦目的目的，亦可作为研究书法史以及研究历史人物、历史事件、社会生活等方面的资料。对于《诒晋斋帖》的整理，主要以《丛帖目》为依据，以原石为标准，考订现存法帖原石的数量、规格、传世拓本与镌刻原石所用范本之间的比较。成亲王永瑆凭借得天独厚的身份，广蓄碑帖书画，其藏品中不乏珍稀名迹，比如所藏西晋陆机《平复帖》，是世上公认的年代最早的传世墨迹珍品。他视为挚爱，因此命名自己书室为"诒晋斋"。怀素《苦笋帖》、米芾《多景楼诗》、黄庭坚《经伏波神祠诗》、鲜于枢《书杜甫茅屋为秋风所破歌》等名帖真迹等都刻入了"诒晋斋帖"之中，以广流传。《敬和堂帖》是清代李鹤年辑文徵明、祝允明、王铎、董其昌四家书迹汇刻而成。

石刻书法艺术，当然无法与墨迹相比，在有墨迹的情况下，学书者一般不愿去看石刻。话虽如此，但墨迹毕竟只有一件，近代影印技术发明之前，墨迹的影响是十分有局限性的，而且它的保存状况也是令人堪忧。拓本本身也是一项重要载体，一些或毁于自然，或毁于人为的刻石，实际上是有赖于拓本而流传至今的。目前市面上没有整理完整的这两部法帖，只是有少量的初拓和旧拓抑或是唯一的墨迹被文化单位收藏。金石学家考订拓本的真伪，在考据论述中，不免多有难以释明之处。尤其是对原石已毁的拓本，在判断其是否为原石拓本之时，则争议很多，真伪难辨。

法帖原石比之拓本来说，还是有一些特色的，其一，传拓技法的发明使石刻的传播不受地域限制，拓片的制作成本低廉，简单易行，十分方便。自从出现了帖，刻帖作坊便应运而生，特别到了明清时期，刻帖业更为发达。其二，椎拓是中国古代印刷术的一种形式，是专门服务于文人，有别于其他几种，主要为了达到观赏和传习书法的目的。可以原汁原味地反映当时刻帖业的情况，对研究者来说是很好的实物例证。比如说一方石上可以刻若干内容，文与文之间的字体也没有要求；或一篇文章由于比较长，这方石已经刻不下了，而改在另一方石的空余地方。这很节省石材，有效利用空间，实际上只是为了日后拓本的使用。其三，石刻可以“不朽”，比较能够承受天灾人祸对它的破坏，不像墨迹，付之一炬，顷刻化为乌有。自从先民发明了毛笔和纸张后，随即产生了大量的书法作品，尤其在汉代之后，人们对书法艺术的追求达到异常狂热的地步，对此，汉代的辞赋家赵壹在《非草书》中有过十分生动形象的描绘。在这种情况下，谁知道会产生多少书法作品呢？但这些作品今天却极少幸存。相比之下石刻则为我们保留民族的书法遗产立下不可磨灭的功劳，它的作用不可取代。而收藏家们只注重收集各个时期的拓本，这也是历代金石学家惯常的做法，因为他们研究的对象是字体结构、运笔的变化，他们多关注于拓本的研究，而忽略了其载体——石版和镌刻者的刻功，这里同样蕴含着真、行、篆、隶、草这种自然的书体韵律以及各个时期著名书法家的书体变化。从帖通常是要割裱的，帖石内容顺序颠倒，对最后装册并无影响；或者椎拓水平有限，字口浅，洇墨过甚，不仅字迹不清、变形，也掩盖了帖石的各种细微特征；或者为了说明所收藏帖为真迹，在装裱过程中挖补、补字、拼接，采用移花接木的手段，不仅给辨伪制造了麻烦，更失去了其本来应有的面目。金石学家考订拓本的真伪，在考据论述中，不免多有难以释明之处。尤其是对原石已毁的拓本，在判断其是否为原石拓本之时，则争议很多，真伪难辨。这就不如法帖原石来得真实可靠，板上钉钉，不容删改，即使过了千年，如果保存得当，仍能以本来面目示人。

另外，法帖不仅有观赏、临摹的功用，还有史料的价值。启功先生曾言：碑帖还有其他四项作用：一、作品的校勘；二、集外作品的补编；三、作家、作品的史实考证；四、创作技巧的研究。总的说来，法帖的原石和拓本、书法的技艺、法书墨迹这一大宗遗产，是非常丰富而重要的，研究整理的工作更与我们的文化事业息息相关。

利用好这批文物，使其发挥充分作用，服务于社会，贡献于人类。对此刻石的梳理，对碑帖的深入研究与取法，对书法艺术传统的弘扬，书法创作个性化进程的推进，必将产生不可估量的深远影响。

对于法帖的研究大多只限于书法史的范围，其实法帖石刻不仅是石刻中重要的种类，它是使墨迹广为阅览所依托的载体，一种传统原始印刷的模范，它还是辨别拓本的一个重要依据，同时，法帖本身的内容有的又是真实的史料记载，更加大量丰富了现存历史文献。使爱好者不仅仅去欣赏其书法结构的艺术性和书体的变化多端，或者仅仅去辨别真伪的程度。而是能够比较全面地了解其历史价值，对以后再深入研究起到推动作用。

例如，在《敬和堂法帖》中有一则文徵明八十九岁时写给朋友的信札，断然拒绝为严嵩祝寿的内容。其文辞和笔意中透出的刚直和坦然令人唏嘘。

崇祯十一年（1638 年），礼部尚书王铎进讲《中庸》，因言及时政，招到叱责。他于崇祯十二年（1639 年），自结庐以读《礼》两年，仍不能解忧。因何如此心绪忧烦？王铎对皇上的叱责虽坦然处之，但是心中仍然忧虑着国家的动荡、人民流离失所、四面楚歌的社会状况。在其书迹《与友苍诗》的题识中正提到了这段，能够衔接和补充史书的记载。

另外王铎降清后，在北上进京的途中，焚毁了近千件诗文作品。清乾隆时将王铎列入“贰臣”，又将王铎的著作视为禁书。现存的尺牍信札较少，而《敬和堂》收录了十几件王铎与友人交往的书信回札，这是很珍贵的，为研究王铎生平的人能提供一些很有价值的参考资料。

以成亲王永瑆书斋命名的法帖十几种，自书的诗文、考证、评论大大补充了他文集的内容，与友人的书信也为研究者提供了直接的参考。成亲王主持刊刻的《诒晋斋法帖》，不仅最大限度地保留了原帖的风貌，为人们能更好地观赏、临摹提供了副本。其中有吴王写给徐达的手谕，称盗匪近日猖狂，被关押人犯打死牢头集体越狱逃亡，宜尽快抓获，今后有此等事直接处决，不必上报。多么具体的历史插曲。还有成亲王作的明朝皇室宗亲世系的考证，可以作为补充明代皇室世系的参考。

书法汇刻成帖，保存了无数古代书法家墨迹，尤其是许多名家的墨迹，其内容更是丰富多彩。很多墨迹已经荡然无存，只有靠摹刻的碑帖拓本留存于世。因此，研究中国文字与书法艺术，临摹、借鉴、赏析、传播中国古代书法艺术，舍弃法帖中的刻石、拓本，必然无从谈起，而且法帖中蕴藏着极其丰富的历史文献资料，十分值得探讨与研究。随着历史变迁，世世沧桑，历代汇刻的法帖，宋刻百不存一，即至明清，能够存世的石版、木版也是逐渐稀若星凤，诸多佳刻，甚至残卷断札，也难得一见了。

随着现在文物收藏热的升温，寻宝热的风靡，开始越来越重视向传统文化回归。如何保护性地使用先人留下的不可再生的财富，既能方便现代人临摹观赏，又能继续做好保护工作，使后人同样能欣赏到真实的可靠的宝藏，这是我们的责任。

也许，在北京这古老的城市中，很多珍贵的石刻仍然深藏在哪个不知名的角落，但愿它们都能完好地保存下来，为后代人留下直接的感官碰触，而不是只能从书本上去了解或者从传说中去想象中华曾经拥有的文明。

敬和堂法帖

一、敬和堂法帖的发现

20 世纪 60 年代初期，时任国务院副总理的李先念和夫人林家梅住在国务院老干部修养所（即今天海淀区达园，达园是圆明园的附属园林，中华民国初期曾是直系军阀王怀庆的花园，共和国初期也曾是西哈努克的避难所）。他们在散步的路上，发现地上铺着的一块块的青石上面有很多的字迹，这引起了他们的注意，于是通知有关部门把这些石刻妥善保管。这些石刻就是一部已经有了残损的《敬和堂法帖》的刻石。1986 年，石刻馆建馆，这些石刻就由文物局调拨到我馆收藏。

目前，《敬和堂法帖》共有一百五十七方，其中三十六方是根据故宫藏拓补刻的。刻石长 60 厘米，宽 30 厘米。法帖共分八卷。前七卷分别收入明代文徵明、祝允明、董其昌、王铎四位书法家的墨迹，第八卷收录了清代永瑆、铁保、梁同书等人少量的诗文和李鹤年书写的《平捻纪略》，还有敬和堂藏帖的跋语。

二、辑录者和镌刻人

李鹤年，奉天义州（今辽宁省义县）人。道光二十五年（1845 年）进士，授编修。《清史稿》有传。《清史稿》中对他历年的官职升迁都有详细的记录。咸丰四年（1854 年），保送御史。咸丰五年（1855 年）八月，充顺天乡试同考官。九月，补福建道监察御史。六年转掌云南道监察御史。咸丰七年（1857 年）二月，巡视南城。五月，授兵科给事中。八月，俸满截取，奉旨以繁缺道员用。咸丰九年（1859 年）正月，转刑科掌印给事中。三月，巡视北城。十一月，丁父忧。服阕，奉旨赴河南军营襄办军务。同治元年（1862 年）七月，补授江苏常镇通海道。九月，署河南按察使。同治二年（1863 年）三月，补授河南按察使。五月，调补直隶按察使。十月，兼署布政使。同治三年（1864 年），补授直隶布政使。同治四年（1865 年）十月，督办畿南防务。十一月，补授湖北巡抚。

同治五年（1866 年），调河南巡抚。上疏陈述河南吏治军务情形，奉旨着其认真整顿当地军务。捻军一直以来活动在河南、山东、安徽、江苏一带，朝廷命令四镇共同堵剿。李鹤年奉命追击活动在山东、河南交界的捻军行踪，严饬各军实力截剿，一定要在河南境内予以剿灭。“提师露处，亲督防剿，明赏罚，裁冗疲，审察贼情”[③]。于是李鹤年招兵买马，增添两只精锐——毅军和嵩武军，提拔宋庆、张曜分别统帅。以旗人宋庆统领马队，与两军互为犄角之势。“自是豫省始有敢战之师”[④]。

同年四月，捻军首领张宗禹由山东转战河南，李鹤年饬令地方官督饬当地绅团，严密堵御，又令宋庆等军追至睢州，与捻军主力相遇，大获全胜；又与另一支小股捻军部队相遇大战于王家桥附近，生擒捻军头领刘勤学等五十余人。捻军又转移至现在的睢县、兰考一带，李鹤年发布檄文，命各将驰赴兰考，相机前进，兼顾省城；又亲赴陈留、杞县督战，以励将士。捻军张宗禹部这时虽然屡经败溃，然而由名将赖文光和副将任柱统领的捻军另一主力，又乘虚进入黄河以北地区，追踪目标失去方向，河防告急。这时李鹤年飞檄水师炮船昼夜巡防，并饬将沿河渡船提归北岸，以杜绝捻军乘船南下。同年九月，李鹤年赴周口与曾国藩会商合力剿伐捻军，适逢一股捻军回师河南，李鹤年派提督马德昭与之交战，捻军向南奔由中牟县直抵黄河。这时李鹤年早有准备，河防坚固，无隙可乘。捻军于是在河南以西扒开一道口子，引水南流，转入长垣一带。

李鹤年认为黄河沿线是南北大局的关键，考虑到捻军在黄河以北沿线比较活跃，于是派遣精锐，由炮船协同作战，水陆两军从黑冈沿堤剿堵，昼夜血战二十多日，终于把捻军避赶至向山西、陕西一带移动。同年十二月，赖文光、任柱一部又移动到湖北的麻城、黄冈、黄陂、天门一带，李鹤年奉旨饬宋庆统领的毅军越境会剿，与湖北各军三面兜围，斩获颇丰。同治六年（1867年）二月，奉旨驻扎许州，秣马厉兵，相机策应，兼顾省防，以待战机。五月，宋庆击溃裕州捻军。十一月，捻军环绕安丘、樟榆等处，李鹤年派善庆与直隶提督刘铭传分路进兵，任柱被戕，捻军群龙无首，四散隐匿。李鹤年因而得赐头品顶戴。同治七年（1868年）正月，李鹤年奉命督师出境，驰抵河北磁州，后因防堵不力，以致捻军北上，有直逼京师之势。朝廷大为恐慌，上谕叱责李鹤年率部不力，贻误戎机。著革去头品顶戴，并摘去花翎。四月，捻军由河南滑县、浚县等处沿黄河东趋，李鹤年又未严饬各军出境兜击，奉旨交吏部严加议处。后来李鹤年所率豫军获胜，朝廷又开复革留处分，并赏还头品顶戴。同年八月，因同各省会剿张宗禹，捷报频传。奉旨赏还花翎，并且授予一等军功。当时有张宗禹投水而亡之说，又无确凿下落，朝廷恐其日后潜出"啸聚"，再烦兵力，于是又派李鹤年实力搜查办理。而其属下宋庆一军已北渡黄河，迅赴山西、陕西，继续追击捻军余部。

同治十年（1871年），李鹤年擢授浙闽总督。同治十一年（1872年）四月，至京陛见，赐紫禁城骑马。八月，署福州将军。十三年四月，兼署福建巡抚。七月，李鹤年上言："闽省海疆，北起浙江交界之福宁府，南至粤东交界之南澳镇，大小海口百余，厦门、金门、海坛、湄州皆孤悬海中，其余港道，宽者十余里，狭者数十丈。设防之法，以水雷拒其入，以炮台击其来，以沉船辅水雷之不足，以陆勇辅炮台之不足，更以乡团助陆勇之声势，大要不外此数端。"[⑤]奏闻，奉朱批："著李鹤年出省后，仍将海防事宜与文煜等随时悉心会商，妥筹办理。"[⑥]十一月李鹤年奉上谕："总理各国事务衙门奏，海防急宜切筹，将紧要应办事宜撮叙数条，请饬详议一折，该王大臣所陈练兵、简器、造船、筹饷、用人、持久各条，均系紧要事宜，著详细筹议，将逐条切实办法限于一月内覆奏。此外别有要件，亦即一并奏陈，不得以空言塞责。"[⑦]鹤年奏："海防之策，莫重于练兵、筹饷、制器、用人。四者之中，仍以用人为急务，而尤在专其责成。今海防紧要，沿海疆臣均属责无旁贷。地无统帅大员专任此事，讲求实际，仍恐意见分歧，临事毫无把握。"[⑧]得到朝廷首肯。

光绪元年（1875年）八月，补河东河道总督。九月，赏加兵部尚书衔。光绪三年（1877年）九月，奉旨稽查河南赈务。十一月，兼署河南巡抚。光绪四年（1878年）四月，裕州、叶县、西平、遂平等县各匪聚众"滋乱"，鹤年迭派兵剿平。光绪七年（1881年）八月，补授鹤年巡抚。九月，仍兼署河东河道总督。十月，赏加都察院右督御史衔。光绪九年（1883年），因审办盗犯胡体安一案，奉旨革职，入京随班祝嘏，蒙恩酌降二等，赏给职衔。光绪十三年（1887年），署河道总督李鹤年上言："黄河分流，自宋时河决澶州，分为二派，历金、元而堵决相承，明筑黄陵冈，始合为一。南北分流，原非创举，山东抚臣张曜建议于前，侍郎游百川陈请于后，皆欲收南流以纾山东之急。查黄河之性，上漫则下淤。现在两路皆淤，急宜疏导支河，实力举办，以豫筹宣泄之方。"[⑨]奏闻，奉旨李鹤年速筹开工进占，毋稍延缓。光绪十四年（1888年），郑工决口，发往军台效力赎罪。光绪十五年（1889年），加恩释回，并赏三品衔、翎。光绪十六年（1890年）三月，卒于北京。宣统元年（1909年）三月，东三省总督徐世昌奏请开复原官，并将其生平战功政绩宣付史馆立传。

据史载，李鹤年伟干丰颐，目光炯炯照人。治官书十行并下。少年回翔侍从，能以有用之学相砥砺。

后为给事中。李鹤年的目力不仅在于鉴书辨画，还精于鉴人。李鹤年奉命赴河南襄办军务，就向朝廷奏请起用曾国藩，谓任以兵事，必能办贼。治豫最久，善政俱兴，而战功尤为卓著。湘、淮会剿诸军，遇有大计，咸资取决。其文武兼资，知人善任，诚不后于中兴诸将相。由闽督陛见时，曾蒙恩赏御制《诗文全集》、《钦定剿平粤匪方略》、《钦定剿平捻匪方略》等书。迨调任河督，受事之始，黑冈溃堤，不绝如缕。李鹤年于堤身险要之处，端坐不挠，为民请命，沐雨炙日，亲督工二十余昼夜，数省民命，卒赖保全。由于吏治卓著而官至河南巡抚、河道总督。他在河南督政期间，治理黄河、捐资兴建大梁书院、开设粥场赈济灾民，深受当地百姓的爱戴和尊敬，离任时，河南民众为其立《去思碑》，以兹纪念。李鹤年书学颜真卿，相传他每天都要临习一遍颜真卿的《争座位帖》，无冬历夏，从不间断。著有《豫军纪略》刊行于世。

三、收藏家李葆恂

李鹤年的三儿子李葆恂是清末民初有名的收藏家、鉴赏家。官至江苏候补道。他自幼就对古物感兴趣，当时人家有奇器、古物多请他鉴定，以至于海内有名的古物很少有没经他看过的。就连大收藏家端方对他的鉴赏目力也大加赞赏。对于他的这种鉴定才能的天分他也毫不掩饰，他的《记所见金石书画》就说："予自髫龄，即知嗜古。弱冠来京时，颇以鉴赏为长老所称。'三十后名大起'，凡人家有奇器、古迹多求予为鉴定者。以此，海内有名之物未经予目者颇鲜。闲暇日就所记忆的内容写出目录。李葆恂著述极多，著有《三邕翠墨簃题跋》、《旧学庵笔记》、《红螺山馆诗抄》、《无益有益斋读画诗》、《海王村所见书画录》等八种，并汇刻为《义州李氏丛刻》，梓行于世。"

李鹤年家旧藏有文徵明、董其昌两位书法家的一些墨迹。到了河南当巡抚期间，又得到了王铎的书迹数种。正好他的一位叫黄履中的幕僚，善于刻帖，当时有"铁笔"之称。于是李鹤年就把家藏的和老朋友收藏的文徵明、董其昌、王铎这三个人的墨迹委托黄履中刻成石本。从同治十年（1871 年）开始，一直刻了两年，在这期间，又得到了祝枝山的几种墨迹，也刻成石，合成四家。刚刚刻成之后，李鹤年又奉调闽浙任总督，赴任路途遥远，不便于随身携带，于是寄存于北京。

刻帖者黄履中，也因为刻敬和堂这部帖而被李鹤年保为道员。后来许振祎刻《王虚舟摹古帖》仍然欲请黄氏，黄氏终因目力不济而辞。

四、明代中期、晚期书法发展脉络

《敬和堂法帖》主要收录了祝允明、文徵明、董其昌、王铎这四位明代书法家的墨迹。他们是明代书法发展进程中极具代表性的人物。祝允明书法重气势、重情境，"于生动之中不失准绳"；文徵明书法则"于准绳之中全露生动"；董氏笔法却是有意成风，以无意取态，天真烂漫，而结构森然；王铎书风更是险劲沉着，魄力沉雄，丘壑峻伟。

明代的书法进程大致可分为三个时期：从明初洪武时代到成化时代（1368 年 ~1487 年），是明代书法的平庸期。明初的书坛，虽然出现了以宋克为先导的书法家，并对后来的吴门书派，松江书派都产生了直接的影响，但由于明太祖、明成祖等帝王的钳制和喜好，"台阁体"这种宫廷御用的程式成为文化界的主流。

从弘治到万历初年（1488 年 ~1573 年），可称为明代书法发展的中期。这一时期出现了与"台阁体"相对抗的文学复古运动的主张"文必秦汉，诗必盛唐"。同时诗文书画艺术的发展由低潮走向高潮，也是苏州地区书画家群体的崛起，"吴门派"确立领导书坛、画坛地位的时期。祝允明、文徵明作为吴门书派、吴门画派的领军人物应运而生，以及他们的前辈、老师吴宽、李应祯、沈周、徐有贞、王鏊等更是大放异彩。

在书法意境的追求上，他们完全突破了明初的台阁体的束缚，转而向唐宋人取法，书风中出现了天真率意、姿态跃出的审美取向。

明代中期，江南一带相对富庶，苏、松地区被称为“鱼米之乡”。早在宋、元时期，文人士大夫的文化艺术交流就多活动于此。此时的吴门，经济繁荣，工商业发展迅速，各地商客来往络绎不绝，已经出现了资本主义的萌芽。社会上出现了拥有大量财富的人，艺术需求成为可能，各种艺术行业应运而生，普遍交流。活跃于这一地区的文人士大夫在这个文化基础丰厚、经济繁荣的环境下获得了潺潺不断地滋养，在创作中也散发着更加自由挥洒的情怀和疏放的艺术个性。

因此王世贞有言：“天下书法归吾吴！而京兆祝允明为最，文待诏徵明、王贡士宠次之。”[10]

这一时期，吴门派文人群体逐步地扩大、兴盛起来，其中有文学家、诗人、画家、书法家、史学家、文艺评论家、鉴赏家、收藏家等等。在这里不乏有文德俱重之人，他们之间互相切磋、互相唱酬，互为推重。在祝允明、文徵明的前辈和师长中，就有祝颢、徐有贞、李应祯以及吴宽、沈周、王鏊等等。他们生活在明代中期，弘治、正德、嘉靖、隆庆这八十五年，是吴门书派发展至高潮的阶段。祝、文二人在当时实为吴门书画界的核心。祝允明长文徵明十岁，祝氏去世时，文氏正处于盛年，在之后的三十年里其影响力更为广泛。他的学生众多，学生王宠和陈淳，在其身后名声显赫，几夺祝、文之席。因此后人将沈周、文徵明、唐寅、仇英合称画界“明四家”；祝允明、文徵明、王宠称为“吴中三子”；又将祝允明、文徵明、陈淳、王宠称为“吴中四名家”；祝允明、文徵明、唐寅、徐祯卿四人又合称“吴中四才子”。

他们的书法一是出现于经济繁荣的苏州，二是以一种典型的文人书卷气——即以深厚的文化学养与疏放的艺术个性融入了书法，适应了当时市民文化的审美需要，因而，一扫明初台阁体的庸俗之风，成为明代中期书法发展的主流，并将以北京宫廷书家为代表的书坛中心转移到了江南。

万历初年之后直到明朝末年，是明代书法发展的第三个时期。晚明的书法发生了深刻的变革。吴中四大家祝允明、文徵明、王宠、陈淳之后，文徵明之子文彭、文嘉及文徵明弟子陆师道、周天球、王稚登等均有书名，但由于后学者不知源头，往往以前辈书家为仿效对象，至万历年间吴门书派日趋平庸，亦无突出建树。松江华亭人董其昌，窥透吴门流弊，高标自许，另辟蹊径，提出“云间书派”（云间，松江府的别称），遂使该地区书法再次振兴。其书风一直影响到清代的书学发展。同时晚明时期出现了文人叛逆的情绪，表现在文坛艺坛就产生了具有个性的独特审美追求。王铎、倪元璐、黄道周等是这种狂士书法的中坚人物，他们书法的共同特点是奇、峻、险、狂。

五、《敬和堂法帖》首录文徵明《正气歌》

文徵明（1470年~1559年），长洲人（今苏州），名璧，以字行，更字徵仲，别号衡山。其父文林，字宗儒，成化八年（1472年）进士，任温州知府。亦擅长书画，与沈周、吴宽、李应祯等交往甚密。叔父文森，右佥都御史。

正德（1506年~1521年）末年，经苏州巡抚李充嗣推荐，正巧文徵明亦以岁贡生参加吏部考试，于嘉靖二年（1523年）授翰林院待诏，参与修订《武宗实录》，侍经筵。文徵明身在宫中，不习惯于朝廷礼仪的约束，又深感仕途险恶，遂于嘉靖四年（1525年）开始，连年上疏乞归。至此再不入仕。嘉靖三十八年（1559年）卒，享年九十岁。

《明史・艺苑》记载，文徵明幼时并不聪慧，“稍长，颖异挺发”。 青年时学画于沈周，学书于李应祯，学文于吴宽。与祝允明、唐寅、徐祯卿并称“吴中四才子”。与沈周、唐寅、仇英合称“吴门四家”。四十岁以后，他已是一位各体兼善的书家，王世贞云：“独元时赵承旨及待诏能备众体”[11]。“徵明书法无所不规，仿欧阳率更、眉山、豫章、海岳，抵掌睥睨”[12]。何良俊：“自赵集贤后，集书之大成者衡山也。”[13]祝允明去世时，文徵明书画创作正逢鼎盛时期，独领风骚。“徵明主风雅数十年，与之游者王宠、陆师道、陈道复、王穀祥、彭年、周天球、钱穀之属，亦皆以词翰名于世。”[14]他的学生众多，有在中国书法史、绘画史上占有一席之地的陈淳、王宠、王穀祥、彭年、周天球等等。文徵明又是高寿之人，实际上他在当时明中期的书画地位早已超过了祝允明。著有《莆田集》等。

文徵明的书法，在当时不仅名动海内，而且海外诸国如日本、朝鲜亦知宝藏他的墨迹。朝鲜王朝时代中期，学书者大抵以赵孟頫书风为圭臬，文徵明书法传入后，朝鲜书坛亦曾出现过学习他的热潮。

另外，明代中期在以苏州为中心的文化发展鼎盛阶段，与官府刻帖相比，私人刻帖在当时文人进行文化艺术交流的同时也得到了发展。根据史料记载，从嘉靖年间到万历年间（1522 年~1620 年）初期的法帖刊刻大部分是文徵明、文嘉、文彭父子参与过的。比如著名的《真赏斋帖》、《停云馆帖》几种《淳化阁》的翻刻本、还有《墨池堂帖》等等。

《敬和堂帖》收入文徵明书写的大楷《正气歌》、小楷《洛神赋》、十九首七律、还有一些与朋友的书信往来。

《敬和堂帖》首卷就收录了文徵明少有的大字行楷——文天祥的诗文《正气歌》。文天祥与文徵明是同宗。正德六年（1511 年），文丞相祠堂由当地官府支援兴建。文徵明就书写并刻了这首诗，镶嵌在祠堂的墙壁之上。此书是其盛年时期所作，具有清刚之气，行笔细瘦而不枯弱。《停云馆帖》收入了文天祥的手书。此书亦收入铁保的《人帖》，但铁梅庵一时鉴定有误，收入的乃是伪迹。

文徵明不仅欣赏先人的诗文，更承袭了其刚直不阿的秉性。《明史》载，“其为人和而介”。巡抚俞谏欲遗之金，指其身上蓝衫，说：“敝至此邪？”文徵明装作不知答：“遭雨敝耳。”俞谏再不敢言遗金之事。宁王朱宸濠慕其名，贻书币聘之，文徵明称病没有依附。后宁王叛乱被除，文徵明躲过一劫。文林曾任温州知府，提拔了张璁。张璁既得势，请文徵明归附于他，文徵明拒绝了。杨一清任宰辅时，文徵明受召。杨一清问：“你不知道你的父亲与我是朋友吗？”文徵明正色道：“先君弃不肖三十余年，苟以一字及，辄弗敢忘，实不知相公与先君友也。”杨一清面有惭色，与张璁伺机要调动文徵明的职位。文徵明更加坚决地要求辞官，乃获致仕。各界人士向其乞诗文书画的，接踵于道，但是富家子弟和达官显贵却不易得，尤其不肯与王府及宫中人往来，称：“此法所禁也。”周、徽诸王以宝玩为赠，不启封而还之。

值得一提的是“与阳湖书”。严嵩过生日，阳湖先生请文徵明写诗一首，为其祝寿。当时严嵩专权跋扈，嘉靖三十四年（1555 年）杀杨继盛，嘉靖三十六年（1557 年）又杀沈清霞。文徵明此时已是“去八望九”的老人，仍断然拒绝。他不仅仅以书画称道于世，更应以文人气节留名青史。“昨蒙府公垂顾，命为介翁寿诗。徵明鄙劣之词，固不足为时重轻，老退林下三十余年，未尝敢以贱姓名通于卿相之门。今犬马之齿，逾八望九，去死不远，岂能强颜冒面更为此事？昨承面命，不得控辞。终夕思之，中心耿耿。欲望阳湖转达此情，必望准免，以全鄙志。倘以搪突为罪，亦不得辞也，伏纸恳恳。徵明顿首恳告。”[15]

阳湖先生指王庭（1488 年~1571 年）。字直夫，号阳湖，长洲人。嘉靖二年（1523 年）进士，授许州知州。历福建按察佥事，闽故多珍货，廉毅无所侵。进江西参议，示之礼化，尤为下所推戴，遽谢归，行李萧然。家居泊然闭门，无所通往，弦诵时时不辍。言不出口，能楷模一乡，乡人士翕然归之，年八十四卒。

《敬和堂帖》还收入了文徵明与亲朋的书札信笺。与《春潜书》、《与茂实书》、《与繁祉尊亲书》、《与孔加书》、《与章简甫书》等。

《莆田集》有《顾春潜先生传》，顾兰，字荣甫，初称春菴居士，后改称春潜。长洲人。其“秀伟特达，读书不守章句而开绝人少以俊茂”[16]。与文徵明同为邑生时的好友。弘治戊午（十一年，1498年）举应天乡试，游太学。与当时名士像钱塘邵锐、吴兴蒋瑶、金陵陈沂、同郡的方鹏、方凤、尤樾同游，诸人皆举进士。而春潜自弘治己未十二年（1499年）至正德丁丑十二年（1517年）七上礼部不中，后以太学生释褐授山东淄川知县。居官清廉。邑中父老送行，春潜作诗却之。及归，家徒四壁，先业田已属他人。唯独留一花圃仅存有水竹之胜，故喜树艺，欣然期间二十余年。文徵明把春潜比作晋时陶渊明。

茂实即李贇，字茂实，长洲人。永乐十三年（1415年）进士，授兵部主事，历升工部侍郎改兵部，卒于官。贇勤敏有吏材，习知兵事，所在著声誉。

孔加即彭年（1505年~1566年），字孔嘉，号隆池山樵，长洲人。少与文徵明游，以词翰名，时称长者，年六十二卒。著有《龙池山樵集》。

《敬和堂帖》收录了文徵明的十九首七律诗，其墨迹至今犹完好无损地流传于世。这是他八十七岁时所写。

关于这本诗册还有一个现实版的故事，李鹤年去世后，这本文徵明的诗册传至李葆恂之手。清末佚失。1924年初，李葆恂的孙子李大翀意外地在北京琉璃厂发现了家藏的旧物，以重金购回，并用恭楷在后面写了一段题跋。1966年以前，这本诗册又流落到广东。1966年至1976年期间，收藏此册的主人自身难保，便交代家人设法处置。八十年代末期，时任国务院副总理谷牧到广州，谷牧也是个有修持有素养的鉴藏家，他在文物店参观时，看到了镇店之宝《文徵明自书诗册》[17]。

在文徵明众多的书体中，他的小楷最为人称道，时有“小楷名动海内”的美誉。他的小楷清劲秀雅，温纯精绝，如八面观音，色相俱足。年近九十岁，仍然能书写蝇头小楷，手不颤，字不散，人以为仙。其晚年小楷如《归去来辞》、《醉翁亭记》，是八十二岁时作，《离骚经》为八十三岁而作。他自认为其六十岁以前的小楷略有“滞弱”，直到八十四岁时才“稍知用笔”。八十九岁时为他人作墓志铭，书未竟，而“置笔端坐而逝”。对小楷的追求，谨严如此，令人肃然起敬。《敬和堂帖》收入的《洛神赋》，是文徵明于嘉靖乙卯年（三十四年，1555年）六月既望于拙政门避暑而居所书，时年已经八十五岁。

当时，访求其字的人络绎不绝，于是大量的赝品出现，都出自文徵明的亲朋，徵明亦不加禁止。外国使者途经苏州，都登门拜访，以不能相见为遗憾。

六、各家对文徵明的评价

《书林藻鉴》卷第十一列有各家对文徵明的评价：

《明史·文苑传》：学书于李应桢，致仕后，乞书画者接踵于道。

文嘉撰《行略》：公少拙于书，刻意临学，亦规模宋元，既悟笔意，遂悉弃去。专法晋唐。其小楷虽自黄庭、乐毅中来，而温纯精绝，虞褚而下弗论也。隶书法钟繇，独步一世。

《艺苑卮言》：“徵仲常自负隶法则不尚古人，而歉于篆。然余得《千文》一本，亦在吴兴堂庑也。又云，待诏不多作率更体。所见惟张奉直墓表石刻及千文手迹耳。石刻小于皇甫碑。笔近肥，千文细于化度铭。笔稍纵，于整栗遒劲中，不失虚和舒徐意致，佳本也。”又云：“待诏以小楷名海内，其所沾沾者隶耳。

独篆笔不轻为人下，然亦自入能品。所书千文四体，楷法绝精工，有黄庭遗教笔意，行体苍润，可称玉板圣教。隶亦妙得受禅三昧。篆书斤斤阳冰门风，而皆有小法，可宝也。又云，苏文忠书钱塘使女诸绝句真迹，字颇小，文太史特以意临写，不拘形似，而古健遒伟，隐然为眉山传神，抵掌老优，当自色恧。”又云：“小楷师二王，精工之甚，惟少尖耳。亦有作率更者。少年草师怀素，行笔仿苏黄米及圣教，晚岁取圣教损益之，加以苍老，遂自成家，唯绝不作草耳。”⑱

王世懋云：“初名璧时，作小楷多偏锋，太露芒颖。年九十时，独作蝇头书，人以为仙。然行笔未免涩强。其最称合作者，以字行后五六十时也。”

陆树声云：“衡山书体姿媚，至其锋藏处亦遒劲。晚年多作山谷体。笔意少纵。”

钱允治云：“先生于书无所不学，而行书出于圣教序。”

丰道生云：“小楷根本钟王，金声玉润。”

莫云卿云：“太史具体黄庭，而起笔尖微。病在指腕，虽严端不废，未见峭峨磊落之姿。”

邢侗云：“徵仲差可比肩赵文敏。”

项穆云：“徵仲学比子昂，资甚不逮，笔气生尖，殊乏蕴致。小楷一长，秀整而已。”

谢肇浙云：“徵仲法度有余，神化不足。”

周之士云：“国朝书家，自京兆而后，当推徵仲擅代。楷法出之右军，圆劲古淡，雅不落宋齐蹊径。法、韵两胜人也。”

朱之赤云：“六朝以前人书，无论结字运笔，皆偏正并用，一以立干，一以取姿。董彦远所谓歪匾应势是也，至智永始有八面，自后专向方整，古趣稍减。待诏能打破有唐以来重重铁围，力追右军。”

《天瓶斋题跋》：“书著意则滞，放意则滑，其神理超妙浑然天成者，落笔之际，诚所谓也。不及内外及中间也。待诏书不为董香光所重者，正以著处滞而放处滑。”

马宗霍《书林纪事》：“文徵明初游郡学时，学官以严厉束诸生，辨色而入，张灯乃散。诸生皆饮噱啸歌。壶奕消暑，徵明独临写千文，日以十本为率，书遂大进。平生于书未尝苟且，或答人简札，少不当意，必再三易之不厌。故愈老而愈益精妙。有细入豪发者，或劝其草次应酬，曰，吾以此自娱，非为人也。李东阳素以篆自负，及见徵明隶曰，吾之篆、文生之隶，蔑以加矣。致仕后，四方乞诗文书画者，接踵于道。而富贵人不易得片楮，尤不肯与王府及中人，曰，此法所禁也。周徽诸王以宝玩为赠，不启封而还之。外国使者道吴门，望里肃拜，以不获见为恨。然文笔遍天下。门下士赝作者颇多，徵明亦不禁也。”

七、“国朝第一”——祝枝山

祝允明（1460 年~1527 年），生于明天顺四年（1460 年），卒于嘉靖五年（1527 年），享年六十七岁。字希哲、晞喆。因手上多生一指，而自号枝指生、枝指山人、枝山、枝山居士、枝山樵人等。苏州人。据《明史·文苑传》载：“弘治五年举于乡，久之不第，授广东兴宁知县”，后“稍迁应天通判，谢病归”。祝允明的仕途生涯十分短暂，其屡试不第，正德六年（1511 年）他五十一岁时，与其子一同赴京会试，自己名落孙山，而子祝续却登进士第。三年后，五十五岁的祝允明再赴京会试，仍不第而归，遂罢此念而改拟就谒选。这年秋天，他再度赴京就选，不愿放弃仕途，而始得授广东兴宁县的七品县令。应命修兴宁县志，并书写《正德兴宁县志序》。后由兴宁令，升应天府通判。任官五年，正德十四年（1519 年）以病乞归故里，时年已是六十岁的老人了。著有《前闻记》、《九朝野记》、《祝子罪言》、《怀星堂集》。

祝允明祖父祝颢为正统四年（1439年）进士，官至山西布政司右参政。祝允明的外祖父徐有贞，曾任兵部尚书兼华盖殿大学士，封武功伯，善于书法。祝允明又娶太仆少卿李应祯之女为妻。沈周与徐有贞是姻亲。因而祝允明自小受到祖父祝颢、外祖父徐有贞的熏染，青年时又受到李应祯的指点，在书法方面有着得天独厚的条件。祝允明五岁以后，时时受到徐有贞的教育，并随祖父与当地名士交往，故才华早显。史称他“五岁作径尺字，九岁能诗，稍长，博览群集，文章有奇气，当筵疾书，思若涌泉。尤工书法，名动海内”[19]。文徵明说：“吾乡前辈书家称武功伯徐公，次为太仆少卿李公。李楷法师欧、颜，而徐公草书出于颠、素。枝山先生，武功外孙，太仆之婿也，早岁楷笔精谨，实师妇翁，而草法奔放出于外大父。盖兼二父之美，而自成一家者也。”[20]

祝枝山青年时一方面同时接受了外祖父徐有贞复古、追本溯源的思想和岳父李应祯创新、个性表现的思想，而且也受到其父辈儒雅之士如沈周、刘珏、吴宽、周臣、朱存理等人熏陶，并拜王鏊为师；另一方面又与唐寅、文徵明、都穆、杨循吉等一批吴门才子为友，互相唱酬，书画往还，评论题跋，互为推重，形成非常良好的艺术氛围。李应祯评价他的这位乘龙快婿：“祝婿书笔严整，但少姿态。”[21]中年时开始师承魏晋，直追二王，博习诸家。文彭评价：“我朝善书者不可胜数，而人各一家，家各一意。惟祝京兆为集众长。盖其少时于书无所不学，学亦无所不精。”[22]这正反映了祝允明师承广博而能厚积薄发的扎实功底。

祝允明四十二岁时有《自书诗文卷》，这件作品包括《远游二首》、《少年行》、《江南曲》、《拟古》、《邓攸论》、《夜坐记》等诗文，以小行楷题款。或许是书写自己的诗文内容，精神上更加放松，所以通篇用笔轻松灵活，时时带行书笔意，而且愈写愈放开。在风格的表现上以元人气息为主，兼钟繇笔法。姿态多变，笔力清劲，大小错落，意趣横生。彭年曾这样评价祝允明的这件作品：“此卷自录其所著诗文，笔法出元常《荐季直表》，波画转挚无纤微失度，信临池之射雕手也。近世学钟王者，不为墨猪，便作插花美女耳。如此卷者，岂诸人之所梦见哉。”[23]

《中国书法丛刊》曾发表一则祝允明有纪年的书作《夜坐记》，与《敬和堂法帖》收入的《夜坐记》不甚相同，至于前者的出处笔者至今未打听到。〔注：丛刊载的《夜坐记》有“弘治辛酉（十四年，1501年）八月既望，有事于嘉禾，舟中岑寂，偶箧中有素纸，遂漫兴书此，小舟摇荡，无足取也。枝山祝允明记。”的题记。〕

《书林纪事》中有一些关于祝允明的趣闻轶事，当时慕名前来索要祝枝山墨迹的人络绎不绝，“海内索书，贽币踵门，辄辞弗见。”但是他却嗜酒好色，喜欢六博，想要得到他字的人于是借机会跟着他后面，贿赂那些女伎，让她们出面索要，“皆捆载以去”。有一次，祝枝山和文徵明等文友们在漕湖讲堂望鸿斋一起唱和，这时想找个地方休息一下，文嘉趁其不备在他休息的屋里的案子上放了一张宋代制作的蚕丝纸，祝允明看到这么精美的纸，于是在上面欣然挥写了十九首古诗，文嘉用这种欺诈的手段得到了祝允明的墨迹，而且价格不菲，当时是艺术界的一个笑谈。这十九首古诗即兴而就，堪称神品。后来收入了文徵明家刻的《停云馆帖》中[24]。

祝允明的书法在明代中期享有很高的声誉，人们争相购藏他的墨迹，因而作伪者甚众。他的外孙吴应卯就是当时几能乱真的高手之一。“希哲翁书遍天下，而赝书亦遍天下。”[25]

《敬和堂帖》收入了祝允明的书迹七种。有小楷《评书》、《遂质篇》、《成用篇》、《扬权篇》、《夜坐记》，行楷《成趣园记》，草书《昼锦堂记》。

《成趣园记》是李鹤年从友人处借刻的。《成趣园记》是祝允明于明正德二年（1507年）春书写的，时年四十七岁。成趣园是无锡人著名书画、碑帖收藏家华夏的庭院，真赏斋即在园中。祝氏或从诗歌辞赋中或从经史典故中为园中的一水一石、一草一木、一桥一壑都赋予了诗意的名字，使得文人墨客身处别致的庭园也是意趣盎然，兴致勃勃。

王世贞的《弇州续稿》中《祝京兆书成趣园记》云 ："祝京兆希哲为华光禄尚古《成趣园记》三千言，状其峰峦池馆，纡余曲折之胜，不遗余力。其书法颇出赵吴兴，然吴兴遒而媚，京兆纵而古，似更胜之。余初得一本，付骏儿为楷式。八月自金陵过里中，华之宗人叔达，强以投余辄去，追而返之，不肯纳。稍间校前本，行款大小不甚远，而结构微有出入，然各遵其妙。岂光禄有二子，京兆各为书一本耶？华之园余八十载，不复可踪迹，而此记尚存，言之不可以已也如此。"㉖

翁方纲称其是祝书神品。跋祝枝山书"今日书家皆知祝书小楷胜其大草矣，然予见其行书无锡华氏成趣园记，合欧、褚为一手，直追晋法，不易几也。王虚舟乃讥枝山骨韵未清，殆仅见其赝迹欤？即大草亦有绝妙之作，非外间所传赝迹可比。而停云所勒十九首，却非其至者。当日文、祝同时，何以审择不精耶？此不可解耳"㉗。又有《跋祝枝山成趣园记》云："右祝枝山书《成趣园记》，自署乡贡进士。枝山以弘治壬子举于乡，直至其出知兴宁之前此二十余年间手迹皆称乡贡进士。此卷在正德二年，枝山年四十八矣。然正德二年是丁卯，非丁丑，不知何以误也。予昔见贞观鄜州钟铭年月干支差误，而米书蜀素卷后有董文敏手题年之干支亦误古人竟往往有如此者，不足异也。观者幸勿疑耳。"㉘

"平湖吴氏藏希哲行楷《成趣园记》，黄小松司马故物也。覃溪先生跋数次，谓是祝书第一佳迹。先督部公曾借刻于《敬和堂丛帖》中，刻者绛人黄履中，为一时名手，亦不过十得六七耳。成趣园乃无锡华补庵所居，真赏斋即在园中。书画殉知，故枝山周旋妙处乃尔。……"㉙

2006年，香港苏富比拍卖公司成交了一件翁方纲于1792年临写的《成趣园记》手卷。并自题"枝指生第一妙品"。乾隆五十七年（1792年）翁方纲任山东学政，与时任济宁同知的黄易交往甚密，曾展玩黄易收藏的祝允明《成趣园记》，并多次题跋。然此迹之妙，仍回环胸臆，于是"摄允明书迹真髓"，临摹此卷，黄易为其题跋，赞云"逼真原本，精神风致，有过之无不及也"。

《评书》，又称《论书卷》，墨迹现藏上海博物馆。此篇文章大约书于弘治十三年（1500年）。此卷系祝允明应程星初之请问八法而作。从内容看，既有他本人对古人书的评论，亦有引前人评语。而其中与宋元有关系者计七节。祝氏于四十岁后对宋、元尤感兴趣。而其时他的书法亦已"名动海内"（吴宽语）。《中国书法全集》收入了其部分图录，与石本是一致的。与其对照，石本真是只得十之六七，石本的确不如墨本行笔流畅，有些点画捺，以及字与字之间若有若无的连接是石本不容易表现的，即使高手也难。

《夜坐记》曾是沈周所画《夜坐图》中的题记。李葆恂曾评价祝允明的小楷"枝山狂草不如章草，章草不如行，行不如楷，而小如蝇头者尤妙"㉚。"余家藏其《夜坐记》一册，当与大令《洛神》并重，非衡山、香光所能梦见也。"㉛清代邵松年的《古缘萃录》中收入了《夜坐记》的全文，并有祝氏的跋语："弘治辛酉（十四年，1501年）八月既望，做小楷《诗云卷》记云：有事于嘉禾，舟中岑寂，偶箧中有素纸，遂漫兴书此，小舟摇荡，无足取也。枝山祝允明记。"并有纸本中孔加的题跋："祝京兆书无所不诣，独于钟王尤为苦心。世但称其草法之工，不知正书最为绝代。此卷自录其著诗文，笔法出元常《荐季直表》，波尽转掣，无纤微失度，信临池之射雕手也。近世学钟、王者不为墨猪，便作插花美女耳。

如此卷者岂诸人之所梦见哉。”《中国书法全集》收录的此卷《夜坐记》法度严谨，用笔遒劲、雄健，笔锋凌厉。而敬和堂收录的这卷《夜坐记》则结体变化不大，而且有题跋：“余性嗜夜坐，子山蔡先生不嗜夜坐，每坐必四挝鼓，而坐愈清。于是谭及夜坐深，次日神更爽。不惟博士家当从此道悟徹三灵，其修身性命者必由是进之，未必无深补于黄庭云。”

《昼锦堂记》从题记看是作于正德庚辰年（1520年）。昼锦堂是宋代三朝宰相韩琦的别墅。据《汉书·项籍传》“富贵不归故乡，如衣锦夜行”之句，反其意而用之，故名“昼锦堂”。这篇文章是由北宋大文学家、副宰相欧阳修撰写，由书法家、“一代绝手”、礼部侍郎蔡襄书丹，记述三朝名相韩琦之事迹。此篇文章曾被历代书法家多次临摹、书写。“予家藏枝山草书《昼锦堂记》一幅，圆浑茂美，雅近吴兴。譬之美人，彼则艳妆盛饰，此则粗服乱头时也。”[32]

文徵明的追随者，在当时主要是三吴、太仓、常熟、嘉定、无锡等苏南地区的书画家，并波及松江、南京、泰州及浙、闽一带。这一流派由于被文徵明本人笼罩，从完善、继承文氏本身一脉不无贡献，但延伸至万历时代王稚登等时，则因重蹈学近人而不知溯源晋、唐的老路，走向末流。诚如后来华亭派健将莫是龙所指出的那样，吴门书派“皆文氏一笔书，初未尝经目古帖，意在佣作，而以笔札为市道，岂复能振其神理，托之豪翰，图不朽业乎？”[33]永乐初年，华亭人自沈度、沈粲以后，南安知府张弼、詹事府詹事陆深、布政使莫如忠及其子莫是龙皆以善书称于世，形成了早期“云间书派”雏形。董其昌立世后，超越诸家，初以唐书为宗，后取法魏晋，自成一家，奠定了“云间书派”才重振书风，吴门书派从此让位于云间书派。

八、各家对祝允明书法的评价

《名山藏》：“允明书出入晋魏。晚益奇纵。为国朝第一。”（见马宗霍《书林藻鉴》卷十一）

顾璘云：“希哲书学精工。自急就以逮虞赵。上下数千年变体。罔不得其结构。若羲献真行。怀素狂草，尤臻笔妙。”（见马宗霍《书林藻鉴》卷十一）

周天球云：“京兆书法当时无辈，而或者评其不出正锋，盖谓此老目视短，不能悬笔运肘耳。尝见其草书月赋刻本，细验于点画间，皆正锋也。”（见马宗霍《书林藻鉴》卷十一）

张凤翼云：“京兆晚年所书小楷黄庭经，不必点画惟肖，而结构疏密，运转遒逸，神韵俱足。要非得书家三昧者不能。第令右军复起，且当颔之矣。岂独追纵赵文敏哉。”（见马宗霍《书林藻鉴》卷十一）

王稚登评价他书写的小楷《黄庭经》：“古今临《黄庭经》者，不下数十家。然皆泥于点画形似钩环戈磔之间而已。昔贤所以有脱堑之讥也。枝指公独能于矩矱绳度中而具毫纵奔逸意气，如丰肌妃子，著霓裳羽衣，在翠盘中舞，而惊鸿游龙，徊翔自若，信是书家绝技也。”（见马宗霍《书林藻鉴》卷十一）

冯梦祯：“本朝书法推祝希哲先生为首，楷书尤佳。”

《艺苑卮言》：“京兆楷法自元常二王永师秘监率更河南吴兴。行草则大令永师河南狂素颠旭北海眉山豫章襄阳。靡不临写工绝。晚节变化出入，不可端倪。风骨烂漫，天真纵逸，真足上配吴兴。他所不论也。又云，祝书《成趣园记》，颇出赵吴兴。然吴兴遒而媚，京兆遒而古，似更胜之。书《王文恪公墓志铭》，方于晋而不疏，圆于欧而不局，开卷时古雅之气照人眉睫间。是祝金石中第一。手书《味泉赋》，二十行外，隶分溢出，古雅有余，虽大得兰台道因笔，不作寒俭态，若钩剔之际，少加含蓄，便是大家。（见马宗霍《书林藻鉴》卷十一）

王宠云："京兆书落笔辄好。十九首帖尤为精绝，翩翩然与大令抗衡矣。"（见马宗霍《书林藻鉴》卷十一）

陆时化跋其行书《古诗十九首》："祝希哲书力追二王，趋向既高，兼之天资超卓，学力深沉，遂为有明书家第一。"（陆时化《吴越所见书画录》）

王世贞评价他的行草："其所作行草，则吴下第一风骨书。"（《王弇州跋祝京兆《书唐七诗》。见汪砢玉著《珊瑚网法书题跋》）

董其昌云："枝指山人书如绵裹铁，如印印泥。"（见马宗霍《书林藻鉴》卷十一）

丰道生云："枝山颠草精于山谷，锋势雄强。"（见马宗霍《书林藻鉴》卷十一）

莫云卿云："京兆师法极古，博习诸家。楷书骨不胜肉，行草应酬，纵横散乱，精而察之，时时失笔，当其合作，遒爽绝伦。"（见马宗霍《书林藻鉴》卷十一）

莫云卿评价他的狂草："祝京兆书不豪纵不出神奇。素师以清狂走翰，长史用酒颠濡墨，皆是物也。今人第知古法从矩矱中来，而不知前贤胸次，故自有吞云涌梦若耶，变化如烟雾，奇怪如鬼神者。非若后士仅仅盘旋尺楮寸毫间也。""京兆此卷虽笔札草草，在有意无意，而章法结法一波一磔皆成化境，自是我朝第一手耳。"（陆时化《吴越所见书画录》）

项穆云："希哲存理，资学相等。初范晋唐，晚归怪俗，竟为恶态。骇诸凡夫，所谓居夏而变夷。弃陈而学许者也。然令后学知宗晋唐，其功岂少补邪。"（见马宗霍《书林藻鉴》卷十一）

钱允治云："祝先生天资卓越，临池之工，指与心应，腕与笔应，故其所学罔不逼真。即草草数行，亦必动符轨则。"（见马宗霍《书林藻鉴》卷十一）

《艺舟双楫》："京兆如戎衣呀布，不知麻性。"（见马宗霍《书林藻鉴》卷十一）

（行草）"顿挫雄逸，放而不野，如鹤在鸡群，风格迥绝。"

也有微词：

谢肇浙云："希哲出始存晋唐法度，然劲而稍偏。"（见马宗霍《书林藻鉴》卷十一）

邢侗云："京兆资才迈世，第隤然自放，不无野狐。"（见马宗霍《书林藻鉴》卷十一）

娄坚云："京兆草书，笔力非不娇娇，求之伯高藏真，尚多乖少合，况于晋人之远韵乎。"（见马宗霍《书林藻鉴》卷十一）

九、"云间书派"的旗帜——董其昌

董其昌（1555年~1636年），字玄宰，号思白，松江华亭（今上海）人。万历十七年（1589年）进士，授庶吉士。当时，礼部侍郎田一俊以教习卒官，董其昌请假，跋涉数千里，护送田一俊棺椁归乡安葬。还，授翰林院编修。后来皇长子出阁，董其昌充任太子讲官。不久出任为湖广按察副使、福建按察副使。又督湖广学政，在任上，不徇请嘱，为势家所怨，纠集生儒数百人鼓噪，毁其公署。董其昌即拜疏求去，万历皇帝不许，而令所司查办。但董其昌还是辞官而去。不久又被起用为山东按察副使、登莱兵备、河南参政，都没有赴任。

光宗即位，召董其昌为太常寺少卿，掌国子司业。天启二年（1622年）擢太常寺卿，兼侍读学士。当时修《神宗实录》，董其昌奉命往南方采辑先朝章疏及遗事，其广搜博征，录成三百本。又采用宫中留中之疏文，加以分类，编成四十卷。并仿照前朝史书体例，每篇系以论断。第二年秋，擢礼部右侍郎，

协理詹事府事，寻转左侍郎。天启五年（1625 年），拜南京礼部尚书。此时，正是魏忠贤阉党祸乱之时，党政酷烈，东林党人与阉宦之间的斗争正处于激烈的时期，董其昌明哲保身，深自远引，第二年告病归乡。崇祯四年（1631 年）又被起用为礼部尚书，掌詹事府事。但自觉年事已高，不久致仕。两年后卒，终年 83 岁。谥文敏。著有《容台集》。《明史》称其“名闻外国。其画集宋、元诸家之长，行以己意，潇丽生动，非人力所及也。四方金石之刻，得其制作手书，以为二绝。造请无虚日，尺素短札，流布人间，争购宝之。精于品题，收藏家得片语只字以为重。性和易，通禅理，萧闲吐纳，终日无俗语。人拟之米芾、赵孟頫。同时以善书名者，临邑邢侗、顺天米万钟、晋江张瑞图，时人谓邢、张、米、董，又曰南董、北米。然而三人者，不逮其昌远甚”。

董其昌是明代万历后期（十七世纪初叶）中国书法史、绘画史上最重要的一员。他是一位杰出的书法家，是“云间书派”的倡导者和核心人物。他又是一位杰出的山水画家和精明的鉴赏家，他关于文人画的观点及中国历史上第一个绘画流派说——山水画分南北宗论，为中国画的发展提供了新的理论基础，这种艺术观在其身后产生了广泛的影响，甚至左右了整个绘画史发展的方向，并一直影响到现代。

《敬和堂》收入董其昌临写的《昼锦堂记》、临习的钟繇、王献之、怀素、虞世南等人的名帖，给朋友叶向高写的临别诗等等。

对于董氏的评价，世人有褒有贬。比如“玄宰挥毫楮素，簇簇如行蚕，闪闪如迅霆飞雷”[34]。“六体八法，靡所不精，出乎苏，入乎米，而丰采姿神，飘飘欲仙”[35]。“香光以禅理悟书画，有顿悟而无渐修，颇开后学流弊。然其绝顶聪明，不可企及”[36]。而康有为却贬损得很厉害：“香光虽负盛名，然如休粮道士，神气寒俭，若遇大将整军历武，壁垒摩天，旌旗变色者，必裹足不敢下山矣。”又说，“我朝圣祖酷爱董书，臣下摹仿，遂成风气。思白于是祈夏配天，汲汲乎欲祧吴兴而尸之矣”。又云：“香光俊骨逸韵，有足多者，然局束如辕下驹，蹇怯如三日新妇，以之代统，仅能如晋元宋高之偏安江左，不失旧物而已。”[37]

张伯英评价董其昌说：“思翁天仙化人，飞行绝迹，匠者奚从捉摸。……黄氏铁笔，竟能曲传笔意，如蜻蜓点水，游丝扬空，奏刀极其微妙，恍见思翁濡毫运腕也。”也就是说董其昌的字像仙人一样，来无影去无踪。但是黄履中却能曲传笔意，像蜻蜓点水，像蜘蛛吐出的丝飘荡在空中，有动感的，就好像看见思翁正在挥毫运腕。把黄履中刻的字都说活了。不像康有为对董其昌评价的那样有些嘲讽意味。

敬和堂收入的这幅《昼锦堂记》是董其昌根据家藏的宋拓本临写的，昼锦堂是宋代三朝宰相韩琦的别墅。这篇文章是欧阳修撰写、蔡襄书丹，董其昌依据文章的意境绘成了一幅着色的《昼锦堂图》，图中丛树掩映，几椽茅屋，临水傍山。他在这幅画后临写了一遍《昼锦堂记》。这幅画宽 180 厘米。是他的山水画代表作之一。现藏吉林省博物馆。

《敬和堂》收录了八首董其昌为朋友叶向高写的临别赠诗。叶向高（1559 年 ~1627 年）：《明史》有传。字进卿，号台山。福清人，朝荣子。万历十一年（1583 年）进士，选庶吉士，累官吏部尚书，兼东阁大学士。因数陈时政得失，遭到万历皇帝的冷落，于是乞休归乡。光宗即位，召为首辅。天启改元，此时，魏忠贤擅政，欲兴大狱，惮向高旧臣，不敢逞，善类赖以保全。叶氏已知时事不可为，力求去位，忠贤遂日肆罗织，指使宦官搜抄他的家宅，叶向高而后愤然辞官。卒年六十九，谥文忠。有《说类》、《叶台全集》。董在叶辞别时，为他赋诗一组表达自己的感受。

崇祯元年（1628 年），董其昌 74 岁时，临写了晋、唐的各种书迹，包括钟繇《还示帖》、王献之《鹅群帖》、节录了《枯树赋》中两小节、虞世南《汝南公主墓志》、怀素《自叙帖》、颜鲁公《乞米帖》、《争座位帖》等。

董氏随意临仿，在有意无意之间。但临仿拘于范本，毕竟不如题记贯气始终。董其昌曾言："书有笔法，有墨法，惟晋、唐人真迹具是三昧。其镌石锓版，流传于世者，所谓死句也。学书者既从真迹得其用笔、用墨之法，然后临仿古帖，即死句亦活，不犯刻画重儓之诮，方契斫轮之意。"[38]这是他对临习墨迹和法帖的见解，他认为镌刻的碑版帖石，多少失去了笔墨的神采韵味，已成死句，学书者若从墨迹入手，掌握了墨迹的真奥，笔法的原貌，再临仿古帖，便将死句变活。因此即使刻帖妙手，受到这种客观的局限，也只能十得其六七矣。董其昌关于死句、活句的学书观点对现今的学习书法爱好者来说也是十分有借鉴意义的。"余事此道五十余年矣，初于虞、颜入手，已而学右军、学钟太傅，煞有肖似《兰亭》、《丙舍》、《宣示》等形模，便自沾沾，以为居唐人之上。三五年间，游学槜李，尽发项太学子京所藏晋唐墨迹，始知从前苦心，徒费年月。"[39]话虽如此，但碑版帖石的流传和延续，确实为中国书法的发展架起了一道夯实的桥梁。

十、各家对董其昌书法评价

董其昌《画禅室自论》："吾学书在十七岁时，初师颜平原多宝塔，又改学虞永兴。以为唐书不如晋魏，遂仿黄庭经及钟元常宣示表、力命表、还示帖、丙舍帖。凡三年，自谓逼古，不复以文徵仲、祝希哲置之眼角。乃于书家之神理，实未有入处，徒守格辙耳。比游嘉兴，得尽睹项子京家藏真迹，又见右军官奴帖于金陵，方悟从前妄自标许，自此渐有小得。又云，余书与赵文敏较，各有短长，行间茂密，千字一同，吾不如赵，若临仿历代，赵得其十一，吾得其十七。又赵书因熟得俗态，吾书因生得秀色，吾书往往率意，当吾作意，赵书亦输一筹。第作意者少耳。"

忏花主人《绿阴亭集》："董字如月下美人折名花，虚无绰约。在不即不离处会心，自是天授聪明姿色。凡俗若欲以意态拟之，不向古人规矩中求真见，其不知量也。"

以下引自马宗霍《书林藻鉴》卷十一：

《明史文苑传》："其昌书始以米芾为宗，后自成一家。名闻外国。尺素短札，流布人间，争购宝之。"

《松江志》："少好书画，临摹真迹，至忘寝食。中年悟入微际，遂自名家。行楷之妙，跨绝一代。"

谢肇淛云："今书名之振世者，南则董玄宰，北则邢子愿（邢侗）。其合作之笔，往往前无古人。"

《玉剑尊闻》："玄宰挥毫楮素，簇簇如行蚕，闪闪如迅霆飞雷。"

周之士云："六体八法，靡所不精，出乎苏，入乎米，而丰采姿神，飘飘欲仙。"

邢侗云："玄宰大有李邕、徐浩风，虽小下晋人一等，总之名世书也。"

李日华云："玄宰于书无所不掩，而少年得力在兰亭、圣教序。所以妙会处多，未可一途取也。又云，宗伯书法圆劲苍秀，兼有颜骨赵姿，而顾盼雄毅，加精采焉。"

陈继儒云："思翁书法，吾朝米襄阳也。又云，玄宰以高丽笔作字，浓淡间不失山阴书法，而时兼素师之劲，所谓张草善肥素草善瘦者也。"

何三畏云："玄宰精诣八法，不择纸笔辄书，书辄如意，大都以有意成风，以无意取态，天真烂漫，而结构森然，往往有书不尽笔笔不尽意者。龙蛇云物，飞动腕指间，此书家最上乘也。"

义门题跋："思翁行押尤得力争座位，故用笔圆劲，视元人几欲超乘而上。又云，冕服须自己是君卿方好著，若梨园子弟，龙章被体，人终不尊贵。非其真也。董思白书比之古人有间。然尚是官着衣冠，吾侪终不免演剧也。"

《天瓶斋题跋》："香光自云姿媚旧习，亦复一洗，知其悔姿媚者深也。"

王文治《论书绝句》：“书家神品董华亭，楮墨空元透性灵。除却平原俱避席，同时何必说张邢。”

吴荣光云：“香光以禅理悟书画，有顿悟而无渐修，颇开后学流弊。然其绝顶聪明，不可企及。”

《艺舟双楫》：“华亭受箓于季海，参证于北海、襄阳。晚皈平原而亲近于柳杨两少师。故其书能于姿致中出古淡，为书家中朴学。然能朴而不能茂。以中岁深襄阳跳荡之习，故行笔不免空怯，出笔时形偏竭也。又云，宗伯如龙女参禅，欲微男果。”

曾农髯云：“思翁敛墨以取势，枯澹以逸神，海内承其流风，矜为董派。至使古人苍厚迈往之气。反为书家所诟病。”

康有为云：“香光虽负盛名，然如休粮道士，神气寒俭，若遇大将整军厉武，壁垒摩天，旌旗变色者，必裹足不敢下山矣。又云，我朝圣祖酷爱董书，臣下摹仿，遂成风气。思白于是祈夏配天，汲汲乎欲祧吴兴而尸之矣。又云，香光俊骨逸韵，有足多者，然局束如辕下驹，蹇怯如三日新妇，以之代统。仅能如晋元宋高之偏安江左，不失旧物而已。”

十一、豪放而来，抑郁而终——王铎

1. 王铎生平

王铎（1592 年~1652 年），字觉斯、觉之，号十樵、嵩樵、痴仙道人、兰台外史。孟津（今河南孟津）人。赐谥文安。明天启二年（1622 年）进士，授翰林院庶吉士，崇祯朝官至礼部尚书。

他人生中无论是政治生涯的高峰阶段还是书法艺术创作的巅峰时期都正好处于明朝末年这种政局动荡时期，明朝政权已经处于飘摇欲坠之中。史料中关于王铎的记载，表明他很富有个性，率直有主张。比如在明天启六年（1626 年），朝廷要组织人纂修《三朝要典》。《三朝要典》是历史上一部臭名昭著的“名著”，为了达到陷害东林党人的目的，纂辑万历、泰昌、天启三朝有关梃击、红丸、移宫三大案的示谕奏疏档册，加上案语而成，中间多有混淆是非，颠倒转折之处。王铎就约着黄锦、郑之玄等人不要参加，遭到了魏忠贤等阉党的嫉恨。

崇祯十一年（1638 年）春天，轮到王铎进讲《中庸》“唯天下至圣”这一章，顺口就说到了明朝末年的时事，议论起了朝廷增加赋税，地方敲骨剥髓，民不聊生，官府逼得百姓妻离子散，家破人亡。天下大乱，致使太平无日，灾民白骨弃于荒野。崇祯皇帝训斥王铎讲课敷衍支吾，不能发挥文中的精义。关于这件事，王铎还记入了《家谱》中。“于本月十二日，皇上临御文华殿……至加派一段，敲骨剥髓，万民涂炭，天下不得安，白骨满野，人肉相食，此近年真光景，岂臣忍于催徵之润，匿而不告者也。臣有激于心，不觉激切亢厉，出言不讳……谨此剖臆自劾，伏恳皇上鉴臣愚昧拙戆之质，放臣于考槃之间，臣自今炼肠磨虑，激励末路。苟不速填沟壑，布心有日，将身体发肤报效于不尽。”[40]对于明朝末年民不聊生，义旗四起的现状，当时笔记多有记载。朝臣评议民生民难，还要伏恳待罪，这也是明亡的重要原因之一。在《与友苍诗》的题识中，王铎提到崇祯十二年（1639 年），自结庐以读《礼》两年，仍不能解忧。因何如此心绪忧烦？王铎对皇上的叱责虽坦然处之，但是心中仍然忧虑着国家的动荡、人民流离失所、四面楚歌的社会状况。

崇祯十七年（1644 年），李自成攻陷京师，明福王朱由嵩又在江宁建立南明弘光政权，王铎被授予东阁大学士。入阁之初，他还作了一首《誓关帝文》，表其保卫明朝江山的心志。在这期间，朝廷多次想恢复东西厂，王铎与大学士高弘图、姜曰广等人力争不能设立东厂。从中可以看出他是个敢于直言，敢于陈述意见的人。王铎为朝廷殚精竭虑，上疏了不少关于劝谏和治理地方的陈词，都收在《拟山园选集》中。

崇祯十七年（1644 年）到南明弘光元年（1645 年）这短短的一年里，他的人生经历在这一年中充满了戏剧性的变化。

这年十二月发生了“大悲案”，也就是“假太子案”。王铎曾在东宫做过侍读，他说太子是冒充的。于是一干人等得到处置。这期间，社会上纷纷议论太子案，有的认为是真的。后来，左良玉假造太子密诏，起兵“清君侧”，弘光皇帝仓促逃亡。南京城内有人从狱中救出太子，拥入武英殿。王铎被民众痛殴，头发胡须都被拔掉，极其狼狈，家里也被抢劫一空。

不久清军攻克南京。清军势如破竹，豫亲王多铎攻克扬州，弘光帝逃往芜湖，王铎留守。王铎四弟王镆早已在这之前投降了，也跟着一同南下。由于首席大臣马士英出逃，王铎成了南京城中降清官员中职位最高的人，由王铎与钱谦益等人带着大多数文武官员投降清朝。清顺治三年（1646 年），授以原官礼部尚书管弘文院学士，充任《明史》副总裁。清顺治六年（1649 年），任太宗文皇帝《实录》副总裁。清顺治八年（1651 年）四月受命祭告华山。

到了乾隆朝，乾隆皇帝把王铎列入了《贰臣传》，修《四库全书》时，王铎的著作被列入禁毁书籍之列。自此几百年来，他一直背负着“贰臣”的名声，成为中国书法史上最有争议的人物之一。

著有《拟山园选集》82 卷，《拟山园初集》17 卷，《拟山园文选集》（已佚）。有《拟山园帖》、《琅华馆帖》、《琅华馆真迹》等。

王铎降清后抑郁强欢，顺治九年（1652 年）三月卒，终年六十一岁。谥文安。

2. 仕途与作品

王铎降清后抑郁强欢，“颓然自放，粉黛横陈，二八递代，按旧曲度新歌，宵旦不分，悲歌间作。”[41]“吾自知寿命不长，出则召歌童数十人为曼声歌娱取醉，或宵夜不分以为常，间召青楼姬奏琵琶月下，其声噪泣凉婉，辄凄凄以悲。居常垢衣跣足，不浣不饰，病亦不愿服药，久之更得愈，愈则纵饮，颓堕益甚！”[42]其弟王珑在诗里哭道：“晚年心事几人知，又作癫狂又作痴。放废行藏堪学圃，浮沉天地只论诗。”[43]王铎在政治上选择了有争议的道路，但是在书法艺术领域中得到了一致的认可。

王铎的书法在当时就很有名气。据当时代的人评论他书法：“魄力沉雄，丘壑峻伟。笔墨外别有一种英资卓荦之概。”[44]“用锋险劲沉着，有锥沙印泥之妙。”[45]“唐怀素之后第一人。”[46]龚鼎孳《定山堂文集》卷六《题拟山园帖后》载：“文安公书法妙天下，真得晋人三昧。”其书作在当时已是名闻遐迩，士大夫争相购藏。据彭而述《拟山园选集序》载：“四十年来，荐绅士大夫罘罳绮疏，无先生一字，则以为其人鄙不足道。”他在京做官时，其书名亦远播，域外使者皆来求其书。

秦祖永《桐阴论画》：“王觉斯铎，魄力沉雄，丘壑峻伟。笔墨外别有一种英资卓荦之概。殆力胜于韵者。观其所为书，用锋险劲沉着，有锥沙印泥之妙。”林散之先生认为：“觉斯书法出于大王，而浸淫李北海，唐怀素之后第一人，然尽变右。军之书法，而独辟门户，纵横挥霍，不主故常。”

马宗霍《霎岳楼笔谈》云：“明人草书，无不纵笔而取势者，觉斯则纵而能敛，故不极势而势若不近，非力有余，未易语此。”吴昌硕诗曰：“文安健笔蟠蛟螭，有明书法推第一。”在王铎的《拟山园选集》中的《文丹》中，集中表露了他惊世骇俗的审美观。“吾书学之四十年，颇有所从来，必有深相爱吾书者。不知者则谓吾为高闲、张旭、怀素野道，吾不服、不服！”[47]早在明天启年间，他与黄道周、倪元璐同举进士后，就在翰苑馆相约，三人共同深研书法，以扭转靡弱时尚。数十年来他身体力行，苦练不辍，“王铎工书，自定字课。一日临帖，一日应请索。以此相间，终身不易。尝曰：‘书法之始也难以入帖，继也难以出帖。’可谓入理深谈。又尝曰：‘凡作草书，须有登吾嵩山绝顶之意。’此语亦佳。”[48]

在宗法唐宋诸家时，他也倾心于雄强纵恣一路的书风。他在题米芾《天马赋》中即云：“矫矫沉雄，变化于献之、柳、虞，自为伸缩，观之不忍去。”王铎的行书有精紧稳健一路的纯行书面貌，也有纵于行而敛于草的行草书风。纯行书常用于书写尺牍信札、诗文卷册，主要受《集王圣教序》和米芾、颜真卿书风影响，用笔稳重沉着，点画瘦劲匀称，结字工整紧密，体势俊巧古雅。另一路行草书，多为临帖和书写诗文的立轴作品，融入更多米芾和唐人草书之法，行笔较为迅疾，又收得住笔；点画粗细顿挫，时见拗劲折锋；结体有所错落，亦多敧侧之字。整体风格于流美中见生拙，沉稳中见硬倔，呈更多自身特色。其书法浩瀚磅礴、荒幻奇崛、开朗疏阔。

傅山起初很欣赏王铎，也临摹他的字，等到听说王铎投降了，于是又改临王羲之了，并且还感慨说，可惜啊可惜，右军笔被老贼偷去。实际上也是对王铎的一种赞誉，王铎的字极有王羲之的意蕴。崇文区的阳平会馆就有王铎的木匾题刻。而李鹤年不因其为人如何，只以其书结体遒凝，趣味隽永而收入《敬和堂丛帖》中。李葆恂评：“文安书法钟王，魄力实在华亭之上，有与张果亭并论者，非其伦也。惟晚年放纵过甚，未免粗犷，是所短耳。六法精深浑古又过其书，虽善鉴者不以人废言也。”[49]

王铎的书法风格与当时明朝末年的社会动荡、社会变革是分不开的。而且他也受到了当时晚明个性解放思潮的影响。青年时代主张新奇、怪异的美，到了中年后又开始主张复古，师法晋人之风，他推崇王羲之、王献之，以王羲之为同宗。除此之外，米芾也是他崇拜的书法家。他最钦佩米芾，因为米芾的字纵肆奇险，笔势凌厉，八面出锋，沉着痛快，极富雄强之势。《敬和堂》收录了王铎临写的宋代辑刻的米芾墨迹《英光堂帖》的全本。《敬和堂》中的米札与《拟山园帖》内容一致，但位置完全不同，《拟》的一张中《敬》刻在了二到三石之中，很分散，这是不是说明了《敬》也主要是以《拟》为蓝本刻的。另外只是得到拓本的目的，节省石材。或许这是王铎不同时期临的两种。（附后的录文有与《拟》对照的区别）“《英光》他册，騕褭再得，必遇屠龙之技，漓然而至，一瞥颓风，能不流涎想望，成一大快乎！”[50]

虽然在一些散见的书论中表现了王铎正统谨慎的观点，但是在书法创作上却处处体现出他充满个性的主张和不受羁约的叛逆精神。尤其在他撰写的《文丹》中，他说：“文不宕，则痴板。”“怪，则幽险狰狞。面如贝皮，眉如紫棱，口中吐火，身上缠蛇，力如金刚，声如彪虎，长刀大剑，劈山超海，飞沙走石，天旋地转，鞭雷电而骑雄龙。子美所谓‘语不惊人死不休’，文公所谓‘破鬼胆’是也。”“为人不可狠鸷深刻，作文不可不狠鸷深刻。”“文要胆。文无胆，动即拘促，不能开人不敢开之口。笔无锋锷，无阵势，无纵横，其文窄而不大，卓而不耸。”“文要深心大力。大力如海中神鳌，戴八纮，吸十日，侮星宿，嬉九垓，撞三山，踢四海。”“风来雨至，陡然莫测。虎跳熊奔，不受羁约。”“掀起脚，打筋斗，驾云雾向空中行。”“他人口中嚼过败肉，不堪再嚼。”从他的这种极富气势的文论中也就不难理解康熙皇帝因何鼓吹全国效法董氏书风，乾隆皇帝把王氏推向深潭的深刻含义。

王铎比董其昌小三十七岁。有人对王铎与董其昌有精到的评价，称二人的人品不相上下，然而世人对王铎多有怨词，只因董氏比王早死了十年，“人以寿累，不独褚渊，亦文安之不幸也”[51]。后来康熙皇帝推崇董其昌的书法，全国效法。乾隆皇帝把王铎又打入“贰臣”，致使王铎的书法无人问津直到清末。

到了清末，人们又重新对王铎的书法重视起来，开始搜罗王铎的墨迹。李鹤年也热衷于收藏王铎的墨迹，就是当时这种热潮的明证。他在河南做官时正好方便搜集王铎的墨迹，而且他也确实喜欢王铎的字，认为他的书作结体遒凝，趣味隽永。其家藏的王铎墨迹大多都刻入了《敬和堂藏帖》中。

3.《敬和堂法帖》收录王铎作品颇丰

在公开发行的王铎全集中存录的立轴诗文卷册比较多。尺牍信札较少，而《敬和堂》收录了十几件王铎与友人交往的书信回札，这是很珍贵的，为研究王铎生平的人能提供一些很有价值的资料。因为在笔者看到的有关王铎生平编年的书籍中也缺少他这一时期的活动经历。相比较而言，对于祝允明、文徵明、董其昌这三家的研究已经是包罗万象了，很全面。而对于王铎的研究近十几年来才开始热起来。

《敬和堂》收入王铎的作品最多。两卷，一共十七种。大多是王铎写与友人的信札、诗文。收入王铎临写米芾的《英光堂》的墨迹十三件。临写的收入《琅华馆崇古帖》的王羲之、王献之、杨凝式等名家的墨迹。

王铎与荆岫、荆田亲翁、坦公的书信。

荆岫即杨之璋（？~1644年），字荆岫，礼部郎中。河内人（河南境内）。万历庚戌年（三十八年，1610年）进士。任陕西三原县令。后擢升礼部主事。崇祯十五年（1642年）任礼部员外郎，后晋升礼部。其性喜淡静，好深居读书。在礼部供职数月，索然无趣。一日少宗伯顾锡畴摄篆，派人数次邀请，杨之璋不允。第二日竟投牒与疏于仪制司案上，骑驴而去。归而筑园城南，日与诸弟吟咏于中。生平于书无所不博览，诗尤嗜杜律，有《静业》二十余卷。两世贵官，家不过宅一区，田二顷，日用才给，又好赈济救困。崇祯末年（1644年）春天，民不聊生，出现了人易子相食的状况，杨之璋分出自己的俸禄恤老扶弱，救助疾苦。不久，起义军高杰、刘方亮自泽州夜袭怀庆，王铎避难武林，杨之璋为起义军俘获，不屈绝食而死。终年七十四岁。王铎为其撰写《礼部郎中杨公荆岫碑阴》。（其父杨初东，字元夫，后得四川参政，以长子之璋进阶中大夫。王铎为其撰《大参元夫杨公传》，收入《拟山园选集》中。）王铎常与礼部郎荆岫、曹州同知荆田、处士荆坡伯仲游。

坦公，即张缙彦（1599年~1670年），字濂源，号坦公，又号外方子，别号大隐，河南新乡人。张缙彦为崇祯四年（1631年）进士，崇祯十六年（1643年）升任兵部尚书。崇祯十七年（1644年）迎李自成军队进城。降清后仍复原官。顺治十七年（1660年），因“文字狱”被捕下狱，没收家产，流徙宁古塔。康熙四年（1665年），张缙彦邀集同为被流放的姚其章、钱威、吴兆骞、钱虞仲、钱方叔、钱丹季等人，结成“七子诗会”。撰有《宁古塔山水记》。前此，崇祯十五年（1642年），张缙彦返回河南时与王铎同游苏门山、百泉等处。王铎作七言古诗《坦公携游苏门》等。又为其《菉居诗集》作序。后又有《贺张坦公陟兵部左侍郎序》、《送坦公陟大司马北上》、《贺张坦公擢兵部尚书序》等。王铎与张缙彦关系甚密。《拟山园选集》张缙彦作序言：“先生自吴归，避乱共城，爱北山奥衍，因止焉，题曰遁山。愚从先生游其山，扪萝抚松者数四，亦援笔以识。嘻，遁者退也。……先生少宗伯时，具疏争和议，忤武陵；经筵争加派，名动天下；与政府议差规，毅然不屈，所谓刚毅垒坷，危言危行，非与今高卧深箐侣栖鹤而又飞遁，真遁之意也。观天文，察时变，苞理抱蜀文明以止，岂文章之能事所究极耶？”《明季北略》卷二十《廿四癸丑》：“缙言于正月初四，自兵科都给事升兵部尚书。是夜，星入月中，占云：‘星入月中，国破君亡。’”可见对于大明江山的归属文人士大夫们早有预见了。

王铎小楷书，古劲峭拔，最为朴拙，可惜传世极少。此收入王铎小楷书写《城南园亭邀饮》五律十首、《与李燮圆》五律四首。

《城南园亭邀饮》五律十首是王铎应杨荆岫之邀与杨景欧、杨恂如等人在其宅园唱和的诗句。杨景欧（1555年~1648年），名嗣修，字幼淑，号景欧。世居怀庆河内（河南境）。万历辛卯年（十九年，1591年）中副卷。甲午年中河南第四名。丁未年（1607年）进士。巳未，迁湖广衡州知府。壬戌入觐，调山西汾州知府。甲子迁山东海防道副使。王铎与杨嗣修三世交好，并缔结甥婿姻亲。曾为其撰《清故佥都宁夏巡抚景欧杨公恭人孙氏合葬墓志铭》收入《拟山园选集》之中。崇祯年间杨嗣修曾在柏香镇修筑善建城，王铎为其撰《杨公景欧生祠碑》、《柏香镇善建城碑》，并作《柏香帖》，现刻石均藏于河南省沁阳市博物馆内。

杨恂如（生卒不详），名挺生，字循如。为杨嗣修之子。好交天下士，挥金如土。

王铎书风素以苍郁雄畅、狂野奔放见长，小楷作品极少。《王铎书法全集》中收入的小楷也十分有限。因何书写小楷少？看来他是个性急之人，他认为小楷书写耽误时间。可他与李夔圆的诗稿中，却用小楷书写很多，只因情真意切，惺惺相惜之故。李杜才（生卒不详），字夔圆。是怀庆府武陟县诸生。此人其貌不扬，但文才第一。嬉笑怒骂游刃有余，“多崎语”，常使座客惊慌而逃。与王铎彼此都觉相交恨晚。此帖收入王铎与李夔圆答酬的诗词，书于崇祯十四年（1641 年）。

崇祯五年（1632 年）王铎奉旨出使山西潞安府，封潞安六合王。出使时途经安肃、磁州诸处。明崇祯六年（1633 年）至崇祯八年（1635 年）王铎往返于涿州、定兴等地均有诗纪行。例如在《拟山园选集》中就有七言律诗《将封潞府闻潞郊流寇题安肃署》：“微骖炎热古城东，玉节葳蕤飐午风”。五言律诗《涿州早行》“携剑与秋还，西风冷客颜”等。而《敬和堂法帖》收入的几首律诗，未见于著录或文集之中。其中有《安肃》、《涿州》、《家远》、《语毕南乐道上》、《思家岩舍弟》、《晴》、《双合庵》等等。

《中国书法全集》中收入王铎于崇祯十四年（1641 年）在怀州东湖书舍所书《柏香帖·思松涧书舍柬友诗四首》的拓本，其中有“鹫峰题与友苍僧一首”。在《草书卷》此诗题为《鹫峰寺与友苍上人》，在《拟山园选集》中为《鹫峰与友苍》。

崇祯十七年（1644 年）三月，回淮安路上，仿晋法，作《琅华馆崇古帖》：“世不学古而蹈今，吾是以崇，嵩淙道人王铎。”临《淳化阁帖》中沈嘉、杜预、刘超、王徽之、王凝之等人书札。虽为临书，并不拘泥于字形点画之逼真，时见自家笔意。笔致清劲俊迈，古朴典雅。

乾隆时将他的著作视为禁书，在北上进京的途中，王铎焚毁了近千件他的诗文作品，实在太可惜了！

十二、各家对王铎的评论

《砥斋题跋》：“文安学问才艺，皆不减赵承旨。特所少者蕴藉耳。”

《画徵录》：“铎工书法，有拟山园石刻。诸体悉备。”

《白苧村桑者云》：“觉斯为袁石（寓＋心）写大楷一卷，法兼篆隶，笔笔可喜。明季工书者，推董文敏。文敏之丰神潇洒，一时故无有及者。若据此卷之险劲沈著，有锥沙印泥之妙。文敏当逊一筹。”

《昭代尺牍小传》：“铎书宗魏晋，名重当代。与董文敏并称。”

《无声诗史》：“铎行草书宗山阴父子。正书出自钟元常。虽模范钟王，亦能自出胸臆。”

《芳坚馆题跋》：“观拟山园帖，乃知孟津相国于古法耽玩之功，亦自不少。其诣力与祝希哲正同。如天神波旬，固非正等觉，然不可不谓之具大神通也。又云，京居数载，频见孟津相国书，其合作者，苍郁雄畅，兼有双井天中之胜。亦所遇之时有以发之。晚岁组佩雍容，转作缠绕掩抑之状，无此风力矣。

《艺州双楫》：“草书能品下。”

《霎岳楼笔谈》：“明人草书，无不纵笔以取势者。觉斯则纵而能敛，故不极势而势若不尽，非力有余者，未易语也。”（以上八条出自马宗霍《书林藻鉴》卷十二）

“王铎工书，自定字课。一日临帖，一日应请索。以此相间，终身不易。尝曰：‘书法之始也难以入帖，继也难以出帖。’可谓入理深谈。又尝曰：‘凡作草书，须有登吾嵩山绝顶之意。’此语亦佳。”（《马宗霍书林纪事》卷二）

诒晋斋诸帖

一、“诒晋斋”主人——永瑆

爱新觉罗·永瑆，字镜泉、号少菴。清高宗弘历的第十一个儿子。他生于乾隆十七年（1752 年）二月，乾隆五十四年（1789 年）晋封和硕成亲王。嘉庆初年，任军机处行走，总理户部三库。这是自清以来，亲王担任军机职务的开始。清朝规定宗室不能在军机处担任职务，三年以后，卸下一切职务，专心于书画。永瑆在政治上虽然没有任何的建树，但是他在清初的文坛、艺坛上却占有一席之地。道光三年（1823 年）病逝，享年七十一岁，谥“哲”。

永瑆善于书法。自幼学书，受乾隆爱好的影响，临习摹写赵孟頫三十余年，打下了扎实的功底，然后又博涉晋唐诸家，尤其醉心于欧阳询的字。赵孟頫书妍丽流畅、秀润挺健，欧阳询字体则方正严整、峻拔险劲。永瑆融二者而变之，将赵孟頫字的温雅与欧字的端崤融合起来，形成自己书法的特点。晚清书画家杨翰对永瑆书法做了客观的评论：“诒晋斋书……从赵承旨上溯欧阳率更，虽偶涉诸家，终不离两家宗旨。集卷随手杂临竟有脱尽町畦，不似本家笔意者。篆隶亦有法度。盖书非一时，临非一家，不甚经意而精神所寄一一浑足，此无意之胜于有意也。王得窥内府所藏，而自藏又甚富，故书法大备如是，大抵皆从帖中问津，未深究古碑耳。”[52]钱泳题云：“成亲王书博涉诸家，而尤深于赵荣禄，因荣禄直追羲献，从羲献而退入欧虞，精心四十余年，极尽变化。仲尼七十从心，右军晚年多妙，将来不知又当何如？”[53]英和题云：“诒晋斋种种法书贴被艺林，盖以天纵之才，兼笔塜墨池之功，故能为翰墨中金科玉律，石刻之富，古未有也。”[54]董诰题云：“成邸书陶冶百家，包含众有，殆合钟、王、虞、欧、赵、董为一手，我用我法，不主故常，而实无非古人妙处，所谓具十二种意外巧妙也。”[55]从其传世作品看，早期以赵意居多，中晚期则参化两家自出新意。特别是嘉庆中期后所作字径二寸以下真、行书，法度谨严，劲雅挺秀，美而不媚，工而不板，且具有雍容平和之气，与其亲王书家的身份十分相称，故能享誉书坛，别树一帜。

永瑆虽贵为皇子宗藩，但习书却无娇纵虚浮之气，而是悉心钻研，刻苦求索。永瑆在宫中，曾闻康熙年间的内监“言其师少时及见董其昌以前三指握管悬腕作书”[56]，永瑆推广其说，作拨镫法，“推论书旨，深得古人用笔之意”[57]。乾隆帝评价其“幼龄所学如此，自属可教”[58]。乾隆末至嘉道年间，永瑆书法在书坛声誉很高，而且他是清代以来皇族中唯一的一位享有盛誉的书法家。当时与翁方纲、刘墉、铁保并称为“翁刘成铁”清初四大书法家。嘉庆皇帝对这位皇兄的书法也十分赞赏，大加推崇，特命他书写高宗皇帝《裕陵圣德神功碑》的碑文。乾隆四十二年（1777 年）皇太后去世，一直收藏于皇太后之处的，被世人称为“法书之祖”的西晋陆机《平复帖》，这时为“遗念”之物赏给永瑆，永瑆深为挚爱，因此而命名自己书室为“诒晋斋”。刻的帖，也就叫诒晋斋某某帖。

永瑆不仅书艺出众，诗、文等在当时也颇有名气，嘉庆以后被世人目为宗室的文坛领袖，著有《诒晋斋集》、《诒晋斋随笔》、《诒晋斋续集》等书。他还善于绘画，尤其善画梅、兰、竹。后人评论这位多才多艺的皇亲贵胄：“学问之渊雅、风度之高迈，置士大夫中亦当居第一流。”[59]

嘉庆九年（1804 年）八月，正在承德避暑的皇帝传谕内阁：“朕兄成亲王自幼精专书法，深得古人用笔之意。博涉诸家，兼工各体，数十年来临池无闲，近日朝臣文士之工书者罕出其右。早应摹勒贞珉，俾广流传，而王撝谦自矢，不肯遽付钩镌。昨特命军机大臣传旨，谕令将平日所书各种自行选择刻石，始据王具折陈谢，遵旨于回京后觅工摹刻。著照所请，以‘诒晋斋’颜其卷帙，王即缮朕此旨勒冠简端，以当制序，本日王所奏之折亦著另书一通，附刊于后，以志一时翰墨欣赏之盛。”永瑆因而以此为序，择工刻成《诒晋斋书五卷》。之后的嘉庆、道光年间，以他书写、临摹、收藏书迹为内容的刻帖层出不穷。比如《诒晋斋法帖》四卷、《续帖》四卷、《法书》十六卷、《诒晋斋巾箱帖》十六卷、《话雨楼法书》八卷、《快霁楼法帖》四卷、《诒晋斋摹古帖》十卷等，此外，还有与他人书迹合刻成一部帖的多种。当时诒晋斋的种种帖风行海内，“名垂一时，士大夫得片纸只字如获至宝。上特命刊其帖，序行诸海内，以为荣云”[60]。

成亲王永瑆以他这种“天家金玉”的显贵身份和特权，很容易就能观赏到清内府和一些私家珍藏的历代书画名迹，而且他还广泛地搜集碑帖书画中的珍稀名迹。并甄选出收藏的比如宋代米芾《多景楼诗》、黄庭坚《经伏波神祠诗》、鲜于枢《杜甫茅屋为秋风所破歌》、宋高宗、苏轼、米友仁、朱元晦、赵子固、周南、文山、僧北涧，元代赵子昂、康里子山、鲜于伯几、白玉蟾、赵仲光，明朝末年吴王朱长源的墨迹等等与他深深喜好的名迹陆机《平复帖》，怀素《苦筍帖》，一同刻入了《诒晋斋法帖》中。

永瑆虽善书，但从不轻易为人书，外人很难得到其书。《书林纪事》中有一则故事：永瑆曾经为一位大学士认认真真地写了一幅小楷《黄庭经》，被旗下某都统看见了，也想请永瑆给写一幅，于是花了重金买了一卷宋代的纸，亲自去永瑆的府邸，跪求，成亲王颔首点头应允了。第二天，派人送至那个都统家。都统十分惊讶这位亲王如此神速，暗自窃喜，展开一看，了无一字，只有纸下一角写有蝇头三个小字，非常小，一下还看不出来，仔细再看，原来是“你也配”三个字。

二、“诒晋斋”石刻法帖的整理

八十年代末，西城区文物管理所向石刻馆移交了一批书法刻石。其中大部分都是“诒晋斋”法帖刻石，有九十五方之多。多为双面刻石，拓片的数量就达一百五十多张。1997 年苏芸女士曾将部分原石拓片与故宫收藏的传世拓本对照，查其所收目录、文章内容的先后次序，有所收效。近年我利用工作之便，又开始重新整理此帖，已经有进一步的了解。

近代学者容庚先生编纂的《丛帖目》中收录了以“诒晋斋”命名的书法目录八种：《诒晋斋法帖》四卷、《诒晋斋法书》十六卷、《诒晋斋书》五卷、《诒晋斋巾箱帖》四卷、《诒晋斋集锦帖》四卷、《诒晋斋藏真帖》四卷、《诒晋斋藏帖》四卷、《诒晋斋巾箱续帖》四卷等。子目录有二百多条。容庚先生经过二十多年的访求、收购，得观各地拓本以及各家编写的帖目，收总目三百余种而成此书。相比之下，现存原石的数量远远没有达到《丛帖目》收集的数量。整理原石有两个突出的困难：第一，此套刻石到底有多少方，不得而知。除了《丛帖目》对“诒晋斋”拓本的记录之外，目前没有发现其他文献对这方面的记载。第二，单件的刻石上没有刻顺序号，给排序增加了困难。因此《丛帖目》为我们整理此套刻石提供了必要的参考。我们的整理工作将以《丛帖目》为主要的参考，与原石内容互相印证。二者对照，原石内容与帖目基本相符的有三种，未收录的有一种。将在附录后列入《丛帖目》中三种如下，以方便研究者使用。

《诒晋斋帖》与《敬和堂帖》的区别在于后者是单面刻，是一方一方挨着刻的，并且存石比较完整，可以嵌墙展览。而《诒晋斋帖》恰恰是前面讲过的法帖原石特色中第二点提到的，并且还有每卷之间穿插刻的。而且从已经整理的内容来看，《诒晋斋帖》缺项严重，共缺多少还是个未知数。因而有必要把笔者初始整理的现存石刻状态记录下来，如有再研究者从中发现有方式或认识的谬误，也便于具体地指出。

《诒晋斋书》五卷，永瑆书。嘉庆九年（1804年）奉圣旨摹勒。以《丛帖目》为蓝本，分卷首、卷一、卷二、卷三、卷四，共五卷。成亲王把圣旨刻在卷首，说明了刻石的因由。此卷也称为“御刻”。原石中此套刻石“卷首”共存石十二方，双面刻。每石刻两版，而“御制国学新建辟雍圜水工成碑记”几石刻三版。每版边框刻二龙戏珠雕饰。刻石长87.5厘米，高37厘米。其他各卷刻石长86-89厘米，高35-38厘米不等。“卷首”的内容与原石的内容是最一致的。

首卷目录一石，右侧刻玉玺一方“避暑山庄”，边框龙纹；左侧刻收入的四个内容的文章目录：《御制集石鼓所有文成十章制鼓重刻序》，《御制八征耄念之宝记》，《御制十六应真像赞》三种，《御制国学新建辟雍圜水工成碑记》，皇十一子永瑆书。再左侧空白。此石反面右侧首刻“切衣冠典礼皆欲效汉”，末刻“慕复古之虚名耳致有”；左侧首刻“忘”，末刻“子臣永瑆敬书”。第二石右侧版首刻“御制集石鼓所有文”，末刻“集散编命馆臣依经”；左侧版首刻“史子集督缮四库全”，末刻“译汉藏兹亦将告毕”。 此石反面右侧首刻“亦在人为之二已于是”，末刻“规则是工之举也又予”；中版首刻“知遇论所谓于不可已”，末刻“遗者盖弗见于诗书乃”；左侧首刻“特出杜氏通典之私耳”，末刻“人执予复古之说于一”。第三石右侧版首刻“图据后周书以为宇”，末刻“四十字为韵予赋东”；左侧版首刻“字及末音字二韵其”，末刻“不可轻动但置木栅”。 此石反面右侧首刻“丁观鹏摹贯休十六应”，末刻“于嵌崖中入大禅定一切佛”；左侧首刻“魔弗著本性蓦问大士何不”，末刻“以恒七宝满布大千不如金”。第四石右侧版首刻“蔽其风雨以永万世”，末刻“得藏此崇文之举孰”；左侧版首刻“非会之萃时之合深”,末刻“右一八句凡二十九字重文三”。此石反面右侧首刻“黄耇台背如不胜躯现寿者”,“怒缘日面月面夫何不然”；左侧首刻“第十五锅巴嘎尊者”，末刻“子臣永瑆敬书”，镌“子臣”、“永瑆”二印，“乾隆御览之宝”印。 第五石右侧版刻“廓猷合道允”，末刻“人赋休奔走具未详君”；左侧版首刻“子具来导我呜”，末刻“十三里余射鹿于兹六”。此石反面右侧首刻“背谁为主宾示其两指以扇”，末刻“第十四纳阿葛塞纳尊”；左侧首刻“者”，末刻“可留问谁多事曰此贯休”。第六石右侧版首刻“辔卸止出勿忱”，末刻“□古老反白泽也宪其虎”；左侧版首刻“右六八句凡二十九字重文四”，末刻“古老反白泽也宪其虎”。 此石反面右侧首刻“第七嘎纳嘎巴尊者”，末刻“观无所为累一树一身法毕”；左侧首刻“有云蓬头童子以其目闻”，末刻“鋄杂尊者”。第七石右侧版首刻“左骖马执之大黄弓”，末刻“徒驭既射我”；左侧版首刻“马载止用贤孔虔”，末刻“子臣永瑆敬书”，两方印“子臣”“永瑆”，无刻石年月。此石反面右侧首刻“御制十六应真像赞”，末刻“第三拔纳西尊者”；左侧首刻“闭目严中入无生忍流水行”，末刻“第六拔哈达喇尊者”。第八石右侧版首刻“御制八征耄念之宝记”，末刻“旬开褒之庆镌为玺以殿”；左侧首刻“诸御笔盖莫若洪范八徵”，末刻“念万民曲礼八十曰耄老”。此石反面右侧首刻“御制国学新建辟雍圜水”，末刻“天子之学也天子之学”；中版首刻“曰辟雍诸侯之学曰泮”，末刻“始有复建之谕甲辰冬”；左侧首刻“乃观新工之竣将于乙”，末刻“井汲以绠耳用之无穷”。第九石右侧版首刻“就此非”，末刻“矣斯事体大千古读”；左侧首刻“书人所不能任亦从”，末刻“秦权以为秦鼓马定”。此石反面右侧首刻“二指于法华经我闻如是”，末刻“者”；左侧首刻“其头吐舌貌可怖人皎皎满”，末刻“丁观鹏画十六应真赞”。第十石右侧版首刻“而智衰之谓兹逮八十幸”，

钩沉石影

末刻“坛”；左侧首刻“庙之祀不可不躬亲雨旸”，末刻“堂之说所谓皇极敛锡之”。 此石反面右侧首刻“第一阿迎阿机达尊者”，末刻“足底是何为哉或偶用耳”；左侧首刻“第四嘎礼嘎尊者”，末刻“于有如是如是则否则否”。第十一石右侧版首刻“志也亦即近读洪范著论”，末刻“说而六帝之中惟梁武帝”；左侧首刻“宋高宗元世祖年登八十”，末刻“即元世祖亦未如予之五”。 此石反面右侧首刻“刚能悟四言眉横鼻直注目”，末刻“韩设生兮别未识禅那”；左侧首刻“第九拔嘎沾拉尊者”，末刻“乎不离不即一身一树示以”。第十二石右侧首刻“代同堂是予沐”，末刻“云尔予之子孙能心予之”；左侧首刻“心政予之政惕予之惕忧”，末刻“子臣永瑆敬书”。镌刻“子臣”、“永瑆”二印。此石反面右侧首刻“灌顶丰颐著水田衣七佛说”，末刻“指非彼天龙与木石居毛生”；左侧首刻“手足何不翦之谁翦豕鹿”，末刻“倚槎丫树憩伛偻身谁为触”。

卷一存石情况，第一石镌刻两部分内容：第一部分有二龙戏珠纹边框，内刻嘉庆九年（1804 年）的上谕；第二部分首行“诒晋斋书卷第一”，后为节录九成宫醴泉铭，以“惟皇抚运奄壹寰”起始，共三石。“百家姓”一石。四石节录“雪赋”。一石“与东墅师傅书”。

卷二存石，“临怀素草书千字文”两石，首行“诒晋斋书卷第二”；“五言律诗”两石；“黄昏帖”一石。

卷三存石，“乾隆五十九年（1794 年），在承德府临米芾帖”四石；临写“兰亭序”一石；“淇水烟波帖”两石；“张南轩诗”和“董思翁题画句”同在一石；“临白雪斋刻赵帖”一石；“春泥七绝”一石。

卷四存石，《心经》两石；《临川集诗》一石；《临赵孟頫与民瞻书》一石；《临周南效古谩赋四首述怀二首》与《诒晋斋法帖》之《圣主得贤臣颂》中永瑆跋部分的第二石合刻在了一石。可见容庚先生编目主要以装裱的拓本为依据的。另外，《诒晋斋书》是嘉庆九年摹勒，长沙陈伯玉、元和袁治刻；《诒晋斋法帖》是嘉庆十年摹勒，袁治刻。通过上面的实例，不排除《诒晋斋书》与《诒晋斋法帖》是同时穿插摹刻的可能。这样的例子后面还将会遇到。“得曾孙偶作七绝”一石，此石前刻《诒晋斋书》卷签。嘉庆十年（1805 年），成亲王五十四岁，喜得曾孙，作七绝一首，有年款，更加说明了两种帖是在同时、同地摹刻的。

《诒晋斋法帖》四卷，永瑆集晋、唐、宋、元、明大家之作，于嘉庆十年（1805 年），由元和袁治摹勒。其内容与原石也是基本一致的，而原石中有一些缺项。刻石尺寸基本与《诒晋斋书五卷》中的刻石尺寸一致。

根据《丛帖目》中《诒晋斋法帖》存目，第一卷第一石首行“晋陆机平复帖手迹神品”，尾有董其昌跋。第二石《黄庭经》，尾有欧阳询题识。第三石两部分内容，第一部分怀素《苦笥帖》，后有米友仁鉴定跋，聂子述题识。第二部分《米芾兰亭序跋并赞》。第四石首行《圣主得贤臣颂》，末是永瑆跋。第五石第一部分接永瑆跋，第二部分是《诒晋斋书卷》中周南赋四首述怀二首。这两部分刻在一石（实际上第四石与第五石是一石双面刻，便于叙述而分开说。在凡例中有所说明），可见容庚先生以所见帖编目。第六石为《白玉蟾寄题足轩诗》，后有虞翁生、项元汴的题跋。第七石为《李居仁宋宁宗封灵泽侯敕》。第八石缺。第九石为《蔡京唐十八学士图跋》。第十石为四项内容，分别继续《蔡京唐十八学士图跋》、《傅尧俞蒸燠帖》、《米芾与章侯恶札帖》、《辛弃疾督捕札子》。第十一石、十二石为《文天祥与宏斋劄子》和李时勉题跋，首行“天祥皇恐顿首三复□申”。第十三石为《赵孟頫与起翁尊舅书》。

第二卷《多景楼诗》存五方石，缺“灵入迢迢溟海六鳌愁指分块圠方舆露顶矗昭回列纬”句。《黄庭坚伏波神祠五律》存石五方，第五石前部分内容为文徵明的题跋，后部分内容是《诒晋斋书卷》中《百家姓》的结尾，这是《诒晋斋书卷》与《诒晋斋法帖》同时同地镌刻的又一例证。至于《苏辙冻合帖》与卷四的鲜于枢《杜甫茅屋为秋风所破歌》之鲜于去矜跋语刻在了同一石。

第三卷《兰亭序》等存石三方，《米友仁杜门帖》与《宋高宗付孟庾敕》刻在了同一石上。与《丛帖目》中的《法帖》卷三排序不同，这就反映出了《目》是以拓本为依据，石刻是拓本的附属而已。《赵孟坚的马娇图诗》存三石。《朱长源与徐达书》、《朱常淓松石诗》各一石。《文彦博修礼潧河两牒》，存石三方。故宫博物院所藏纸本定名为《三札卷》。第三方前部分为文彦博的内容，后部分接《苏轼刘锡制草》。康里巎巎的《渔父辞》、《三君子诗跋》和《居简五律》刻在一石。

第四卷第一石前部分刻《吴说下车帖》，后部分是《之仪汴隄帖》。《赵子崧子济帖》与《□□冒暑帖》合刻于一石。《魏了翁机宜帖》存一石。《伯兴承务书》与《陆游契家帖》共存一石。故宫博物院所藏纸本定名为《首夏帖》和《尊眷帖》。《袁燮与和仲学士书》与《张即之宝墨劄子》合刻一石。《张即之宝墨劄子》故宫博物院所藏纸本定名为《台慈帖》。第十三石为《赵孟頫舟泊通慧真人祠作七绝并跋》。

《诒晋斋巾箱帖》四卷，永瑆书。嘉庆十二年（1807年），金匮钱泳摹勒。目与原石的内容完全一致。这一套刻石右下角都有"卷某某"的刻迹，很好对。刻石长61-65厘米，高23-25厘米。这套刻石分两组，两种尺寸，两种格式。小一些尺寸的刻石字迹工整，石质比较好。而大一些的刻石字迹歪斜，比如"卷二·一"中"巾箱帖"的"巾"字；另外石质较差，石面斑驳，刻画痕迹严重。

另外，《诒晋斋巾箱帖》原石的背面刻有《诒晋斋采珍帖》四卷，刻石右下角标有"采某某"，刻石长63厘米，高24厘米。共十六石。镌刻有"嘉庆己巳（十四年，1809年）仲秋八月，古歙汪氏摹勒上石"。《丛帖目》中却没有收录。内容多为《诒晋斋法书》十六卷、《诒晋斋书》五卷、《诒晋斋集锦帖》四卷、《诒晋斋藏真帖》四卷中的内容，似是汪氏只辑录了片言只语，采集其中佳者刻成的。现将整理的《采珍帖》内容整理如下：

《诒晋斋采珍帖》四卷，嘉庆己巳（十四年，1809年）仲秋八月，古歙汪氏摹勒上石。

卷一

《老子道德经》

《拟古》

《赵忠毅铁如意歌》

节临《洛神赋》刘墉谨题

卷二

扬州集咏钱跋

节临楞严经董蔗林藏

《寒山作》

临赵孟頫《归去来辞》

临赵孟頫《赤壁赋》钱泳题

临赵孟頫《幽兰赋》

卷三

节临钟繇《宣示帖》

《兰亭序》孙星衍观 翁方纲观

在承德府临米芾帖十种

节临《寂照和尚碑》

《化度寺故僧邕禅师舍利塔铭》（盖闻人灵之贵，天象攸凭）

卷四

节临秦观《洛阳怀古》

《出闾门作》伊秉绶拜观

在与原石对照的过程中，发现《丛帖目》在编目上存在着一些缺点。第一，定名不准确。容庚先生在《丛帖目》序中写到编目有几难，其中一难就是子目难编，一帖之中有取帖前数字定名的；有取帖中二三字定名的；或是称谓不一的。“一帖之称，分歧如此”，无所适从。但是他发现了这个问题，却没有很好地解决这个问题。例如，在《诒晋斋书》五卷中有“散漫交错帖”仅以“散漫交错”几字定名，实际上这几字只是谢惠连《雪赋》中的句子，而在“诒晋斋法书”十六卷中相同内容却定为谢惠连《雪赋》；“淇水烟波帖”，似是因仅仅看到拓本而定名，其实这是成亲王书写的一副对联“淇水烟波半含春色，太行松雪映出青天”。有一些定名只是根据题款而定，比较笼统，例如，“张南轩诗”、“董思翁题画句”、“临川集诗”等。而且，题款与原句的内容无关，如“长吟伐木诗，伫立以望子”句乃明代杨慎《丽泽》诗句，“连林人不觉，独树众乃奇”句乃是陶渊明的诗句。再如《诒晋斋法帖》之《辛弃疾督捕札子》，故宫博物院定名为《去国帖》。第二，子目录排序不准确。在《诒晋斋法帖》四卷中，原石有一件前部分为《宋高宗付孟庚敕》，后部分为“米友仁杜门帖”，而《丛帖目》在编排上把他们分离了，分别编排在第一卷和第三卷中。这是因为他只以拓本为据，而忽视了原石的存在；另有一件石，前部分为“鲜于去矜跋”，后部分为《苏辙冻合帖》，《丛帖目》把他们编排在了不同的卷次中，这是拓本与石本的不一致的又一个表现；有一石，前部分刻〈诒晋斋法帖〉四卷中《圣主得贤臣颂》之永瑆跋”内容，后部分刻《诒晋斋书卷》五卷中《周南赋四首述怀二首》，而《丛帖目》把它们编在了不同的种类中。可见，容庚先生在编写《丛帖目》的过程中仅以拓本为主要根据，而没有注重原石的重要性。这也是历代金石学家惯常的做法，因为他们研究的对象是文字，他们多关注于拓本的研究，在考据论述中，不免多有难以释明之处。尤其是对原石已毁的拓本，在判断其是否为原石拓本之时，则争议很多，真伪难辨。并且忽略了其载体——石板和镌刻者的刻功，这里蕴含着真、行、篆、隶、草这几种自然的书体以及欧、颜、虞、赵、董等书法家的书体变化。

另外，《丛帖目》中还有一明显的失误，就是《诒晋斋巾箱帖》与《诒晋斋法书》镌刻的时间先后问题。书中记到“《诒晋斋巾箱帖》四卷，嘉庆十二年，金匮钱泳摹勒”，“《诒晋斋法书》十六卷，嘉庆二十四年（1819年），金匮钱泳摹勒”。《诒晋斋巾箱帖》原石上镌有“嘉庆丁卯（十二年，1807年）春王正月，金匮钱泳谨模上石”几字，这是确定的。而《诒晋斋法书》拓本上没有发现能确定年代的镌刻，我们也正没有这套原石，但是在钱泳的《写经楼金石目》中却记到：“先是，嘉庆四年春，泳北游京师，谒郑亲王，王以成邸所书《进学解》见示，命为双钩刻石，而质郡王亦有以草书《百家姓》命刻者。既而复在肃王府借《论书》三帖，旋又见陈梅垞、家黼堂两侍郎及吴穀人祭酒具得有成邸书法，陆续双钩，集为四册，名曰《诒晋斋帖》。自此海内风行，珍如拱璧。十年三月，泳再游京师，主刑部员外郎盛松云家，常与松云商刻二集、三集、四集以广之，凡王公贵人藏有成邸手书，皆为借阅双钩，时当盛暑，仆仆于车尘马足间者几三阅月。是年八月，始从潞河归棹还江南，遂陆续上石，年余始成，合初刻四册共十六卷，汇成大观。”又“泳既刻《诒晋斋主人书》十六卷，复取吉光片羽刻为此帖，用南史衡阳王传中语名‘巾箱’”。这就说明《诒晋斋法书》的刻成时间是在嘉庆十一年初，早于《诒晋斋巾箱帖》，而不是“嘉庆二十四年”。

原石拓片与现今流传于世的几种拓本对照，以及拓片、拓本与《丛帖目》对照，都没有一致的顺序排列。现在我们以《丛帖目》为依据，以原石为标准，重新列目，并不是要篡改容庚先生的著作，而是要在《丛帖目》的基础上重新编排石刻馆藏的这套法帖目录以方便使用。

三、“诒晋斋”法帖中几种名帖的流传

永瑆学书有很多得天独厚的优越条件。“天家金玉”的显贵身份，使他得以受到良好的书法基础教育，并很容易得到与当时书界名流学习、交流的机会，如乾嘉之际名家刘墉、铁保、翁方纲诸人都与之过从颇多。永瑆还有一种他人难以比拟的特权，即可以较为方便地观赏到清内府和一些私家珍藏的历代书画名迹，借以开阔眼界，汲取丰富的书学营养，促进自己书艺的提高。由其文集中《记所见书画》等篇提及的诸多名家翰墨，即可知他涉猎见识之广。不仅如此，永瑆本人也凭借优厚的俸禄和贵胄身份，广蓄碑帖书画以便临摹欣赏，且藏品中不乏珍稀名迹。并将其与自藏米芾《多景楼诗》、黄庭坚《经伏波神祠诗》、鲜于枢《书杜甫茅屋为秋风所破歌》等刻入《诒晋斋书》帖，以广流传。永瑆还曾获宋拓佳本欧阳询《化度寺故僧邕禅师舍利塔铭》，颇为珍视。

张伯英云：“《诒晋斋摹古帖》十卷，清成亲王永瑆辑。成邸自书亦名《诒晋斋帖》，此其所藏墨迹，嘉庆乙丑模勒上石。晋则陆机《平复帖》，唐则怀素《苦笥帖》，宋则高宗、苏子由、黄山谷、米元章、米友仁、朱元晦、赵子固、周南、文山、僧北涧，元则赵子昂、康里子山、鲜于伯几、白玉蟾、赵仲光，明则吴王朱长源。卷数不分次第，每卷或一帖或三四帖，皆真迹，未有赝者。惟黄庭经二种，乃是一人所书，其一有子昂款，其一列宋帝王书中，审其笔致，非出松雪，疑明代人所为，尤非宋也。……成邸势位既崇，收藏亦多，是帖所刻只廿余种，由其鉴别之识，远出时流以上，不惟其多，惟其真，刻帖者宜取法也。晋唐遗墨流传日少，宋人所辑已不能无失，况又在数百年后。以成邸深嗜笃好，具有收藏之大力，所得仅《平复》、《苦笥》二帖。近代收藏家高谈魏晋，动盈箧笥，实与古人渺不相涉，而勒石传世，贻误后学，虽名家不免此弊。二帖气韵高古，灼然可信。宋元诸家，选择亦慎，袁治钩摹，颇称精善，视其他刻本为胜。”[61]

《平复帖》被公认为是现存最早的墨书真迹。作于晋武帝咸宁初年（275年），而《兰亭序》书写于东晋穆帝永和九年（353年）、明代张丑评其“最奇古，与索幼安《出师颂》齐名。笔法圆浑，正如太羹玄酒，断非中古人所能下手”[62]。董其昌题跋云：“右军以前，元常以后，惟存此数行，为稀代宝。”此帖本是雍正的孝宪皇后的嫁妆，孝宪皇后死后传给了成亲王，再传恭亲王，再传溥心畬，后由大收藏家张伯驹花巨款购得。中华人民共和国成立之后，张伯驹先生把此帖与其他珍贵文物一同捐赠给故宫博物院。

《苦笥帖》，此帖帖前有清乾隆帝题签和“醉僧逸翰”引首，帖后有宋米友仁、聂子述，明项元汴，清弘历、李佐贤、陆润庠等题跋。钤有北宋“内府图书之印”，明“项子京家珍藏”等鉴赏收藏印数十

方。曾为北宋内府，元欧阳玄，明项元汴、项玄度、程申之，清安歧、永歧、永瑢、永瑆、奕䜣、载滢、溥心畬等珍藏。现藏上海博物馆。

《多景楼诗册》，是米芾晚年所书，《佩文斋书画谱》中评价："海岳老人书，惟《华佗帖》与《多景楼诗》最为豪放。"其笔势纵横，墨采飞舞。其字粗壮处不觉痴肥，燥笔处却秀润妍媚。整体结构，疏密得宜。此册初为蔡京之弟蔡卞所有，继为秦桧家藏，钤有"桧"、"秦熺之印"（秦桧之子），"秦埙"（秦熺之子）朱文古篆印；明初流到黔宁王沐英家，钤有"黔宁王子子孙孙永保之"白文印，"黴南将军图书"（黴南将军，沐英之子，名晟）、"沐璘廷章"（沐璘，沐英之孙，字延章）；清代曾为安歧所藏，钤有"安歧之印"、"仪周鉴赏"、"安仪周家珍藏"；后进入皇宫，钤有"乾隆御览之宝"、"乾隆鉴赏"、"三希堂精鉴玺"；后由高宗赠给成亲王永瑆，钤有"永瑆之印"、"诒晋斋"、"皇十一子成亲王诒晋斋图书印"、"皇十一子"；晚清流出宫外，为成克巩所藏，钤有"成克巩"、"大名成氏象贤堂珍藏图书印"。现代为吴湖帆珍藏，钤有"吴湖帆印"、"梅景书屋"、"吴氏梅景书屋图书印"、"吴潘静淑"等。现藏上海博物馆。

《经伏波神祠诗》，谈到此卷的书法，乃上承晋唐衣钵，不渗北碑气息，全以圆笔法为之，故生动雄伟，苍劲遒健，尽得"屋漏痕、折钗股"笔法之三昧，且不时露有屋漏之痕，显明婉通，浓纤刚柔，写来恍惚荡漾，沉着痛快，尤以用笔昂藏郁拔，而又神闲意媚，更处处表现出山谷老人的高旷古雅，至神韵超凡，而成功地写出了他自己的行书面貌，自成一家书派。文徵明拜沈周为师，沈氏家世硕儒，故收藏丰富，所收黄山谷法书多件，其中《经伏波神祠诗》对文徵明影响犹大。这幅大行书，三十年后归华中甫收藏后，华氏又请文徵明题跋。此诗卷的真迹，曾藏于香港大风堂，现藏于日本永真书库。

《杜甫诗茅屋为秋风所破歌》，是鲜于枢二十九件传世墨迹中的一件。是鲜于枢五十三岁时为玉成所作行书。其自题曰："三易笔，竟此纸。海岳公有云：今世所传颠素草书，狂怪怒张，无二王法度，皆伪书。东坡谓：吴门苏氏所宝伯高书隔帘歌以俊等草，非张书。诚然。枢作草书颇久，时有合者，不敢去此语也。"这是他对待草书的主张，以合二王法为尺度。此真迹现藏于日本京都藤井有邻馆。

四、铁笔钱泳

这些传世珍品的摹刻均请当时著名的镌刻家，如实地反映了原作的风貌。金匮钱泳（1759~1844年），字梅溪，号梅花溪居士，未至显官，交游很广，以摹勒称于时，其自书、自摹、自刻之帖，据其自著《履园丛话》卷九记述，所刻有《经训堂帖》、《攀云阁帖》、《诒晋斋法书》、《诒晋斋巾箱帖》、《清爱堂石刻》（敕刻）、《松雪斋帖》、《松雪斋法书墨刻》、《小清秘阁帖》、《小楷集珍帖》、《福州帖》、《写经堂帖》、《问经堂帖》、《黄文节公法书石刻》、《续松雪斋帖》、《吴兴帖》、《述德堂帖》、《抱冲斋帖》、《缩临唐碑石刻》、《朴园藏帖》、《枕中帖》、《惟清斋帖》、《仁本堂墨刻》、《澄鉴堂石刻》、《学古有获之斋帖》、《学古斋四种书刻》、《昭代名人石刻》等多达二十余种，蔚为大观，后无来者能与之抗衡。钱泳虽能诗，擅工书法，然鉴别不精，真伪不辨，所刻伪书亦复不少，其临摹唐碑及秦汉金石断简不下数百种，多参己意，故而工致有余而古意尽失，能得形似但颇俗气。《昭代名人石刻》，皆清人书，选择精善，无一伪本，其中多长洲顾沅藏本，摹勒亦精，钱氏刻帖甚多，唯此帖最佳，传本也最少，石恐不复存矣。

五、法帖原石的价值所在

古代石刻是文化遗产。“石刻是书法史不可或缺的载体”。铭功记事，刻于金石，是商朝以来的悠久传统。先民的初衷无非只是想借助载体的坚固而使其事迹永垂不朽。后人发明了椎拓技术而使原刻得以广泛流传，借以欣赏和临摹古人的字迹，提高自己书法水平。这就是它的艺术价值。

石刻本身所承载的内容就是历史价值的体现。它可以作为研究历史人物、历史事件、了解古代生活多方面的文献资料。

传世的法帖拓本，以及诸种记载碑帖刻石的书籍，都只能作为当时风行于世的刻帖朝流所遗留的历史参考，而石刻馆收藏的这批石刻法帖是这一过程的实物见证。

对于法帖的研究大多只限于书法史的范围，其实法帖石刻不仅是石刻中重要的种类，它是使墨迹广为阅览所依托的载体，一种传统原始印刷的模范，它还是辨别拓本的一个重要依据，同时，法帖本身的内容又是真实的史料记载，更加大量丰富了现存历史文献。使爱好者不仅仅去欣赏其书法结构的艺术性和书体的变化多端，或者仅仅去辨别真伪的程度。而是能够比较全面地了解其历史价值，对以后再深入研究起到推动作用。

例如，在《敬和堂法帖》中有一则文徵明八十九岁时写给朋友的信札，断然拒绝为严嵩祝寿的内容。其文辞和笔意中透出的刚直和坦然令人唏嘘。

王铎在北上进京的途中，焚毁了近千件诗文作品。乾隆时又将王铎的著作视为禁书。现存的尺牍信札较少，而《敬和堂》收录了十几件王铎与友人交往的书信回札，这是很珍贵的，为研究王铎生平的人能提供一些很有价值的参考资料。

以成亲王永瑆书斋命名的法帖十几种，自书的诗文、考证、评论大大补充了他文集的内容，与友人的书信也为研究者提供了直接的参考。成亲王主持刊刻的《诒晋斋法帖》，不仅最大限度地保留了原帖的风貌，为人们能更好地观赏、临摹提供了副本。其中有吴王写给徐达的手谕，称盗匪近日猖狂，被关押人犯打死牢头集体越狱逃亡，宜尽快抓获，今后有此等事直接处决，不必上报。多么具体的历史插曲。还有成亲王作的明朝皇室宗亲世系的考证，可以作为补充明代皇室世系的参考。

另外相比较而言，世人更重视墨迹与拓本的流传。而没有注重原石的重要性。这也是历代金石学家惯常的做法，因为他们研究的对象是文字，他们多关注于拓本的研究，而忽略了其载体——石版，和镌刻者的刻功，这也是我们现代石刻学领域中研究的内容。这里同样蕴含着各种自然的书体以及书法家们的书体变化。再者石刻可以“不朽”，比较能够承受天灾人祸对它的破坏，不像墨迹，付之一炬，顷刻化为乌有。相比较而言，世人更重视墨迹与拓本的流传。墨迹是名人书家的真实手迹，但墨迹毕竟只有一件，而且，这种竹木质、纸质或棉质文物毕竟没有石刻文物的保存时间长久，比较容易损坏。拓本尤其注重初拓，可是这毕竟也是纸质文物，在拓制和装订的过程中难免会有遗漏和换位。因此能够经过千百年的沧桑变故而完好无损地保留至今的这种墨迹、拓本几乎寥寥无几。

从传播学上说，石刻的优越性至少有三点：其一，传拓技法的发明使石刻的传播不受地域限制，拓片的制作成本低廉，简单易行，十分方便。其二，石刻通常选择或放置在人们容易看到的地方，从这个意义上看，它与现代的城市公共雕塑颇有相似之处。其三，石刻可以“不朽”，比较能够承受天灾人祸对它的破坏，不像纸质墨迹，尤其遇到火灾的侵害，原作恐怕很难保存下来了。……石刻则为保留我们民族的书法遗产立下了不可磨灭的功劳，它的作用不可取代。正因为如此，古代石刻备受书法家的重视，就不足为奇了。如果没有石刻这种载体，中国书法史恐怕要简单得多，也模糊得多[63]。刘振清先生从石刻学和印刷术的角度阐述了石刻这一载体的重要性。

钱泳在《写经楼金石目》中云："泳既刻诒晋斋主人书十六卷，复取吉光片羽刻为此帖，用《南史衡阳王传》中语，名曰'巾箱'。自淳化、大观、绛、潭诸帖以来，从未有小本而成部者。刻成之后，海内风行，翻版纷纷至十余部，而书估中又将他人仿书刻石，亦为四卷，名曰《续巾箱帖》，后亦有'金匮钱氏模勒'字样。以此冒名射利，愈刻愈劣，愈翻愈行，真奇聿也。"

石刻馆法帖原石作为当时传播交流书法的载体，流传至今已经有二百年的历史了。比如说《诒晋斋法帖》都是真迹摹刻的，不像《淳化阁帖》不知已经翻刻了多少遍，已经失真了。

目前市面上没有整理完整的这几种法帖，只是有少量的初拓和旧拓被文化单位收藏。随着现在文物收藏热的升温，寻宝热的风靡，人们开始越来越重视传统文化的回归。如何保护性地使用先人留下的财富，既能方便现代人临摹观赏，又能继续保护好，使后人同样能欣赏到真实的可靠的宝藏，这是我们的责任。因此，第一，石刻馆收藏的诸种法帖有整理出版的价值。如果重新捶拓刊行于世，是对书法研究者、书法爱好者最好的馈赠。第二，有展览价值。传统金石学家多关注于拓本的研究，习书者也多接触于拓本，他们都忽略了石刻这一载体，忽略了镌刻上石这一过程。很多著名的现仍流传于世的石刻法帖，例如，北京北海的《三希堂法帖》、《快雪堂法帖》；河南汝州的《汝帖》；安徽歙县新安碑园的《馀清斋法帖》、《清鉴堂法帖》。这些法帖的原石都镶嵌于壁墙之上，既完好地保存了石刻，防止其迅速风化，又还原其本来风貌，将实物展现于观者面前，达到了双效结果。石刻馆的藏石亦可效法。

正气／歌／天地／有正／气杂／然赋／流形／下则／

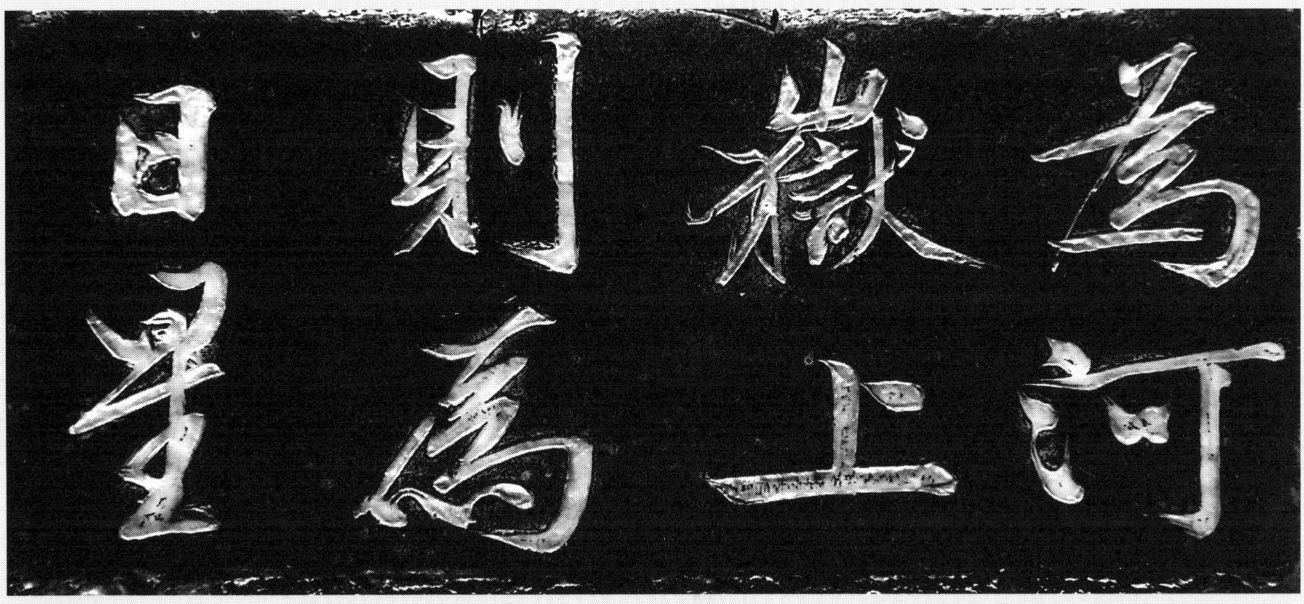

为河／岳上／则为／日星／于人曰／浩然／沛／乎塞

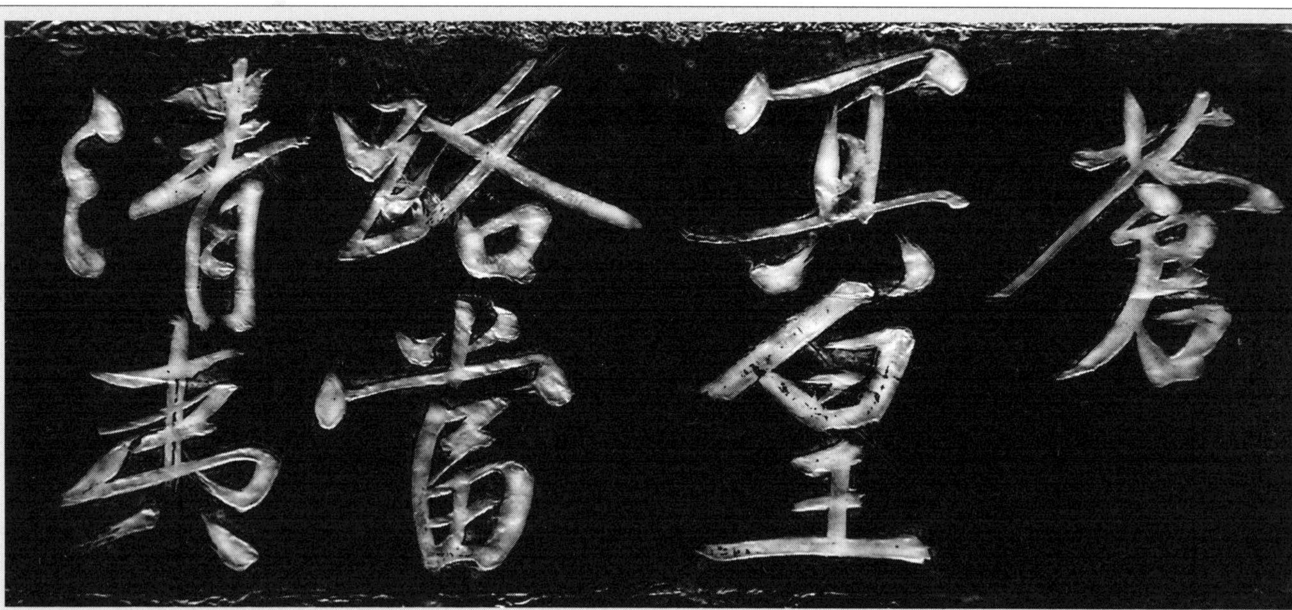

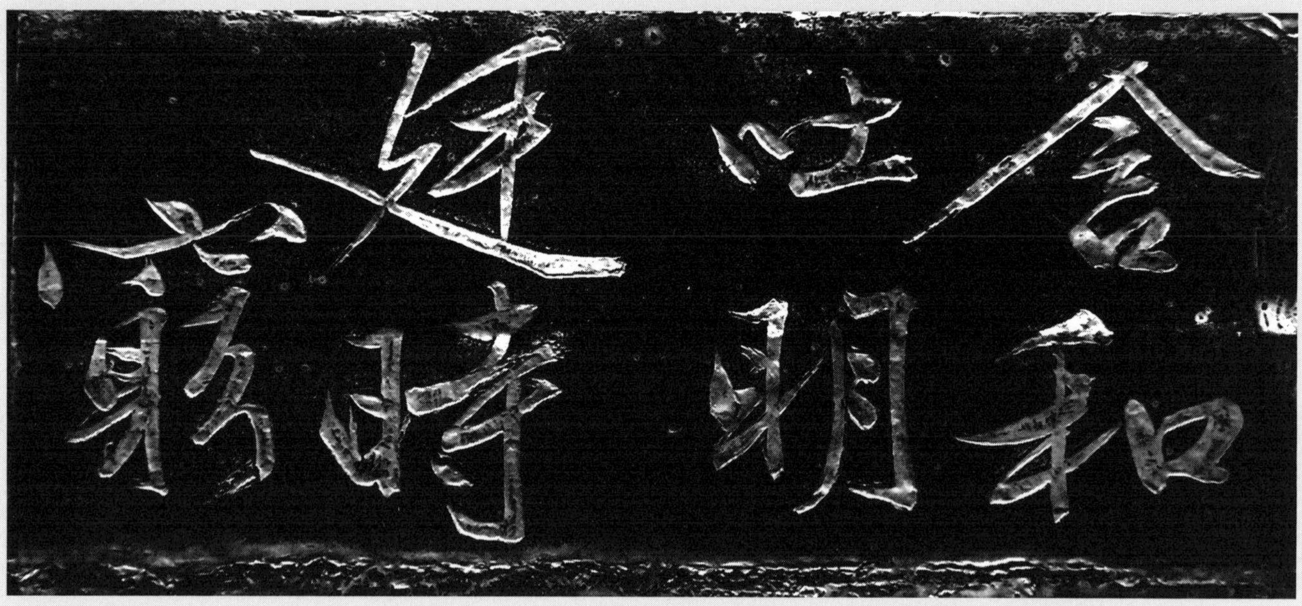

苍／冥皇／路当／清夷／含和／吐明／廷时／穷／

节乃／见一／
垂／丹／青／
在／齐／太／

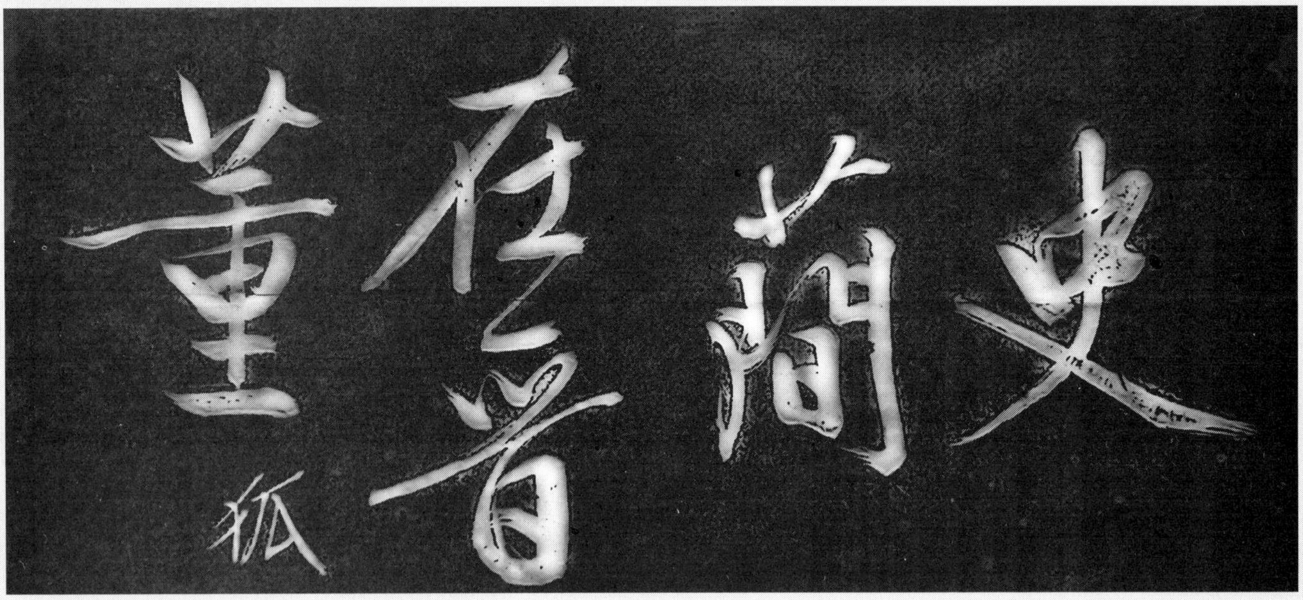

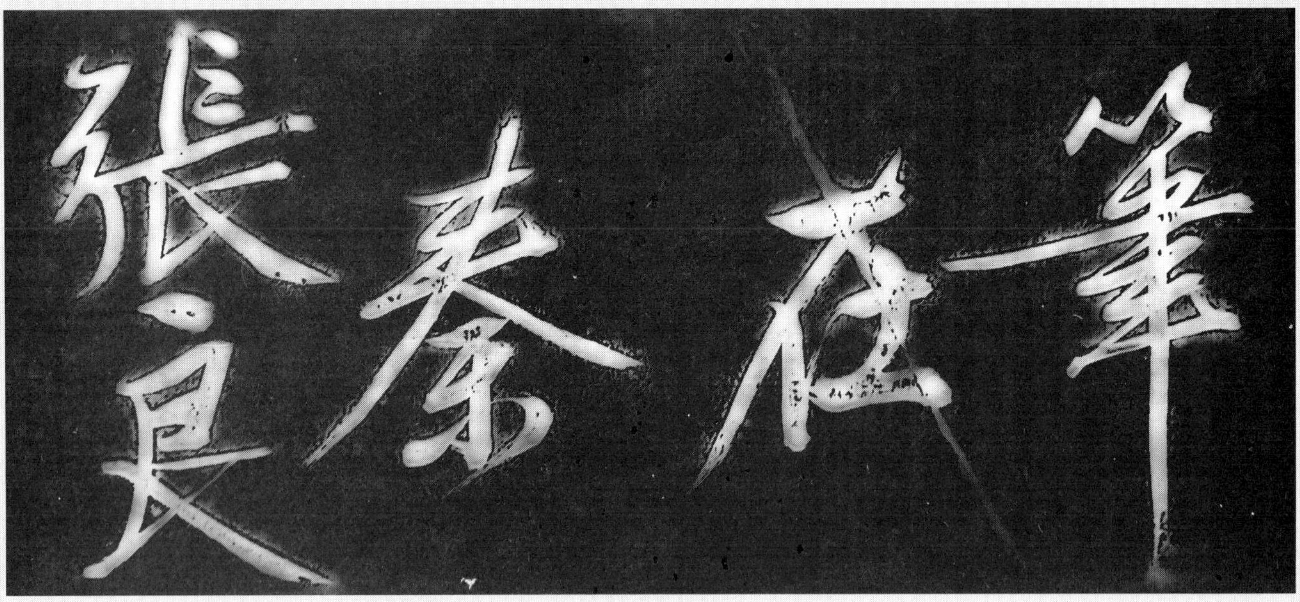

史／简／
在晋／董狐／
笔／在／秦／
张良／

椎在／汉苏／武／节／为／严／将／军／

头为／嵇侍／
中血／为张／
睢／阳／
齿为／颜／

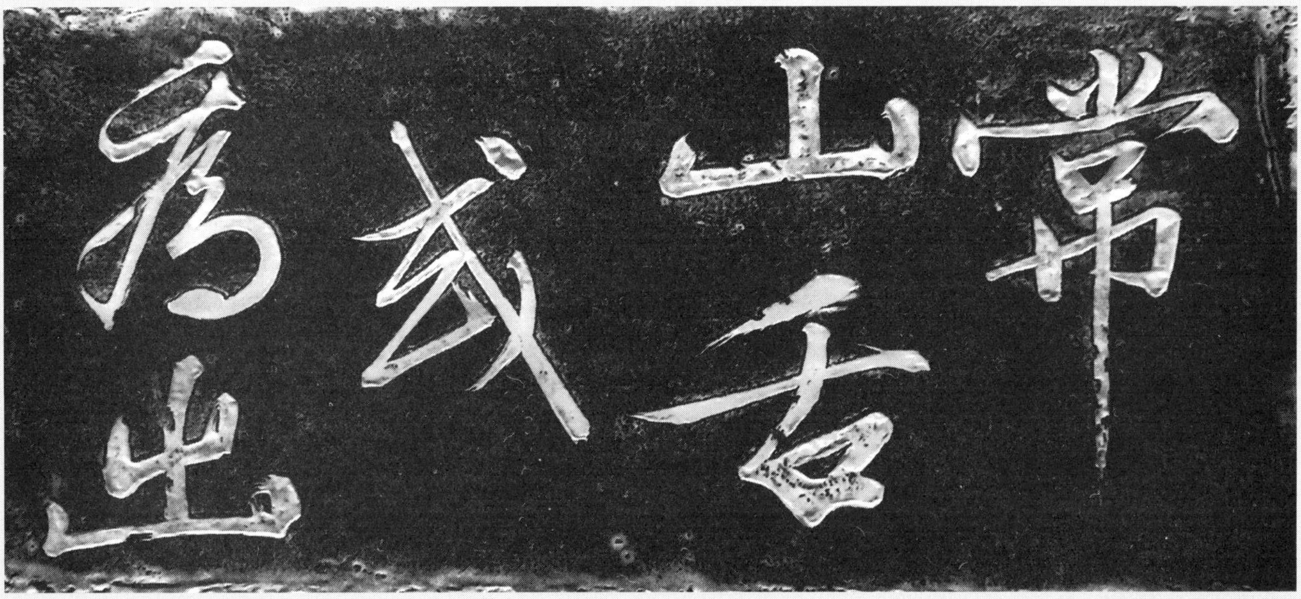

常／山舌／
或／为出／
师／表／
鬼／神／

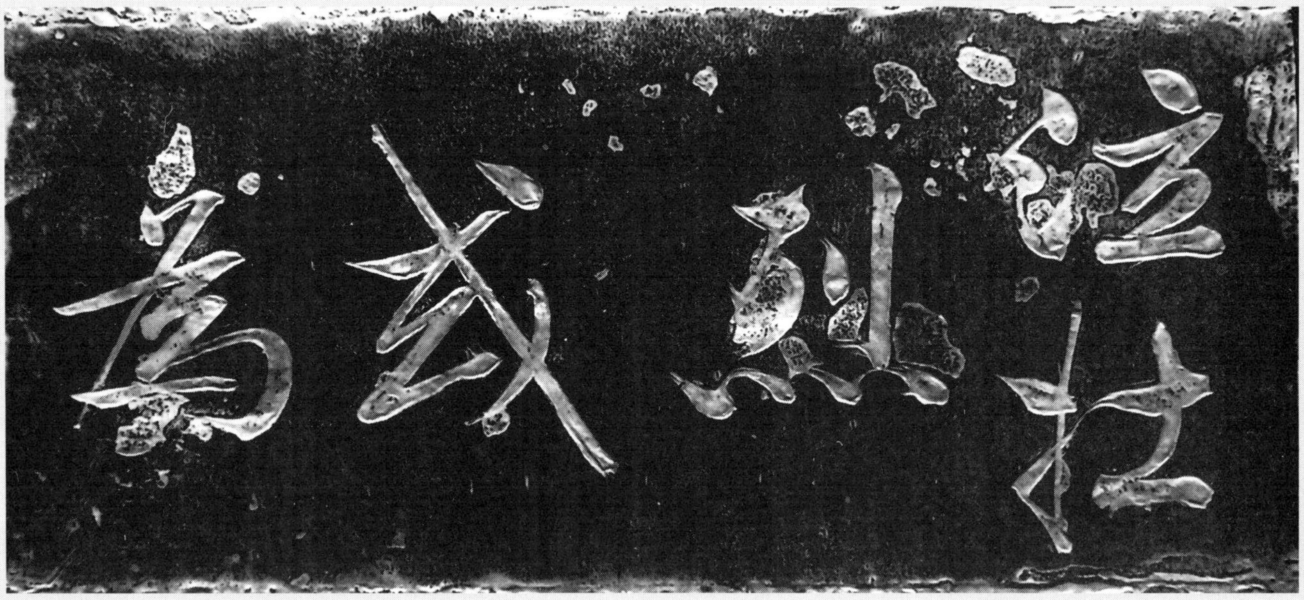

泣壮／烈／
或／为／
渡江／楫／
慷慨／吞胡／

羯／或为／击／贼／笏／逆竖／头破／裂／

是／气所／磅／礴／凛然／万古／存当／其／

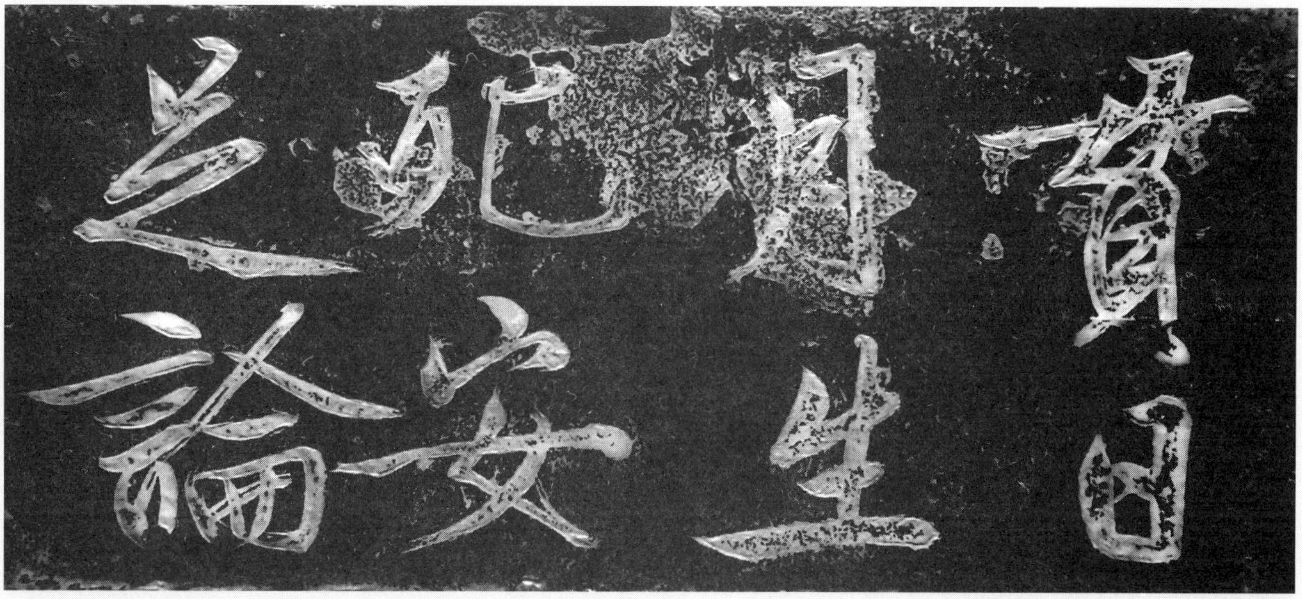

贯日／月生／
死安／足论／
地维／赖以／
立天／柱赖／

以尊／三纲／
实／系／
命／道／
义为／之根／

嗟余／遘／阳九／隶也／实不／力／楚／囚缨／

冠／其／
传／车／
送穷／北鼎／
镬甘／如饴／

求之／不可／
得／阴／房／
冥／鬼／火／

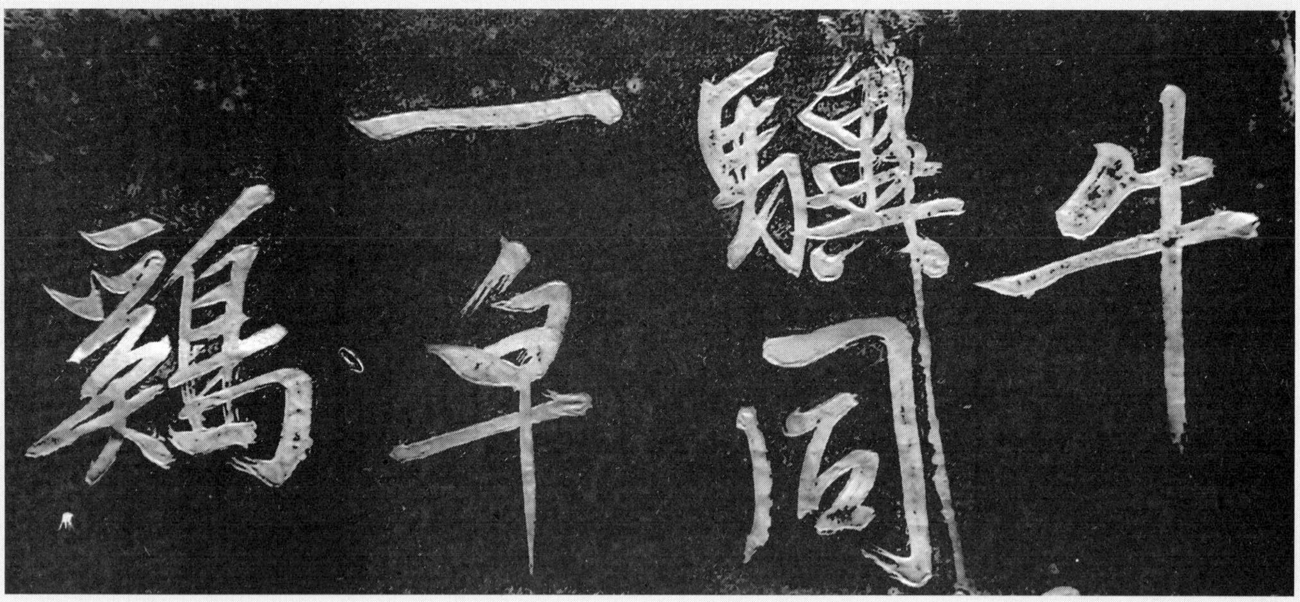

春／院／閟／
天黑／牛／
骥同／一皂／
鸡／

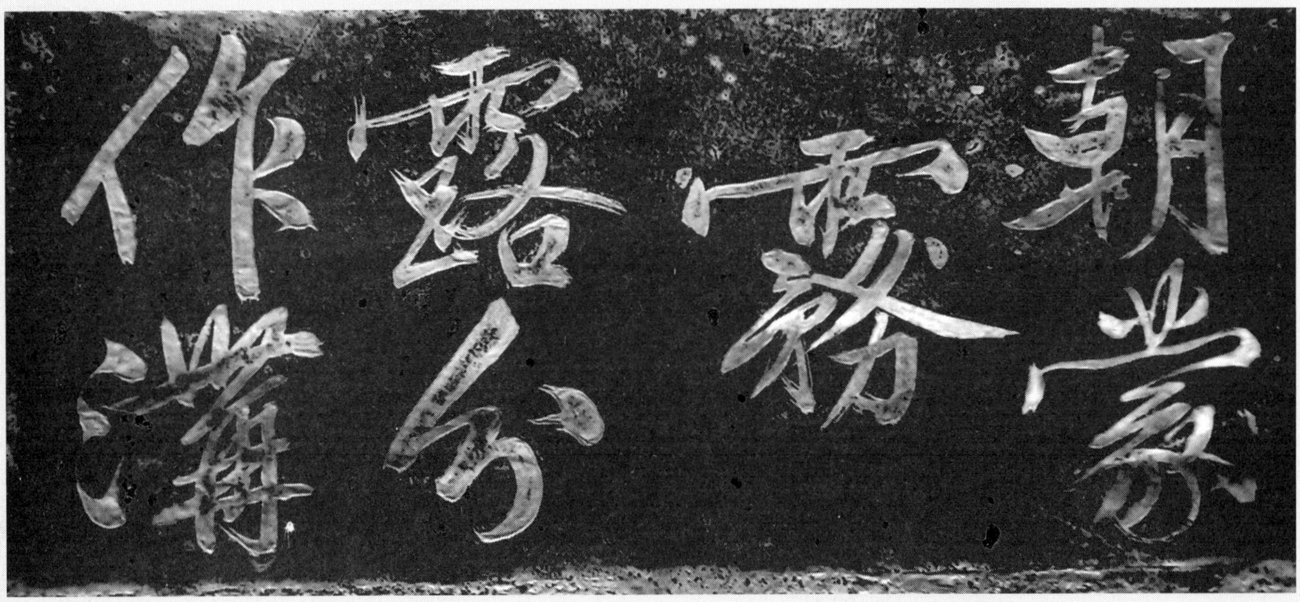

栖／凤／凰／食一／朝蒙／雾／露分／作沟／

中／瘠如／此再／寒／暑百／沴自／辟／易哀／

哉沮／洳场／为／我／安／乐／国／岂／

有他／□巧／
阴／阳／
不能／贼顾／
此耿／耿在／

仰／视浮／
云白／悠悠／
我心／悲／
苍／天曷／

有极／哲人／日已／远／典刑／在夙／昔风／檐／

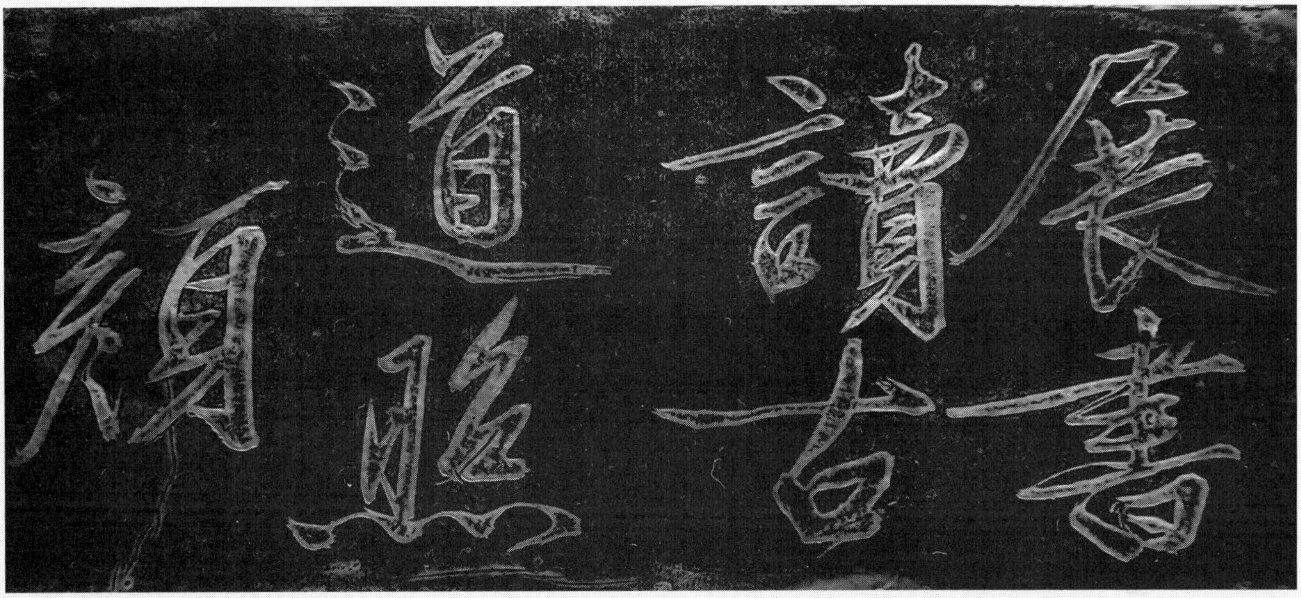

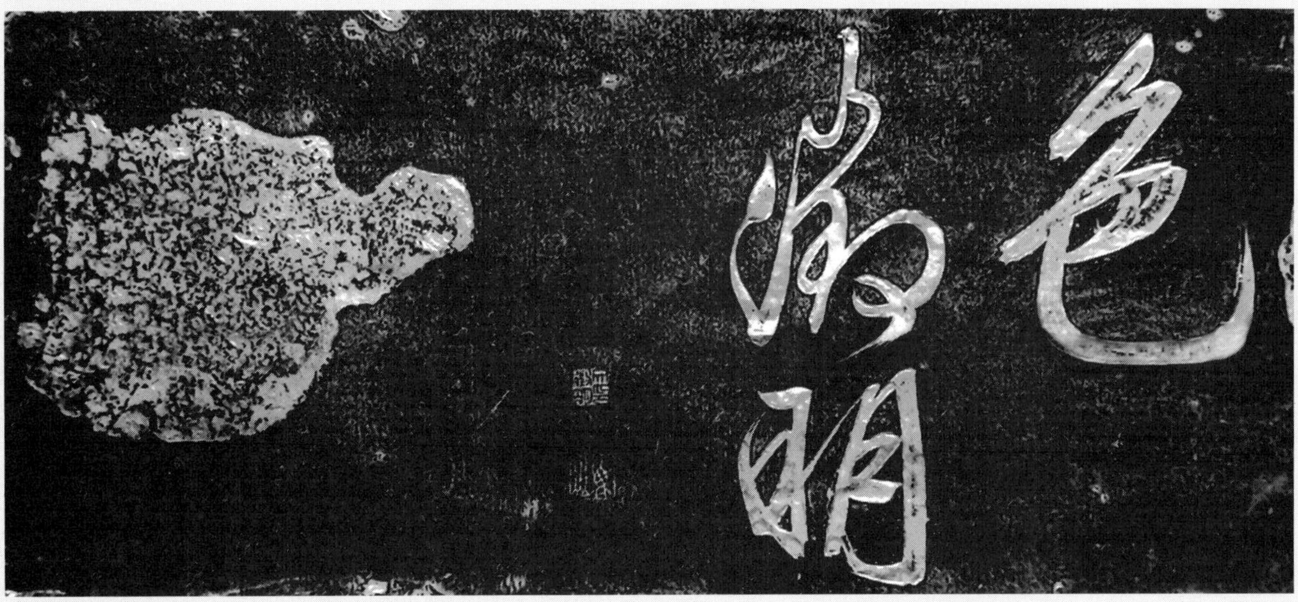

展书／读古／
道照／颜／
色／徵明／

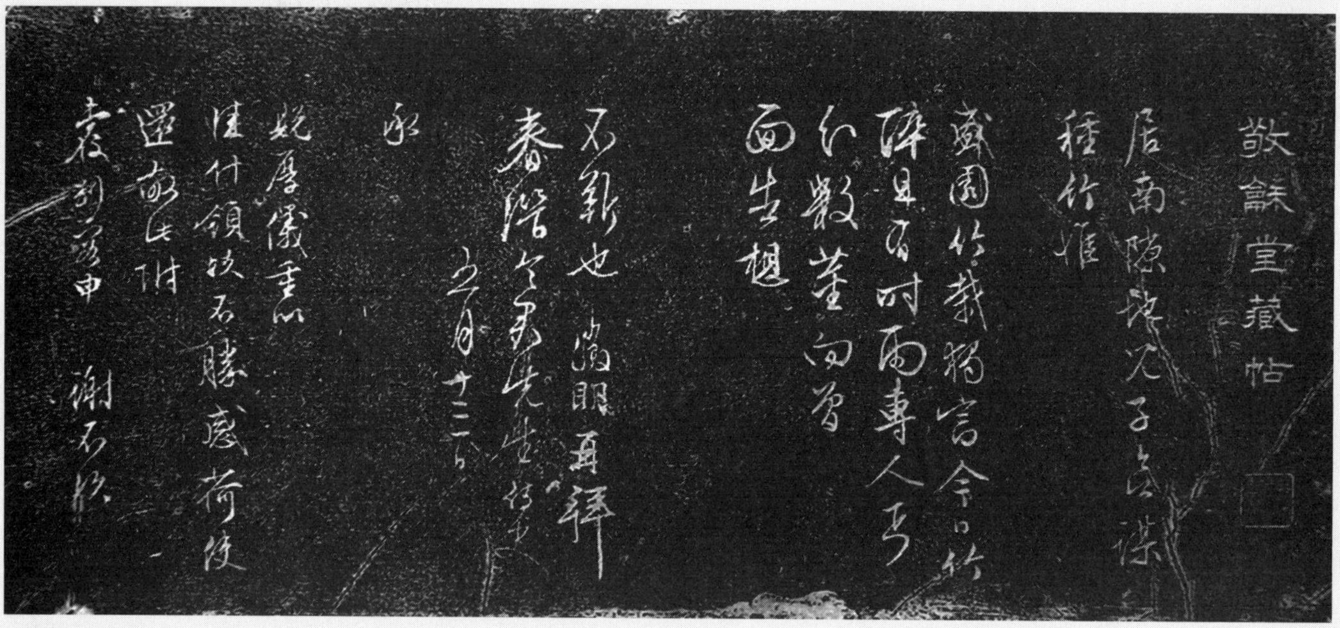

居南隙地兄子欲谋／种竹惟／盛园竹栽独富今日竹／醉且有时雨专人丐／分数茎向曾／面告想／不靳也徵明再拜／春潜令君先生侍史／五月十三日

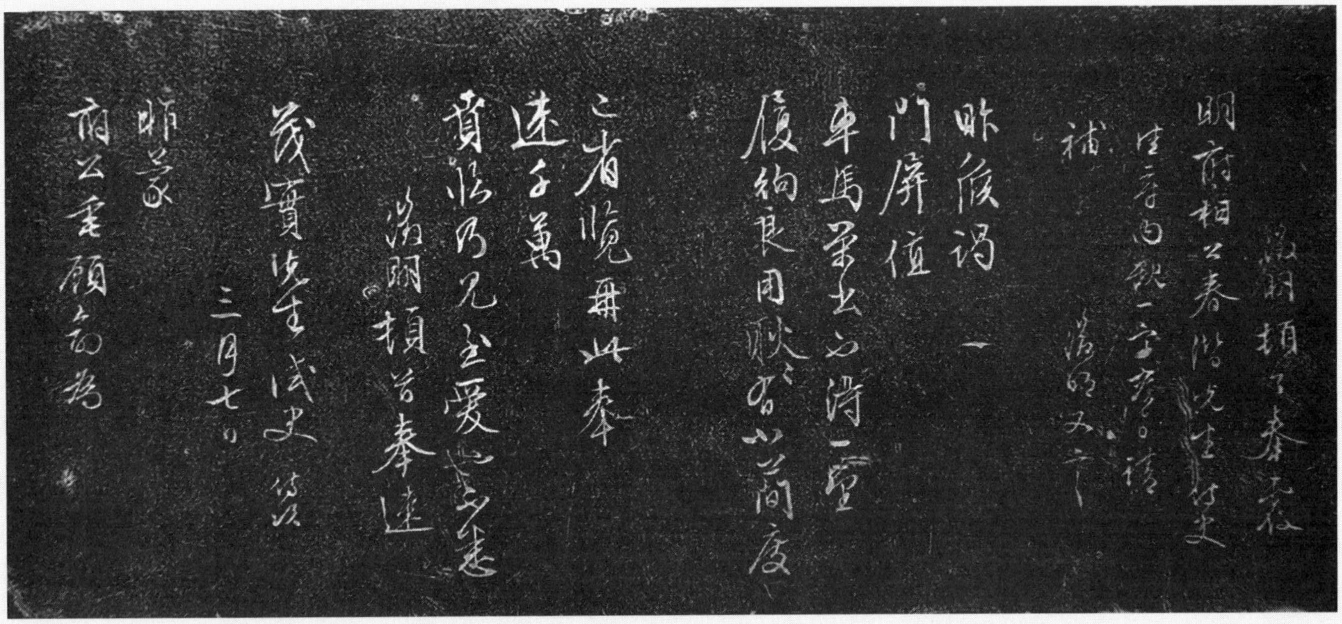

承／贶厚仪垂心／
陵什领次不胜感荷
使／还敬此附／覆
别客申谢不次／徵
明顿首奉覆／明府
相公春潜先生侍史
／佳章内缺一字詹
请／补徵明又具
昨候谒／门屏值／
车马策出也得一望
／履徇良用耿耿有
小简度／已省览再
此奉／还千万／赍
临乃兄至爱也不悉
／徵明顿首奉还／
茂实先生成史侍次
三月七日

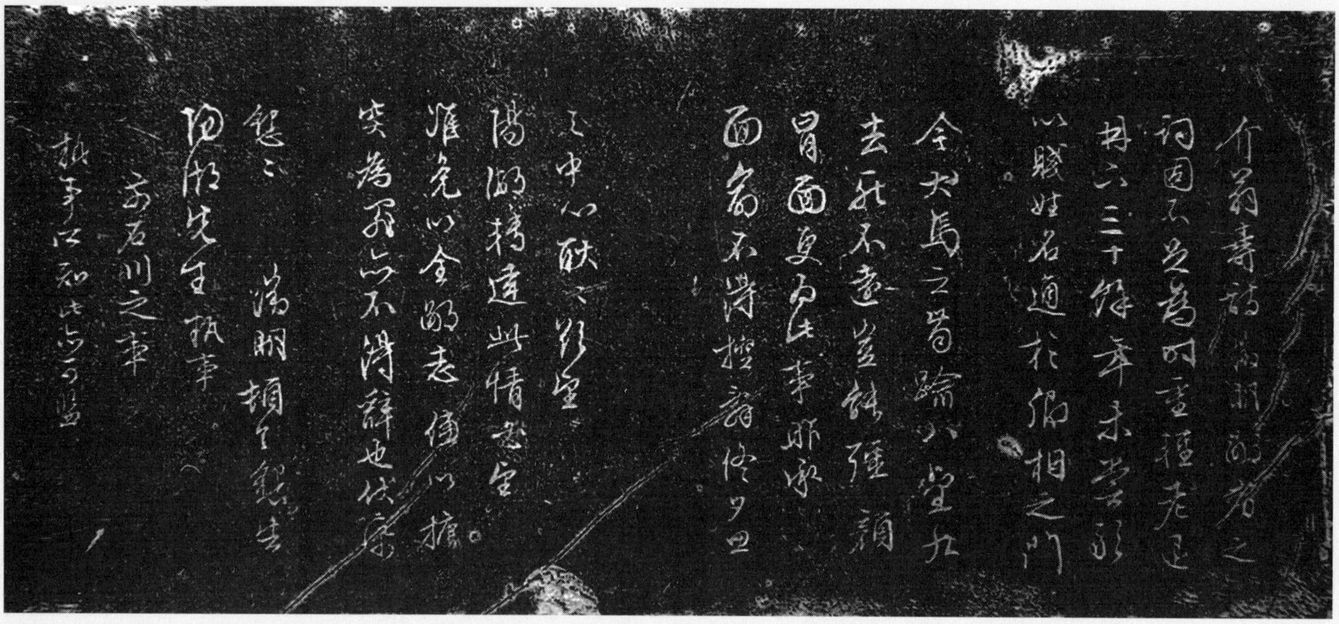

昨蒙/府公垂顾命
为/介翁寿诗徵明
鄙劣之/词固不足
为时重轻老退/林
下三十余年未尝敢/
以贱姓名通于卿相
之门/今犬马之齿
逾八望九/去死不
远岂能强颜/冒面
更为此事昨承/面
命不得控辞终夕思
/之中心耿耿欲望/
阳湖转达此情必望
/准免以全鄙志倘
以搪/突为罪亦不
得辞也伏纸/恳恳
徵明顿首恳告/阳
湖先生执事/前石
川之事/执事所知
此亦可监

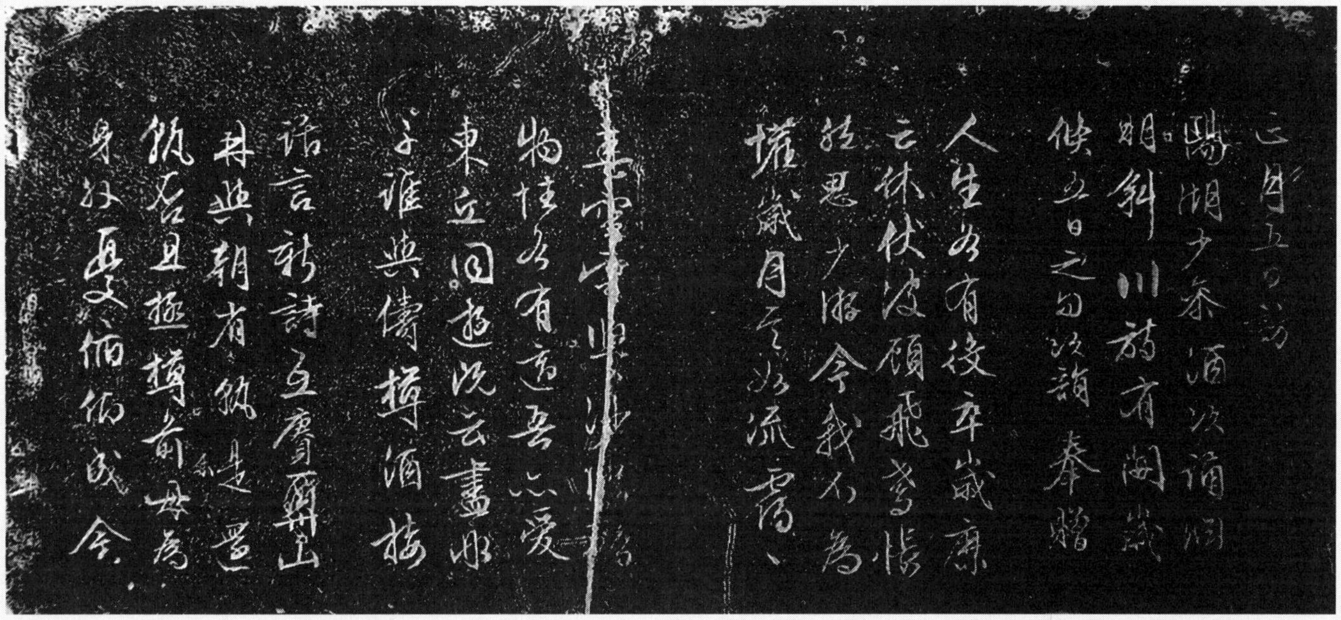

正月五日访/阳湖
少参酒次诵渊/明
斜川诗有开岁/倏
五日之句次韵奉赠/
人生各有役卒岁靡/
亡休伏波顾飞鸢怅/
然思少游今我不为/
欢岁月其如流霭霭/
春空云悠悠沙际鸥/
物性各有适吾亦爱
/东丘同游既云尽非
/子谁与俦樽酒接/
话言新诗互赓酬山
/林与朝省孰是还/
孰否且极樽前来毋
为/身外忧俯仰成
今/昔一醉复何求/
徵明顿首稿上

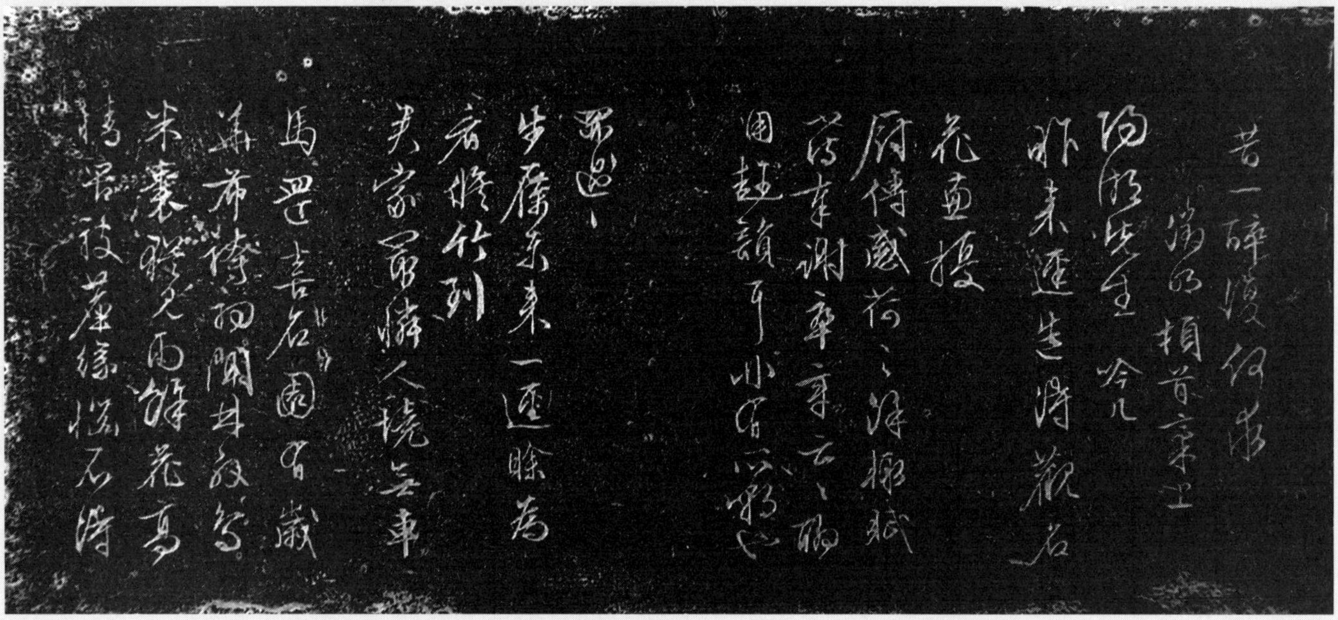

阳湖先生吟几／昨来迳造得观名／花兼扰／厨传感荷之余辄赋／小诗奉谢卒章云云酬／用赵韵耳非有所貌也／罪过罪过／步屧东来一迳赊为／看修竹到／君家最怜人幰无车／马还喜名园有岁／华布袴初闻林外鸟／米囊犹见雨馀花高／情罢被尘缘恼不得／淹公坐日斜／徵明顿首诗帖上

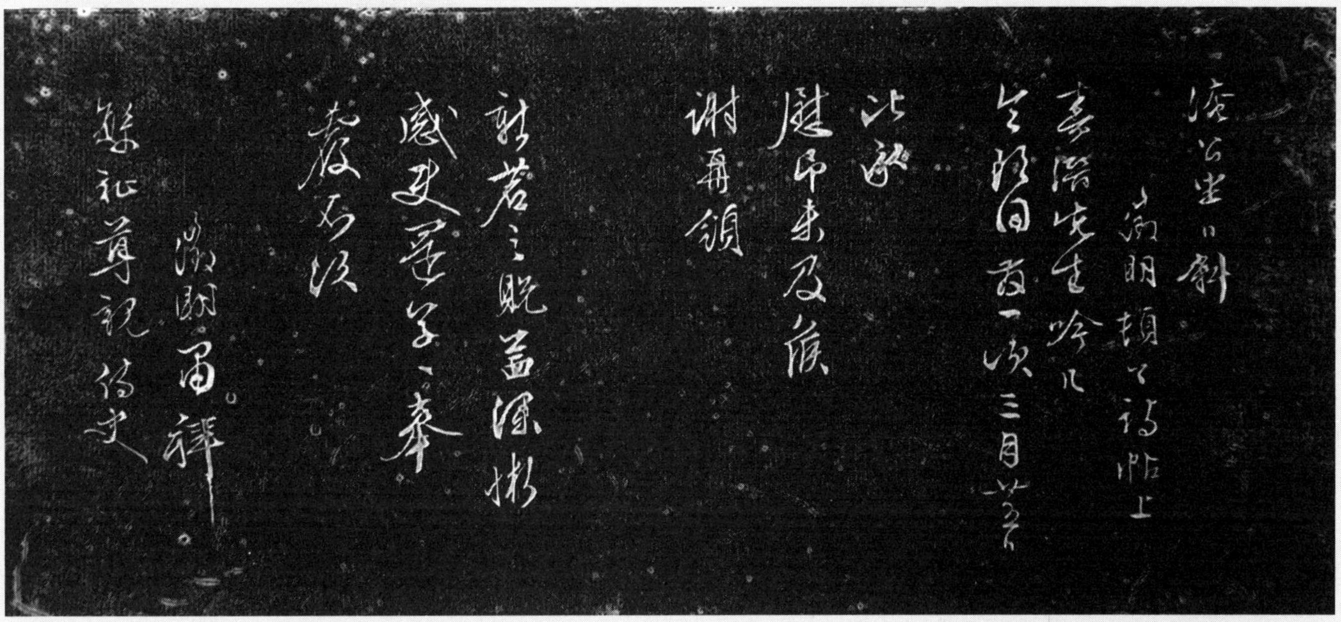

春潜先生吟几／令
欲同发一次三月廿
五日／比承／慰即
未及候／谢再领／
新茗之贶益深惭／
感使还草草奉复不
次／徵明肃拜

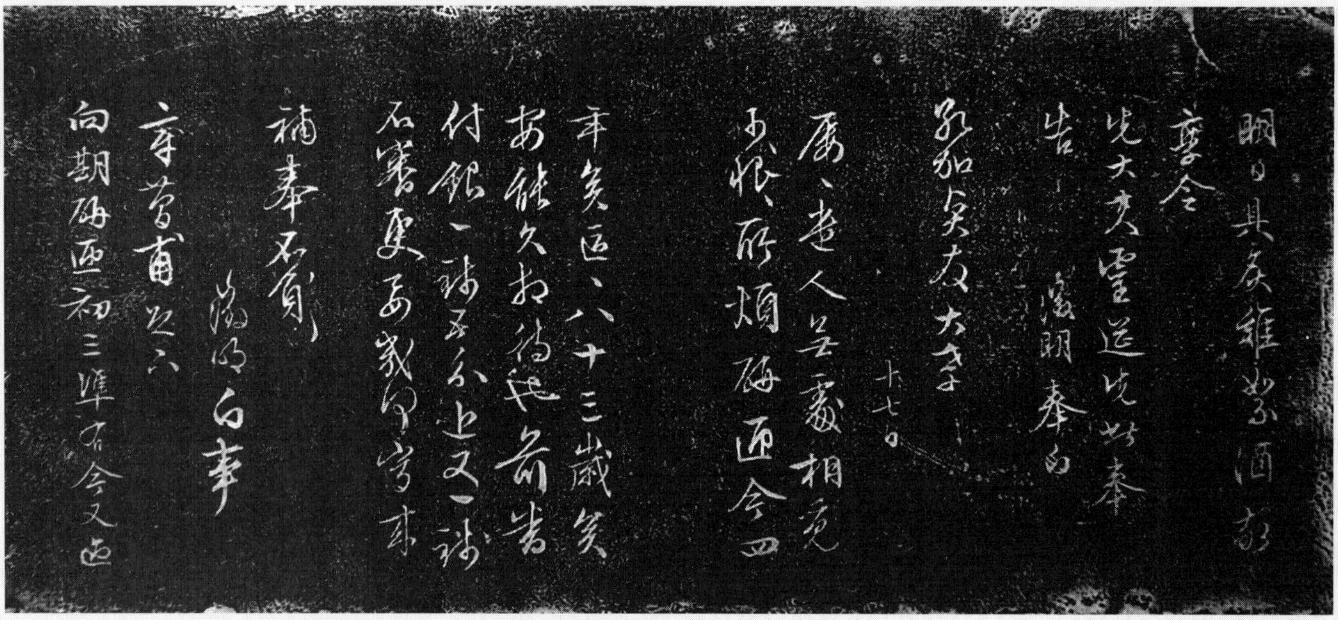

繁祉尊亲侍史／明日具炙鸡絮酒敬／享令／先大人灵□先者奉／告徵明奉白孔加贤友大孝／十七日／屡屡遣人无处相觅／可恨可恨所烦研迎今四／年矣区区八十三岁矣／安能久相待也前番／付银一钱五分近又一钱／不审更要几何写来／补奉不负／徵明白事

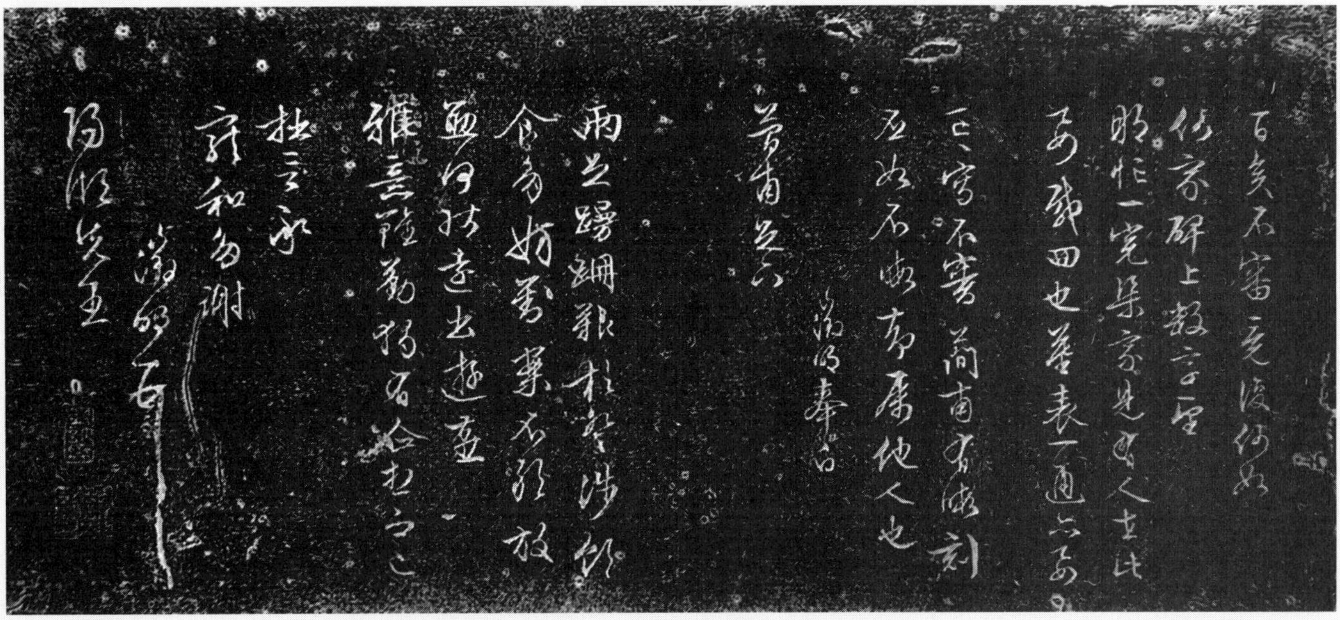

录文

章简甫足下／向期
研迎初三准有今又
迎／百矣不审竟复
何如／何家碑上数
字望／明忙一完渠
家是有人立此／要
载回也葬表一通亦
要／正写不审简甫
有暇刻／否如不暇
却属他人也／徵明
奉白
简甫足下／两足蹒
跚艰于登涉饮／食
多妨对案不欲放／
箸何能远出游燕／
雅意虽勤独有企想
而已／拙言承／宠
和多谢／徵明顿首／
阳湖先生

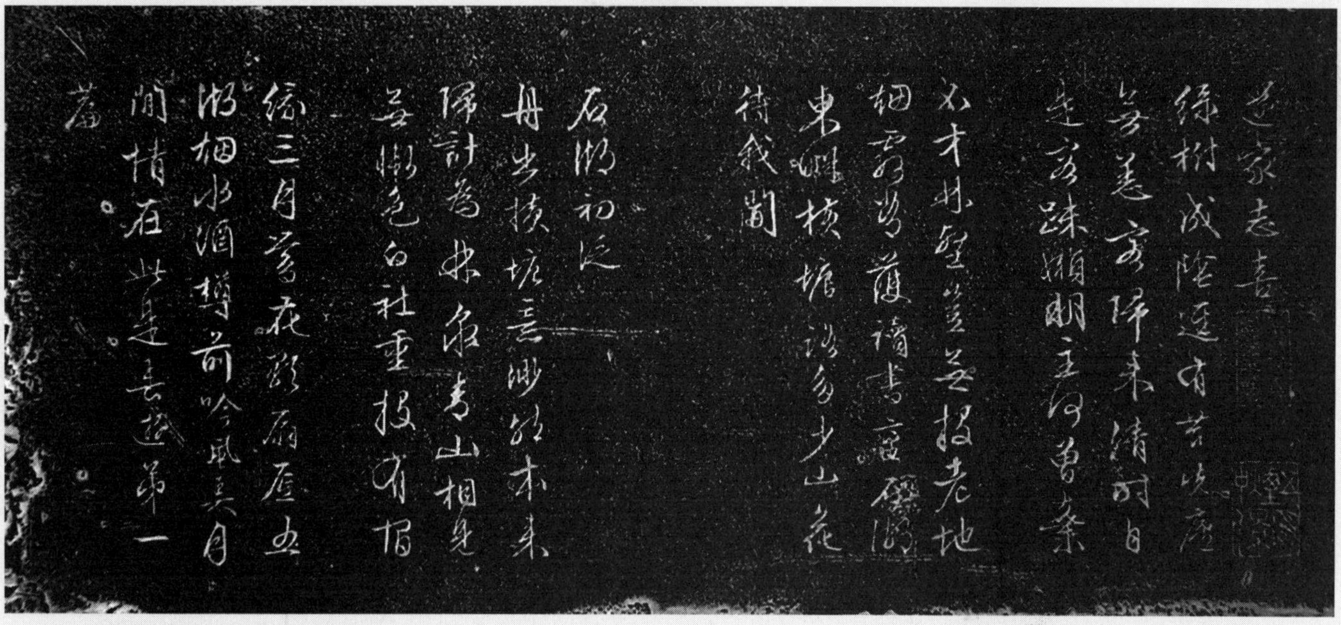

还家志喜绿树成阴径有苔先（《文集》作园）庐／无恙客归来清时（《文集》作“朝”）自／是容疏懒明主何曾（《文集》作“尝”）弃／不才林壑岂无投老地／烟霞常护读书台石湖／东畔横塘路多少山花／待我开／

石湖初泛舟出横塘意渺然本来／归计为林泉青山相见／无惭色白社重投有宿／缘三月莺花歌扇底五／湖烟水酒樽前吟风弄月／闲情在此是春游第一／篇／

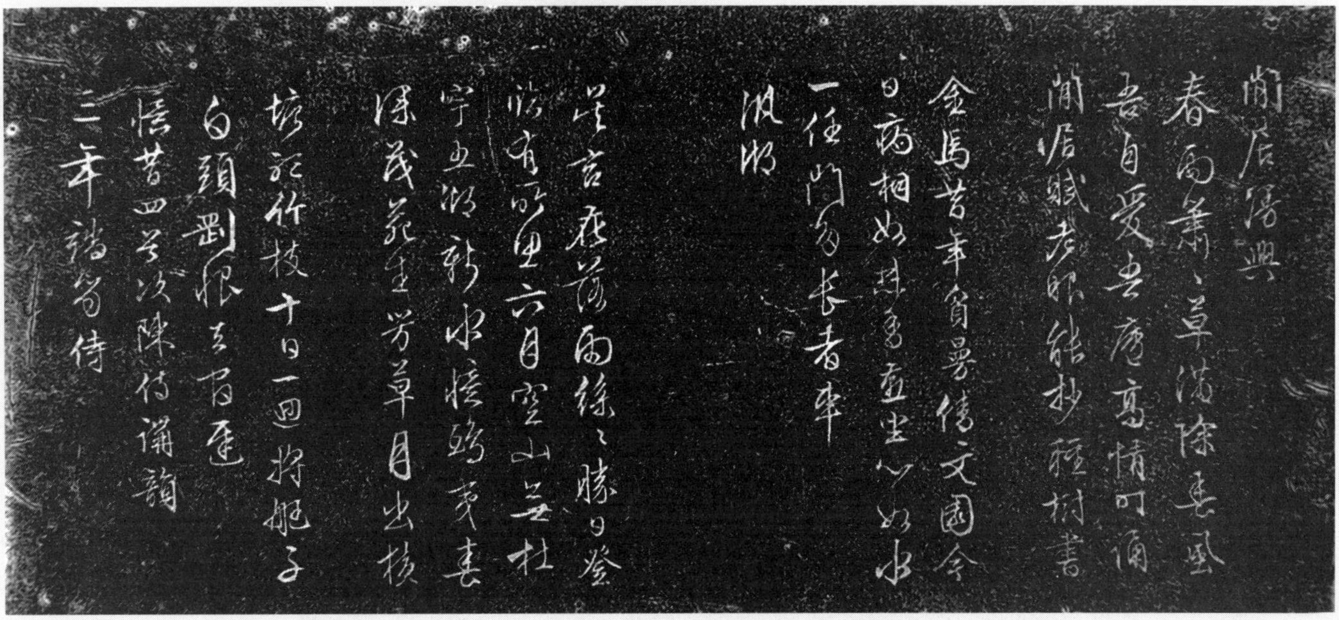

闲居（《文集》作“春雨”）漫兴春雨萧萧草满除春风／吾自（《文集》作“亦”）爱吾庐高情时诵／闲居赋老眼能抄种树书／金马昔年贫曼倩文园今／日病相如焚香燕坐心如水／一任门多长者车／泛湖莫言花落雨丝丝胜日登／临有所思六月空山无杜／宇五湖新水忆鸱夷春／深茂苑生芳草月出横／塘听竹枝十日一回将艇子／白头刚恨去官迟／

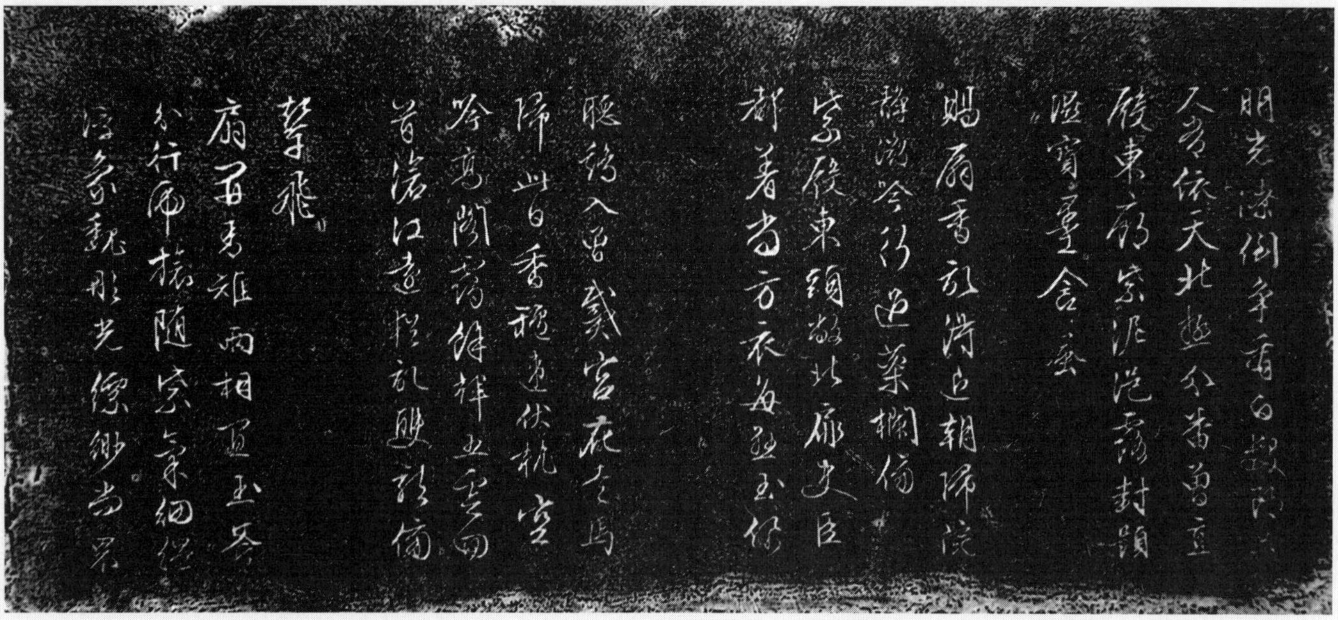

忆惜四首次陈侍讲（《文集》作“鲁南”）韵三年端笏侍／明光潦倒争看白发郎只／（《文集》作“咫”）尺常依天北极分番（《文集》作“香”）曾直／殿东廊紫泥浥露封题／湿宝墨含风／赐扇香记得退朝归院／静微吟行过药栏傍／紫殿东头敞北扉史臣都着尚（《文集》作“上”）方衣每悬玉佩／听麒入曾戴（《文集》作“带”）宫花走马／归此日香炉违伏枕空／吟高阁霭余辉五云回／首沧江远（《文集》作“三年归卧沧江上”）犹记双龙傍／辇飞／

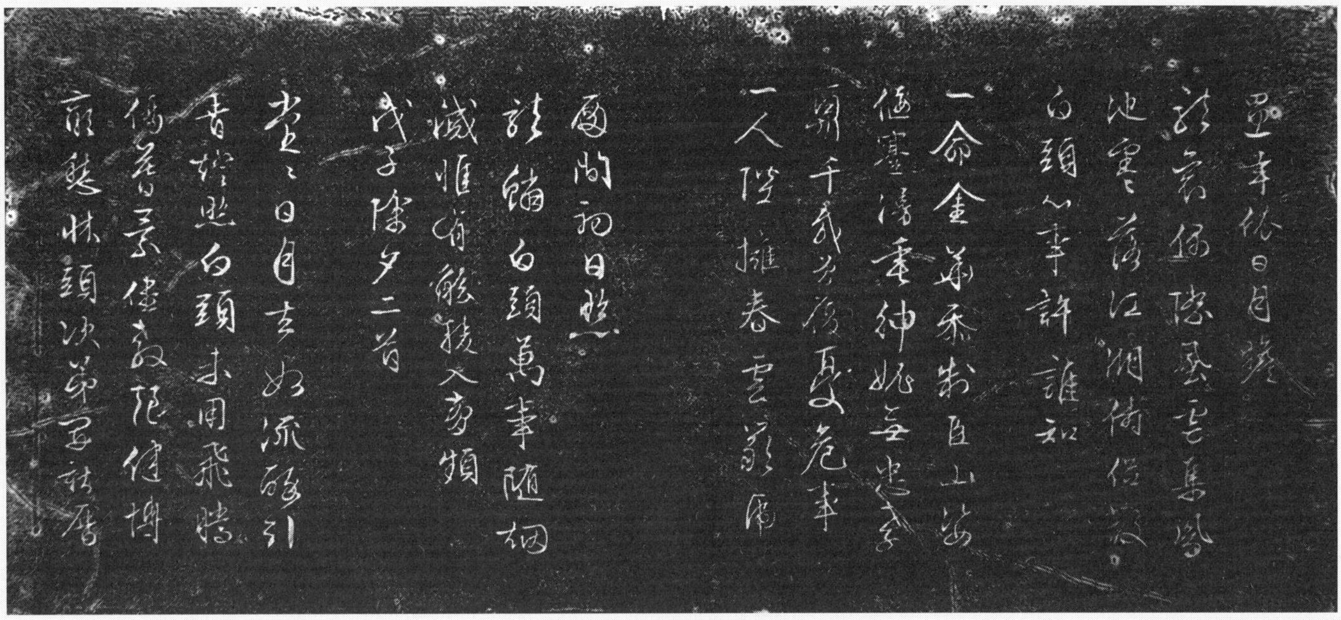

扇开青雉两相宜／玉斧／分行虎旅随紫气氤氲／浮象魏彤光缥缈尚（《文集》作“上”）罘／罳幸依日月瞻／龙衮偶际风云集凤／池零落江湖俦侣散／白头心事许谁知／一命金花忝制臣山姿／偃蹇漫垂绅愧无忠孝／酬千载曾履忧危事／一人陛拥春云岩虎／卫（《帖石》中缺此字）殿间（《文集》作“开”）初日照／龙鳞白头万事随烟／灭惟有触棱入梦频／戊子除夕二首堂堂日月去如流醉引／青灯照白头未用飞腾／伤暮景尽教强健博穷愁床头次第开新历／梦里升沉说旧游莫笑／绿衫今潦倒殿中曾侍／翠云裘／

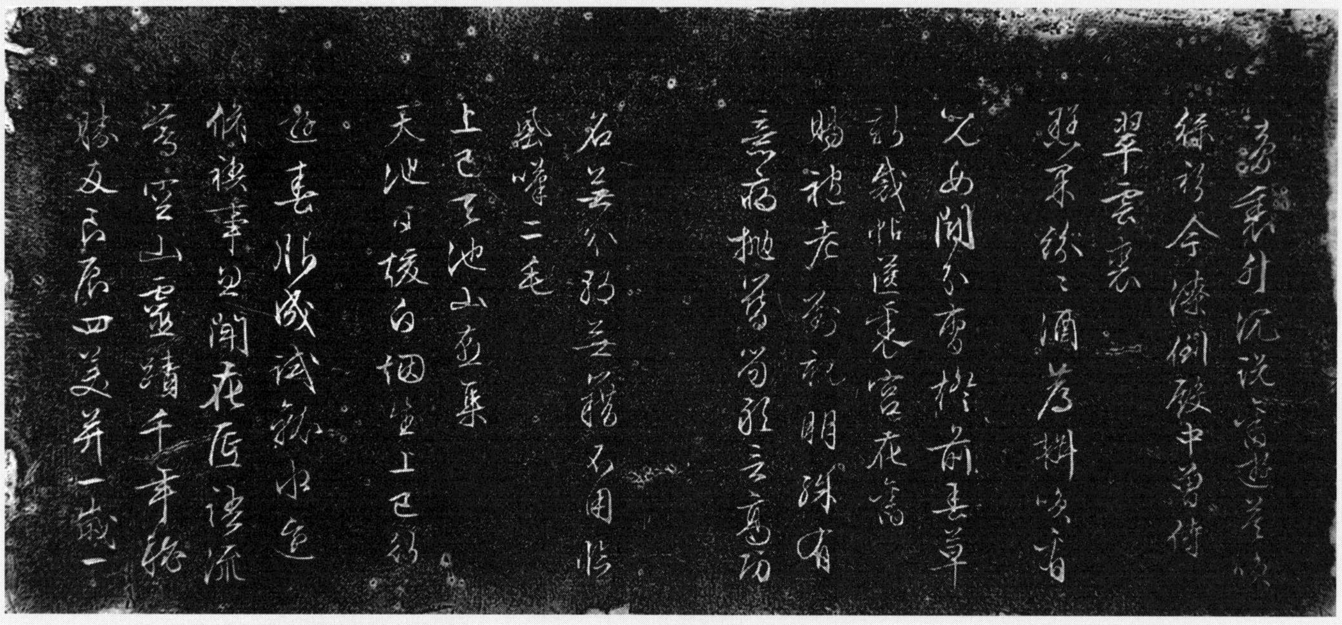

悬果纷纷酒荐椒／
笑看／儿女斗分曹
灯前春草／新裁帖
箧里宫花旧／赐袍
老对亲朋殊有／意
病抛簪笏敢言高功／
名无分朝无籍不用
临／风吹二毛／上
巳天池山燕集天池
日暖白烟生上巳行／
游春服成试就水边
／修禊事忽闻花底
语流／莺空山灵迹
千年秘／胜友良辰
四美并一岁一／回
游不厌故园光景有／
谁争／

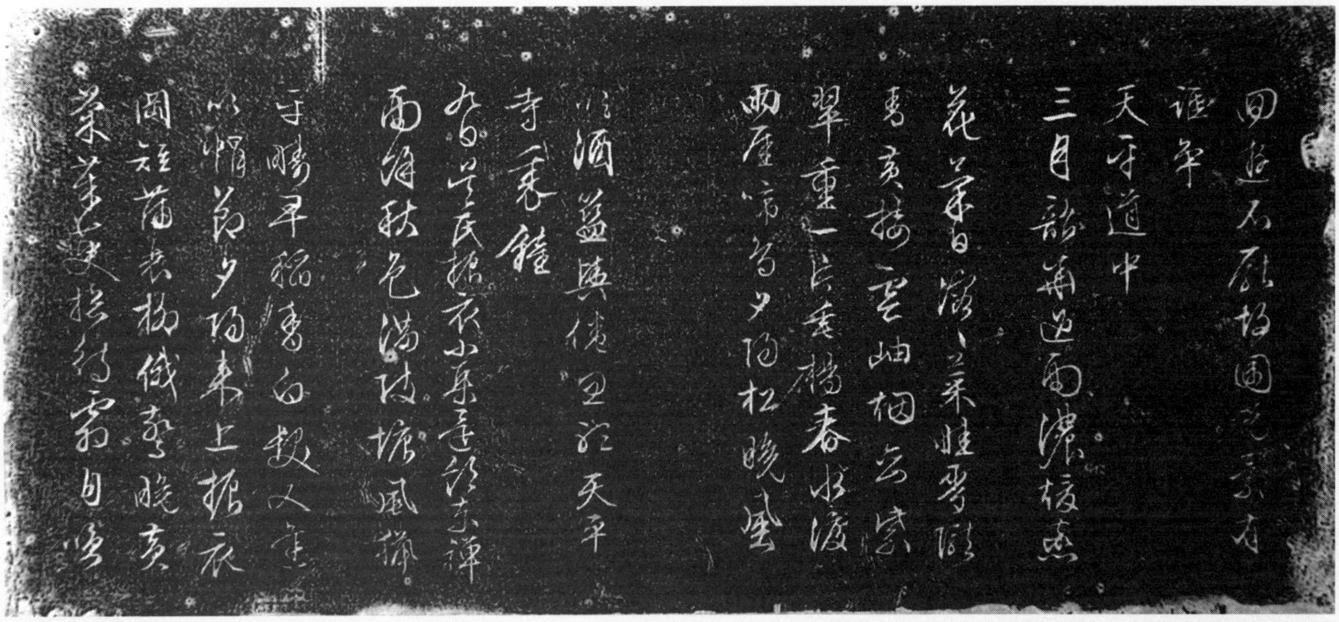

天平道中一三月韶
华过雨浓暖燕／花
气日溶溶菜畦麦陇／
青黄接云岫烟峦紫／
翠重一片垂杨春水
渡／两岸啼鸟夕阳
松晚风／吃酒篮舆
倦忽听天平／寺里
钟／九日吴氏振衣
小集还饮东禅雨余
秋色满陂塘风猎／
平畴早稻香白发又
逢／吹帽节夕阳来
上振衣／冈短蒲衰
柳俄惊晚黄／菊茱
萸总待霜自笑／明
缘不浅一年三醉／
远公房／

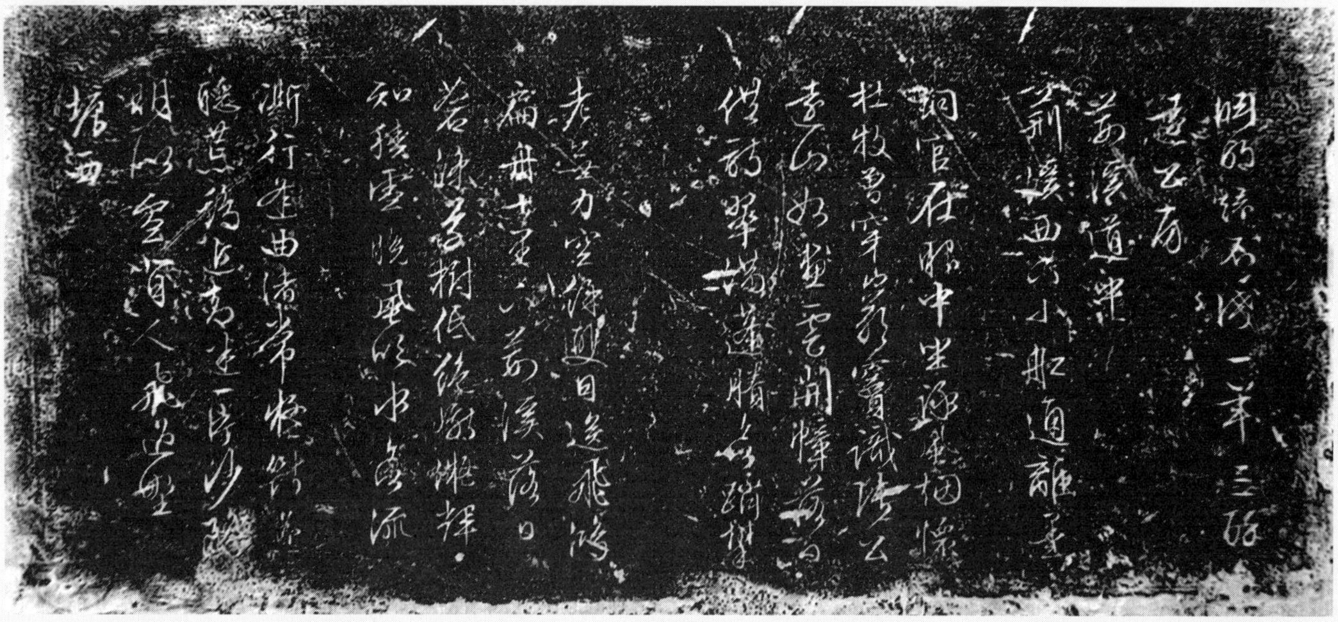

荆溪道中荆溪西下小船通离墨／铜官（《文集》作“棺”）在眼中坐咏风烟怀／杜牧曾穿岩窦识张公／远山如画云开嶂落日／供诗翠满蓬胜欲跻攀／老无力空余双目送飞鸿／扁舟十里下荆溪落日／苍凉草树低绝巘凝辉／知积雪晚风吹水欲流／澌行逢曲渚常疑断遥／听荒麒近却迷一片沙鸥／明似雪背人飞过野／塘西／

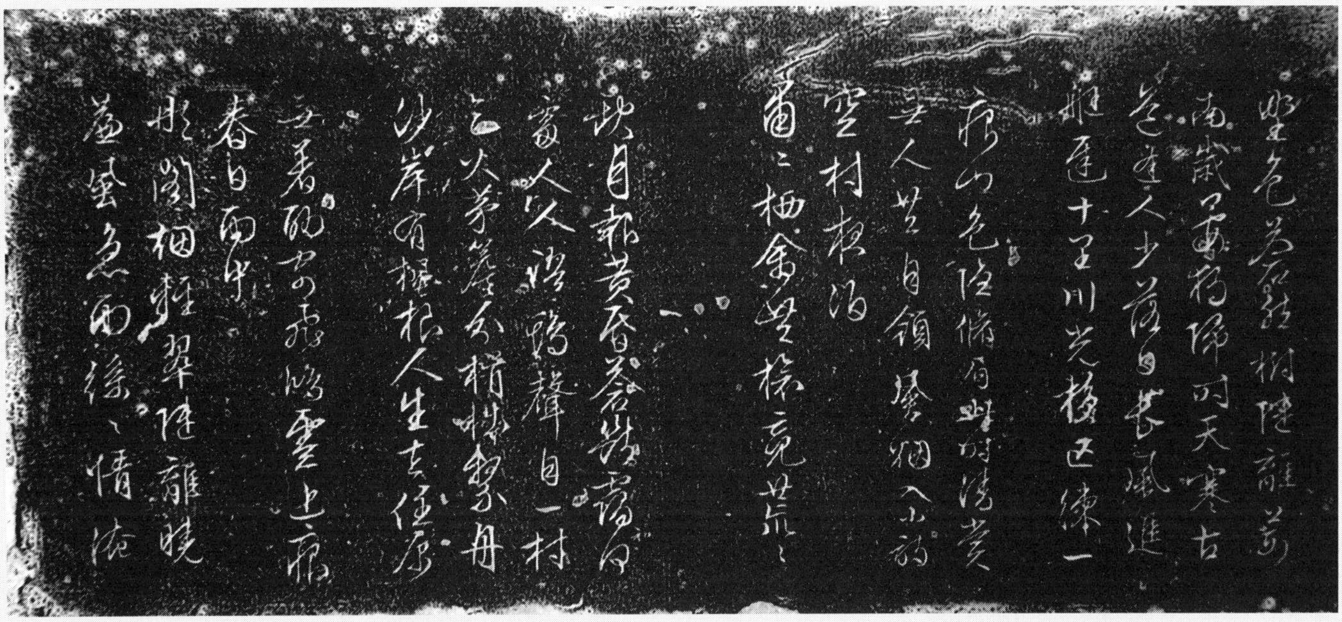

野色苍然树陆离荆/南岁晏独归时天寒古/道逢人少落日长风进/艇迟十里川光横匹练一/痕山色隐修眉此时清赏/无人共自领风烟入小诗/空村夜泊肃肃栖禽共旅魂荒荒/缺月报黄昏苍（缺“烟”字）断霭知何/处（多“人”字）人语麒声自一村/乞火茅檐分榾柮系舟/沙岸有枫根人生去住原/无着聊寄飞鸿雪上痕/

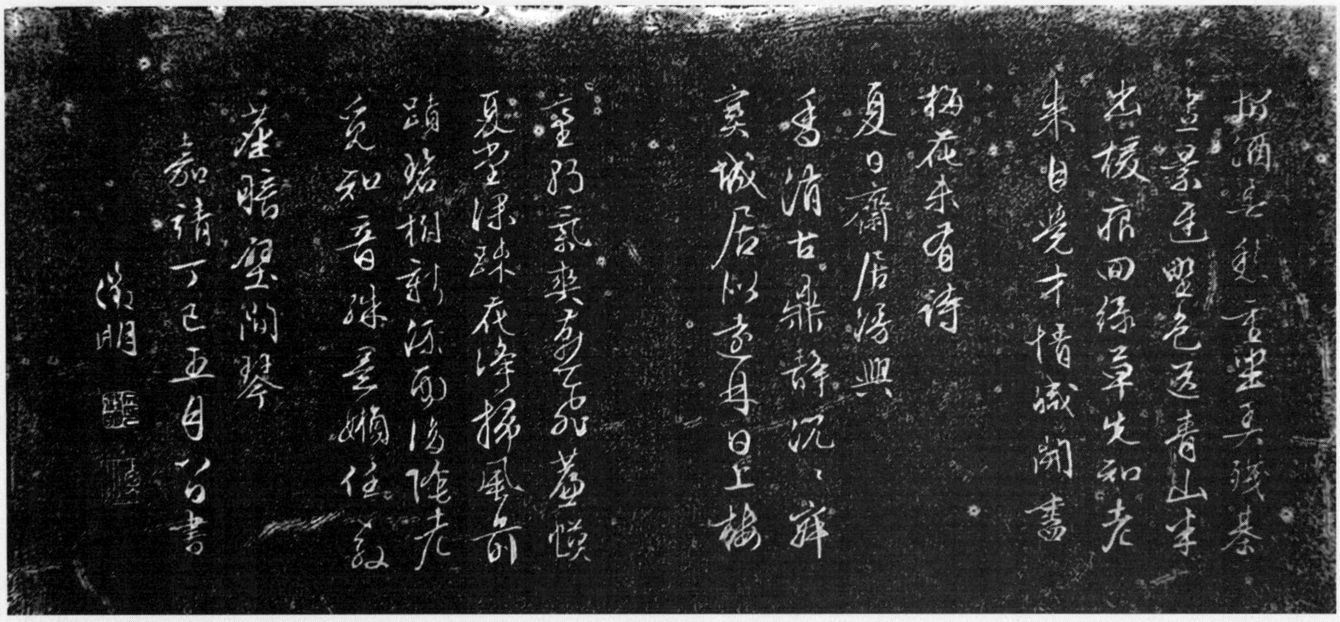

春日雨中彤阁烟轻翠陆离晓／帘风急雨丝丝情淹／宿酒春愁重坐弄残棋／昼景迟野色送青山半／出暖痕回绿草先知老／来自觉才情减开尽／梅花未有诗／夏日（《文集》中无此二字）斋居漫兴香消古鼎静沉沉寂／寞城居似远林日上楼／台朝气爽燕飞帘幕／夏堂深疏花净扫风前／迹碧树新添雨后阴老／觅知音殊意懒任教／尘暗壁间琴／嘉靖丁巳五月八日书／徵明

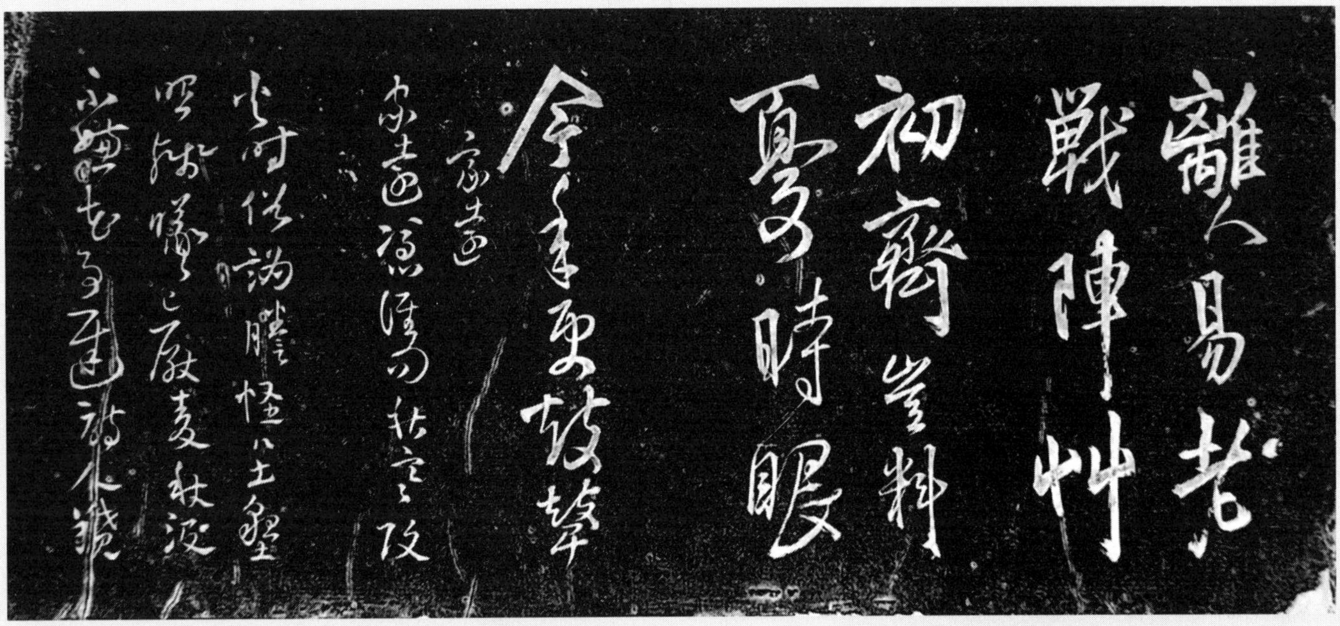

更鼓声
野啼何处／起无复白
铜／鞮花恼杜／翁雨
草愁／燕子泥乱／离
人易老／战阵草／初
齐岂料／夏时眼／今
年更鼓声／

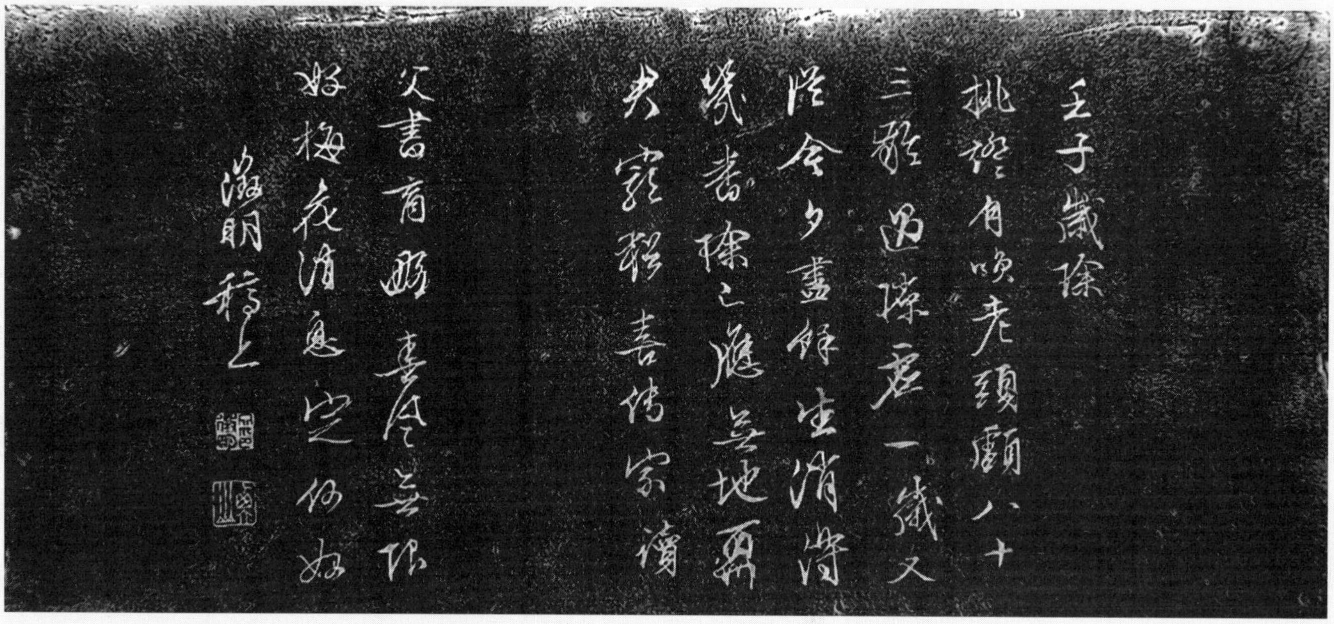

壬子岁除

挑（《莆田集》作"残"）灯自笑（《莆田集》作"明灭"）老（《莆田集》作"照"）头颅八十/三龄过隙虚一岁又/从今夕尽余生消得/几番　除已应（《莆田集》作"老知"）无地酬/君宠犹喜传家读父书商略春风无限/好梅花消息定何如（《莆田集》作"独有梅花堪慰藉春风消息定何如"）徵明稿上

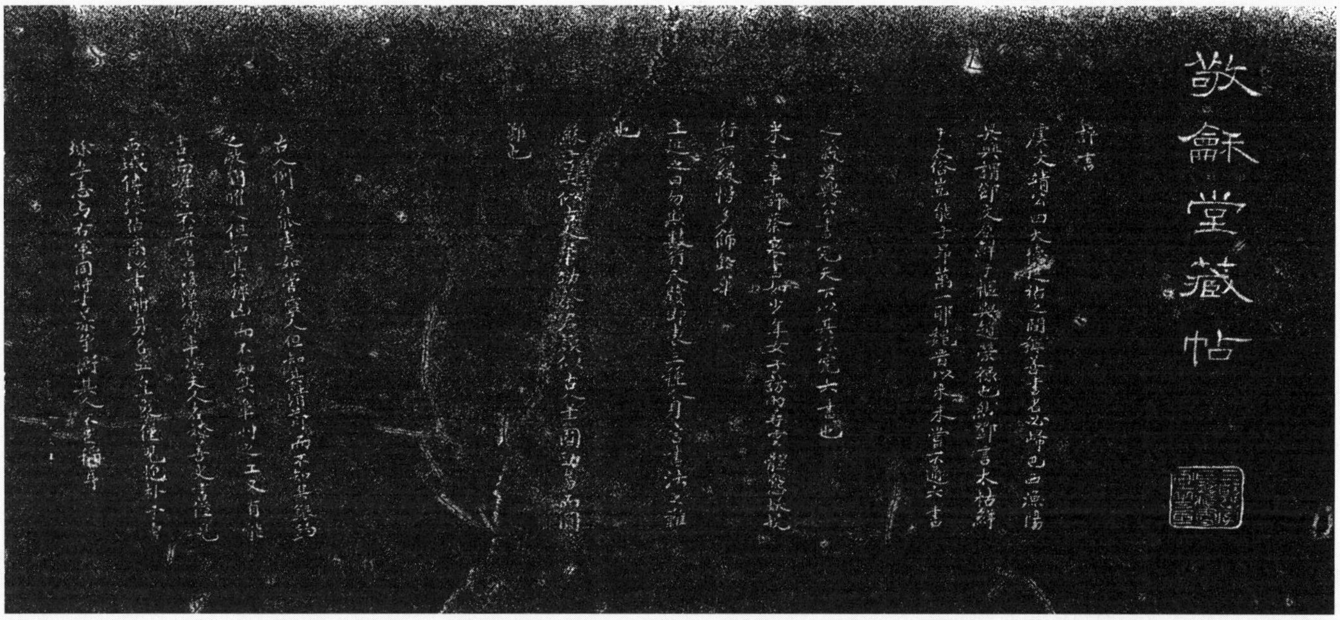

虞文靖公曰大德延祐之间称善书者必归巴西渔阳/吴兴谓邓文原鲜于枢与赵荣禄也然邓言太枯鲜/于太俗岂能子昂万一耶魏晋以来未尝不通六书/之义吴兴公书冠天下以其深究六书也/米元章评蔡襄书如少年女子访雨寻云体态妖娆/行步缓慢多饰铅华/王延之曰勿欺数行尺牍即表三种人身言书法之难/也/苏子美似古人笔劲蔡君谟似古人笔圆劲易而圆/难也/古人例多能书如管宁人但知其清节而不知其银钩/之敏刘曜人但知其狞凶而不知其章时之工又有能/书而姓名不著者后汉锦车冯夫人名嫽善史书仅见/西域传张伯高以书酣身名亚皇象仅见抱朴子曹/蜍李志与右军同时书亦争衡其人不足称耳

夜坐记

寒夜寝甚甘夜分而寤神度爽然弗能复寐乃被衣起／坐一灯萤然相对案上书数帙漫取一编读之读稍倦置／书束手危坐时久雨新霁徽月澹澹映窗户四听闻然益／觉清耿久之渐有所闻闻风声撼竹木号号鸣使人起特立／不回之志闻小大鼓声小者声薄而远渊渊不绝起幽幽不／平之思官鼓甚近由三挝以至四至五渐急以趋晓俄东／北声钟钟得雨霁音极清越闻之又有待旦兴作之／思不能已焉余性喜夜坐每摊书灯下反复之迨二更／方已以为常然人喧未息而又心在文字间未尝得外／静而内定如今夕者凡诸声色盖以静定得之故足以／澄人之神情而发其志意如此且它时非无是声色也非／不接于人耳目中也然形为物役而心辄随之聪隐于铿／訇明隐于文华是故物之益于人者寡而损者多有／有若今之声色不异乎彼而一触耳目犁然与我妙合／则其为铿訇文华者未始不为进修之资而物果不／足以役人也已然声绝色泯而吾之志冲然特存则所／谓志者果内乎外乎其有于物乎将因物以发乎是／必有辩矣于乎吾于是而辩焉夜坐之力弘矣哉嗣当／斋心孤坐于更长烛明之下因以求事物之理心体之妙／以为修己应物之地将必有所得也作夜坐记／余性嗜夜坐子山蔡先生不嗜夜坐每坐必四挝鼓／而坐愈清于是谭及夜坐深次曰神更爽不惟博士／家当从此道悟彻三灵其□修身性命者必由是进之／未必无深补于黄庭云允明

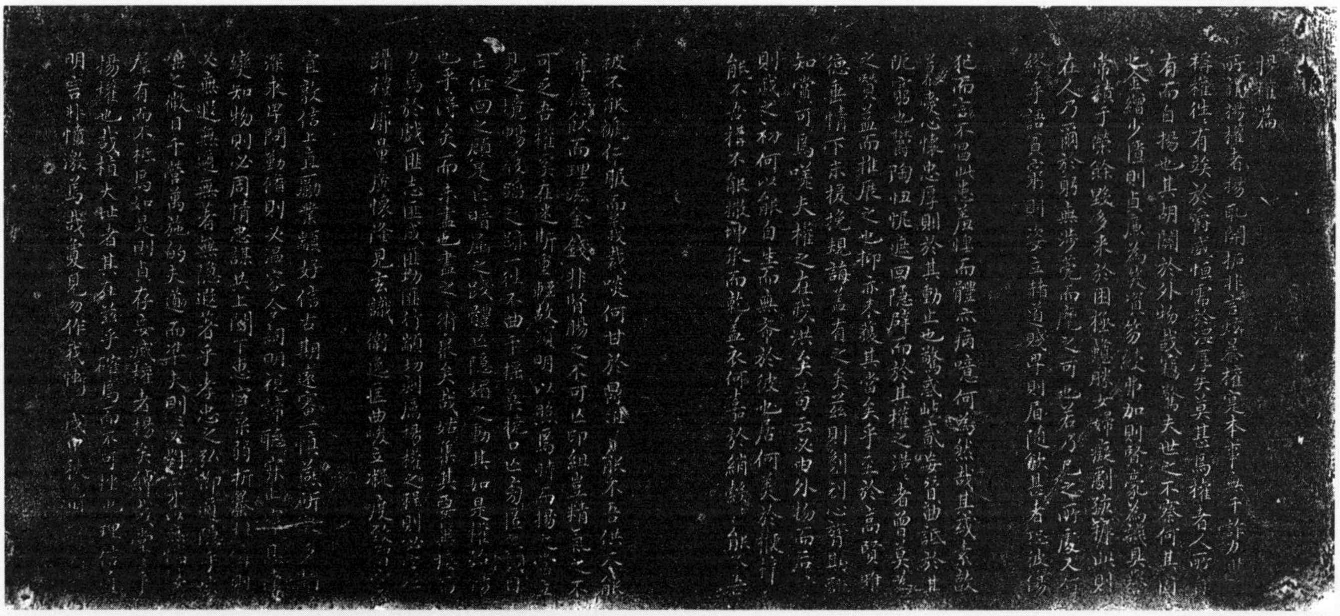

扬权篇
所谓扬权者扬耴开拓非言炫暴权实本事无千
诈力世之／称权往往有竢于爵威恒需于温厚
失莫甚焉权者人所自／有而自扬也其胡关于
外物哉窃惊夫世之不察何其固／也金缯少匮
则贞廉为笈资笏绶弗加则贤豪为讥具誉／常
积于荣馀毁多来于困极戆胜女妇痴剧孩稚此
则／在人乃尔于躬无涉莞而麾之可也若乃
已之所处又何／缪乎语贫穷则姿立赭道贱卑
则眉随饮甚者恐彼伤／犯而言不昌此患羞惶
而体亦病噫何为然哉其或素敦／慕爱心怀忠
厚则于其动止也惊惑岐贰妄赞曲詆于其／阨
穷也郁陶忸怩遮回隐辟而于其权之浩浩者曾
莫为／之赞益而推展之也抑亦未获其当矣乎
至于高贤雅／德垂情下末援挽规诲盖有之矣
兹则劀刓心旅期酬／知赏可焉嗟夫权之在我
洪矣苟云必由外物而后行／则我之初何以能
自生而无希于彼也居何美于楩梓／能不吾枸
不能撤坤承而乾盖衣何嘉于绡縠縠能不吾／
被不能褫仁服而义裁啖何甘于鼎俎俎能不吾
供不能／夺德饫而理滋金钱非贤肠之不可亡
印组岂精气之不／可乏吾权奚在迷斯重轻故
须明以照焉时而扬之当立／见之境畅履蹈之
迹一往不曲千摇莫挠口亡旁匿之词目／亡佂
回之顾足亡暗屈之践体亡隐媚之动其如是权
殆扬／也乎得矣而未尽也尽之之术众矣哉姑
集其要冀接而／力焉于戲匪志匪成匪功匪行
颛切刻历扬权之程则必宅仁／蹑礼廓量广怀
隆见玄识卫逸匡曲峻立凝度致智守／宜敦信
上直励业颛好信古期远审一慎燕斫徽多闻／
深求卑问勤修则必温容令词明视谛听寂止宁
息达／变知物则必周情忠谋共上闵下惠空柔
弱折暴杜侮则／必无遐无迩无著无隐遐著乎
孝忠之弘节迩隐乎咳／唾之微目千营万施的
夫道而准夫则必对三才以无惴接／群有而不
柢焉如是则贞存妄灭权者扬矣绰哉堂堂乎／
扬权也哉植大址者其在兹乎确焉而不可挫也
理信通／明言非愤激笃哉敻见勿作我惭戊申
秋允明

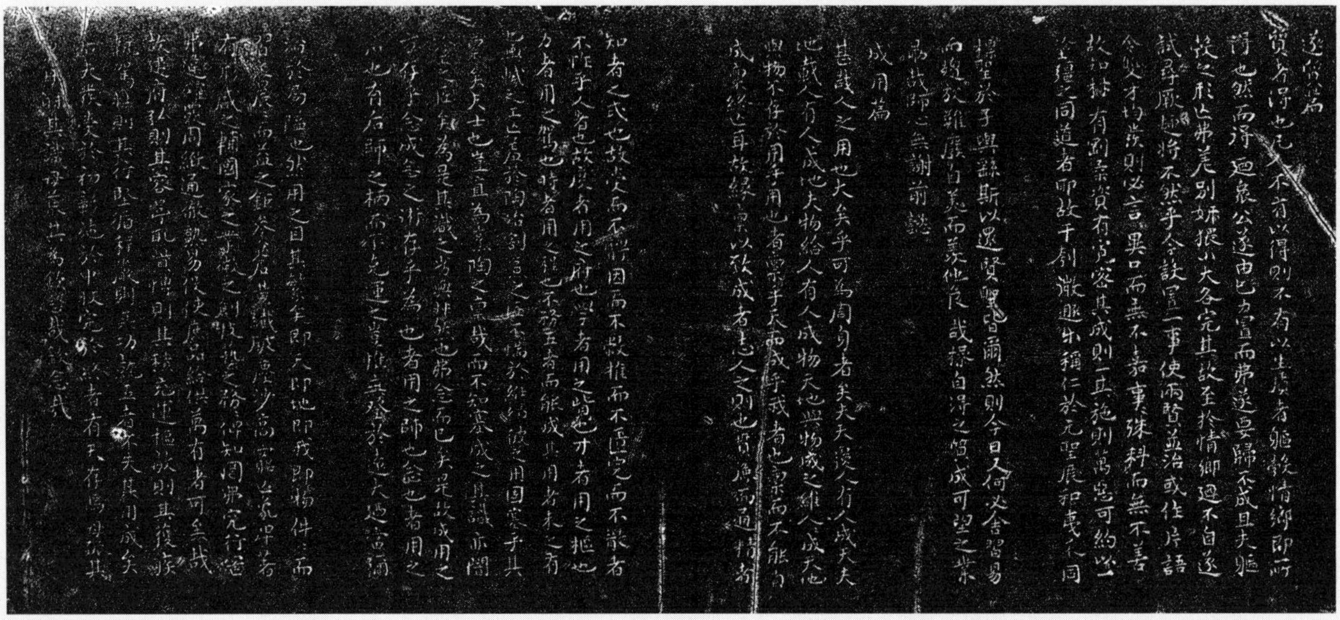

遂质篇

质者得也凡人不有以得则不有以生质者躯彀情
乡即所／得也然而得乃众公遂由已力置而弗遂
要归不成且夫躯／之形亡弗羌别妍猥小大各完
其故至于情乡乃不自遂／试寻阙趣将不然乎今
设置一事使两贤并治或作片语／令双才均发则
必言异口而无不嘉事事殊科而无不善／故知材
有刚柔资有宽密其成则一其施则万恶可约以一
／涂疆之同道者耶故千刳微遁尔称仁于元圣展
和夷不同／标圣于子與繇斯以还贤圣皆尔然则
今日又何必舍习易／而趋于难废自美而羡他良
哉掺自得之质成可望之业／勖哉师心无谢前懿

成用篇

甚哉人之用也大矣乎可为周身者矣夫天覆人有
人成天夫／地载人有人成地夫物给人有人成物
天地与物成之维人成天地／与物不存于用乎用
也者禀乎天而成乎我者也禀而不能自／成禀终
也耳故缘禀以致成者志人之则也贯庶而通精者
／知者之式也故受而不（霍十宁）因而不推而
不匮完而不散者／不怍乎人者也故度者用之府
也学者用之皆也才者用之枢也／力者用之驾也
时者用之程也不务五者而能成其用者未之有／
也與轼之工也羞于陶冶割烹之匠不惴于紝绩彼
之用固塞乎其／禀矣夫士也岂直为烹陶之禀哉
而不知塞成之其识亦闇／于工之匠矣为是其识
之劣与非然也弗念而已矣是故成用之／方存乎
念成念之术存乎为也者用之师也念也者用之／
适也有后师之柄而不克运之岂惟无登于远大乃
当弥／论于局隘也然用之因其繁矣即天即地即
我即物件件而／习之晨晨而益之钜参苍黄纤破
尘沙高穷也象卑著／有形盛之辅国家之业微之
创技艺之务务俾知罔弗究行置／弗违确覈周緻
通徹熟易役使庶品给供万有者可矣哉／故建府
弘则其容厚耴赀博则其积充运枢敏则其获疾／
执驾北则其行坚循程严则其功熟五者不失其用
成矣／后夫发受于初彰施于中状完于终者有天存
焉毋孤其／禀毋荒其识毋荒其为钦念哉钦念哉

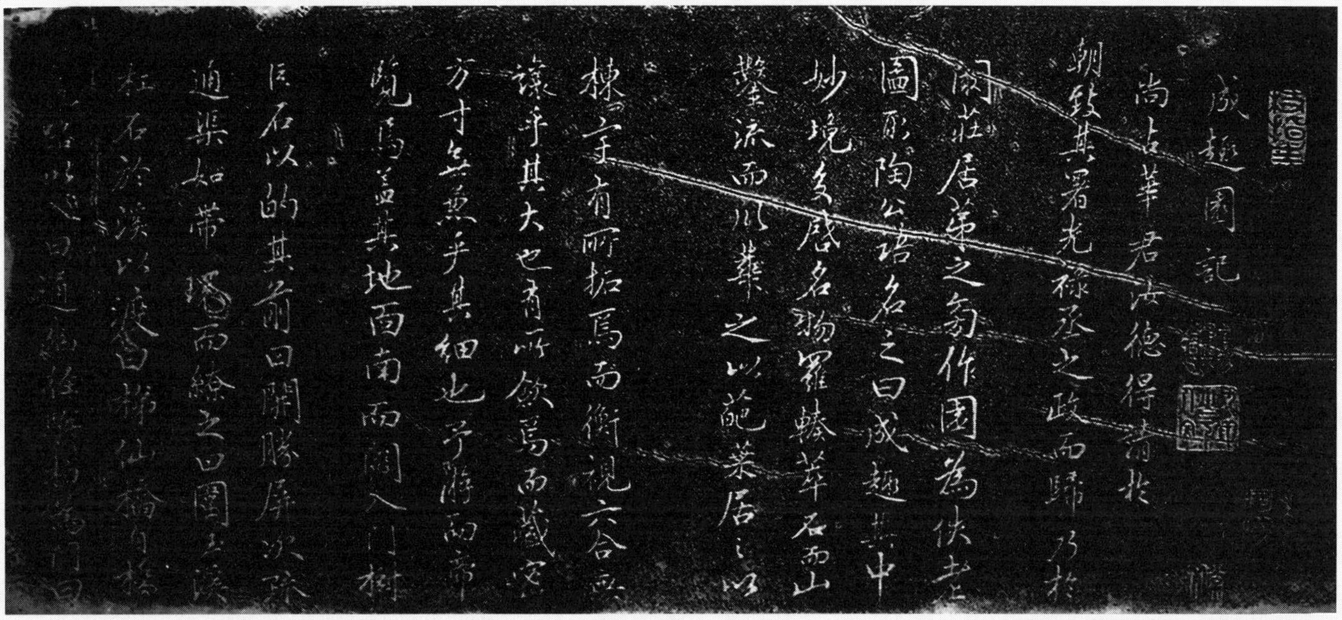

成趣园记

尚古华君汝德得请于／朝致其署光禄丞之政而归乃于／阙庄居第之旁作园为佚老／图取陶公语名之曰成趣其中／妙境多启名物罗辏萃石而山／凿流而川华之以葩叶居之以／栋宇有所拓焉而衡视六合无／让乎其大也有所敛焉而藏密／方寸无兼乎其细也予游而帝／览焉盖其地面南而辟入门树／巨石以的其前曰开胜屏次疏／通渠如带环而缭之曰围玉溪／杠石于溪以渡曰梯仙桥自桥／甃路以入曰通幽径骈柏为门曰

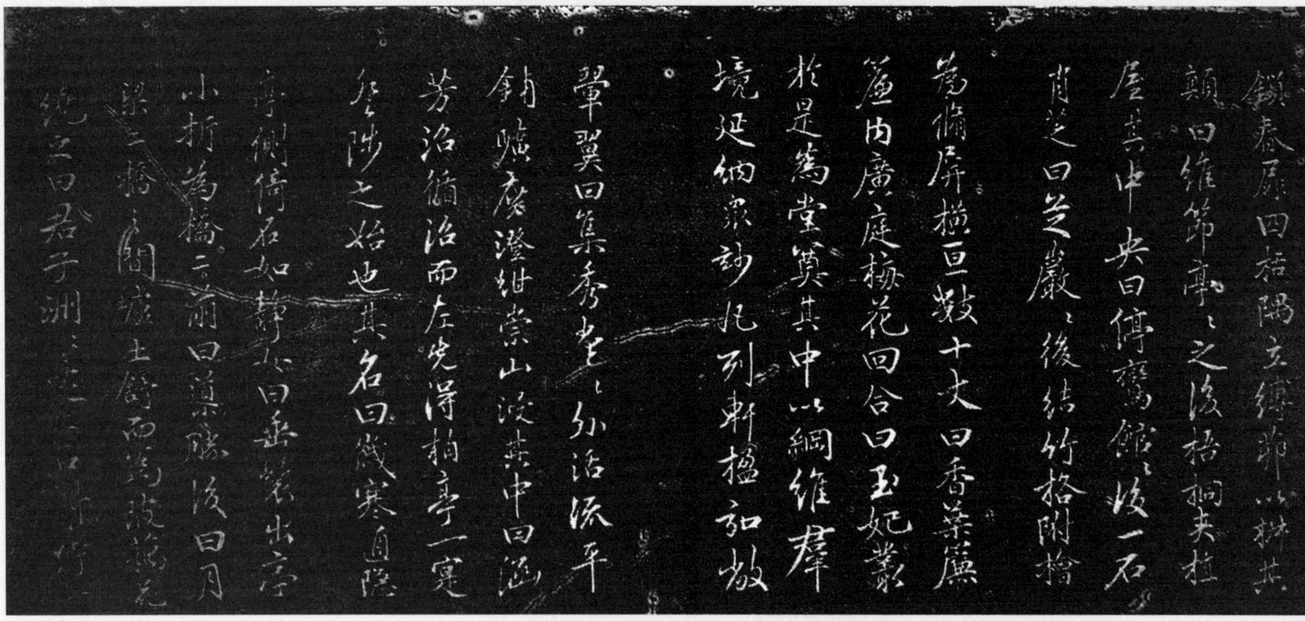

锁春扉四栝隅立缚茆以椒其／颠曰维节亭亭之后梧桐夹植／屋其中央曰停鸾馆馆后一石／肖芝曰芝岩岩后结竹格附桧／为修屏横亘数十丈曰香叶帘／帘内广庭梅花回合曰玉妃丛／于是为堂莫其中以纲维群／境延纳众妙凡列轩楹和敞／翚翼曰集秀堂堂外活流平／铺旷广澄绀崇山浸其中曰涵／芳沼循沼而左先得柏亭一实／登陟之始也其名曰岁寒通隐／亭侧倚石如静女曰垂鬟出亭／小折为桥二前曰导胜后曰月／梁二桥之间坊土舒而为坡藕花／绕之曰君子洲洲边二石对峙一

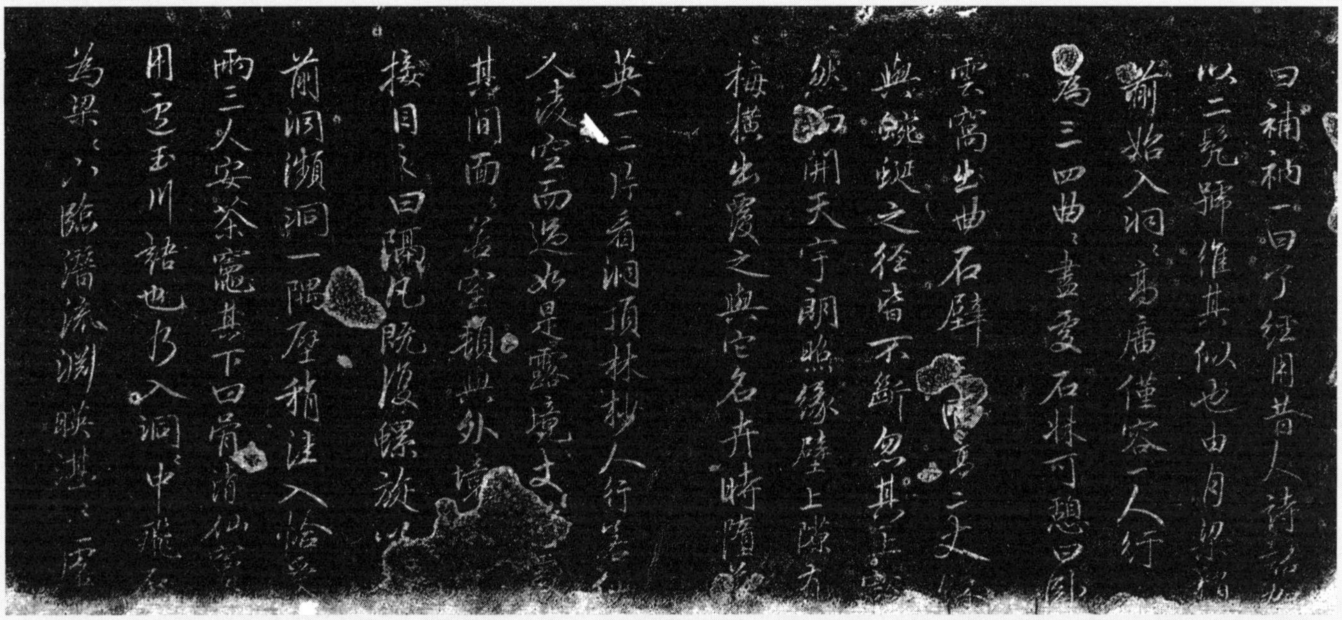

曰补衲一曰了经用
昔人诗话加／以二
髡号维其似也由月
梁稍／前始入洞洞
高广仅容一人行／
为三四曲曲尽处石
床可憩曰卧／云窝
出曲石壁□□高二
丈余／与蜿蜒之径
皆不断忽其上豁／
然而开天宇朗照缘
壁上隙有／梅横出
覆之与它名卉时堕
落／英一二片看洞
顶林杪人行若仙／
人凌空而过如是露
境丈□处／其间面
面若窒顿与外境
□□／接目之曰隔
凡既复螺旋以□／
前洞濒洞一隅壁稍
注入恰受／两三人
安茶灶其下曰骨清
仙窦／用卢玉川语
也乃入洞洞中飞石／
为梁梁下临潜流渊
映湛湛虚

梁之一旁以俯瞰水澂爽彻骨／一旁连巨石可眠目之曰枕流谷／出谷委径转而陟洞顶一峰立／之状若水涌名之曰飞涛旁石／之奇者三一若坐佛子曰大士／岳一凝然曰云根一小而末锐／卓高处曰玉笱峰侧有结桧／假樊绍述词称之曰层层青士／□顶跨流一桥文石所甃曰綵／兜桥旁古槐揉而蟠之曰九曲／南柯其间石之奇者二一脊锐／旁纾极肖伏翼曰青玉蝙一团／栾如饼中有大空曰漏月石旁／有硐曰冷香过是乃山之前万／石鳞缀亦但品其奇北有四一／曰露豹以其高踞擁肿类抱物

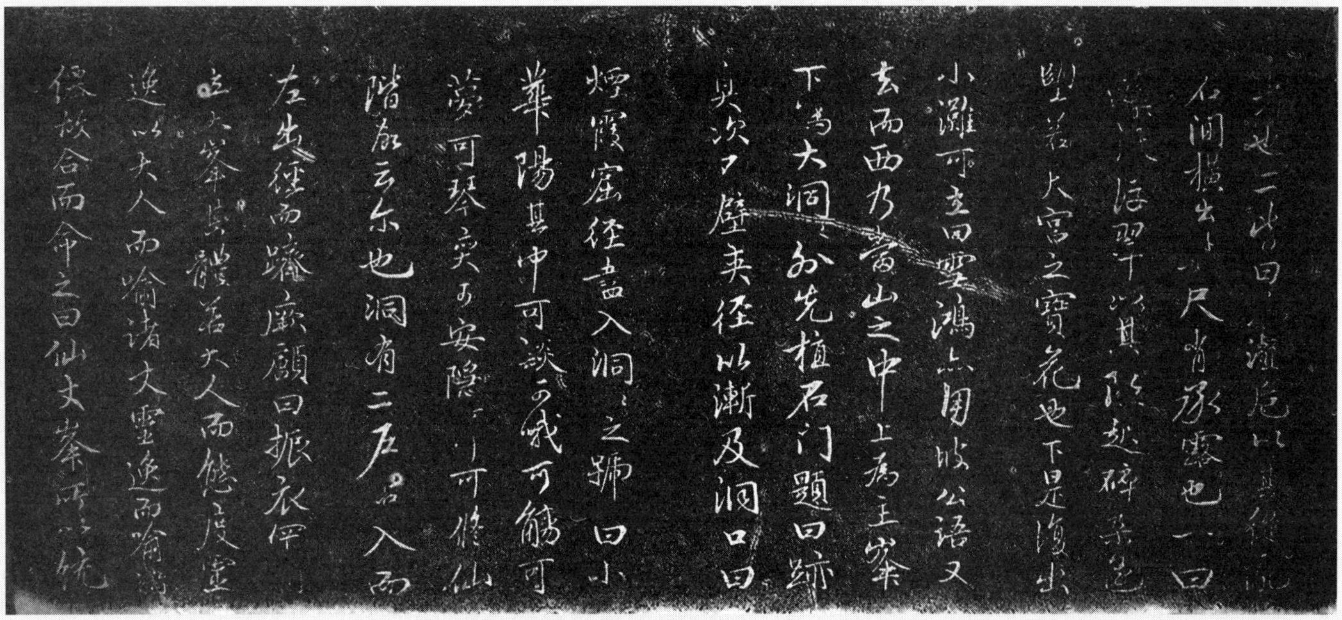

者也二皆曰下瀣卮
以其从乱／石间横
出口尺肖承露也一
曰／蘗湜浮翠以其
阶起碎朵遥／望若
天宫之宝华也下是
复出／小滩可立曰
雪鸿亦用坡公语又／
去而西乃当山之中
上为主峰／下为大
洞洞外先植石门题
曰迹／真次石壁夹
径以渐及洞口曰／
烟霞窟径尽入洞洞
之号曰小／华阳其
中可谈可哦可觞可／
梦可琴奕可安隐耳
可修仙／阶故云尔
也洞有二石右入而／
左出径而跻阙颀曰
振衣岗间／立大峰
其体若大人而态度
灵／逸以大人而喻
诸丈灵逸而喻诸／
仙故合而命之曰仙
丈峰所以统

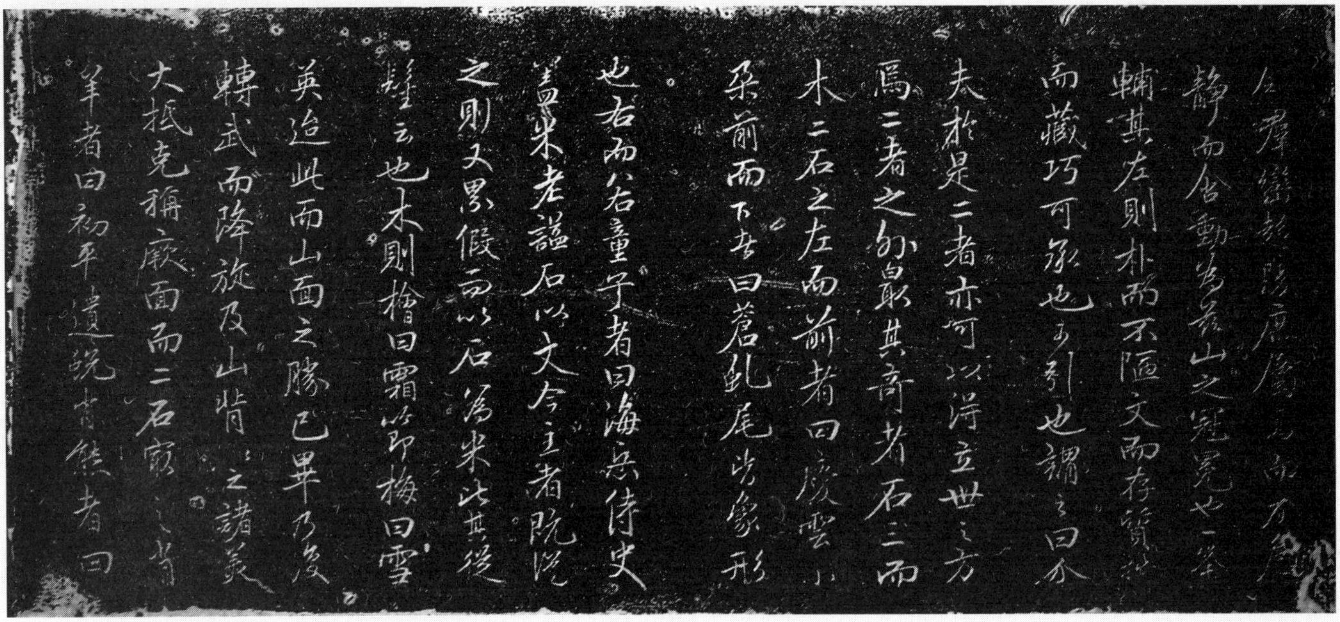

领群峦超陵庶属高而万危／静而含动为兹山之冠冕一峰／辅其左则朴而不陋文而存质拙／而藏巧可承也可引也谓之曰介／夫于是二者亦可以得立世之方／焉二者之外最其奇者石三而／木二石之左而前者曰庆云小／朵前而下者曰苍虬尾皆象形／也右而若童子者曰海岳侍史／盖米老谥石以文今主者既从／之则又累假而以石为米此其从／鬘云也木则桧曰霜节梅曰雪／英迨此而山面之胜已毕乃后／转武而降旋及山背背之诸美／大抵克称阙面而二石取之肖／羊者曰初平遗蜕肖态者曰

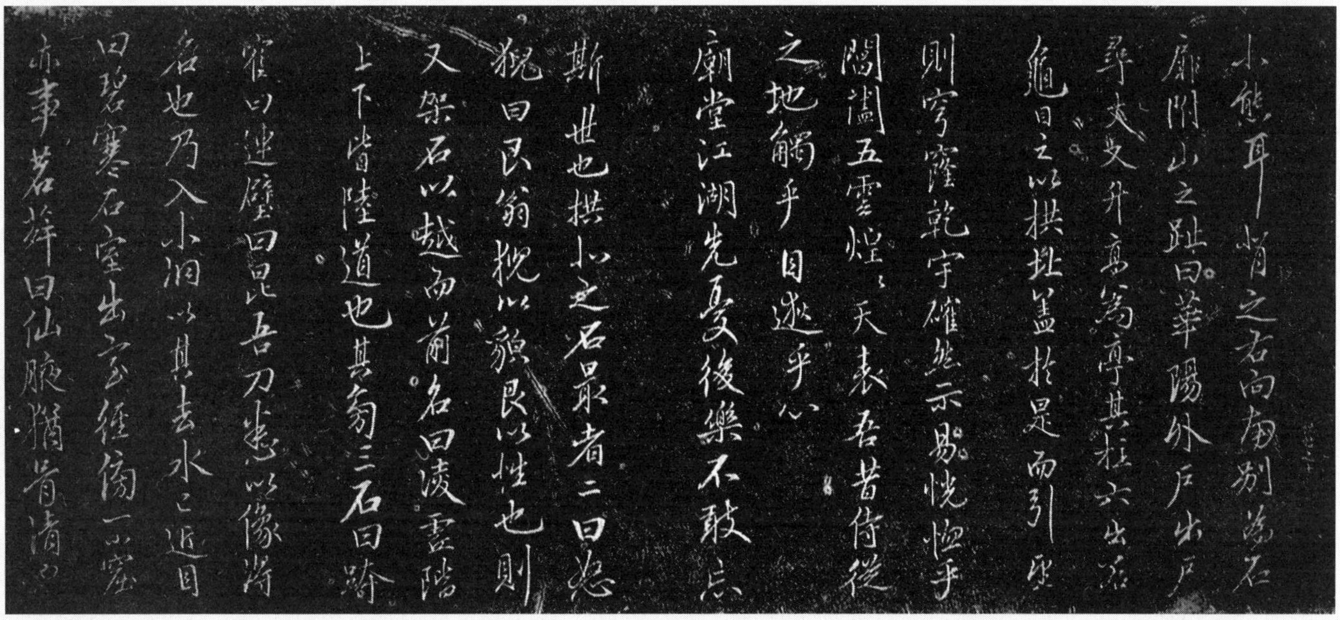

小态耳背之右向南别为石／扉附山之趾曰华阳外户出户／寻丈又升高为亭其柱六出若／龟目之以拱北盖于是而引望／则穹窿乾宇确然示易恍惚乎／阊阖五云煌煌天表吾昔侍从／之地触乎目遡乎心／庙堂江湖先忧后乐不敢忘／斯世也拱北之石最者二曰怒／猊曰艮翁揽以貌艮以性也则／又架石以越而前名曰凌虚阶／上下皆陆道也其旁三石曰跨／隺曰连璧曰昆吾刀悉以像得／名也乃入小洞以其去水已近目／曰碧寒石室出室径傍一小窟／亦事茗荈曰仙腋犹骨清也

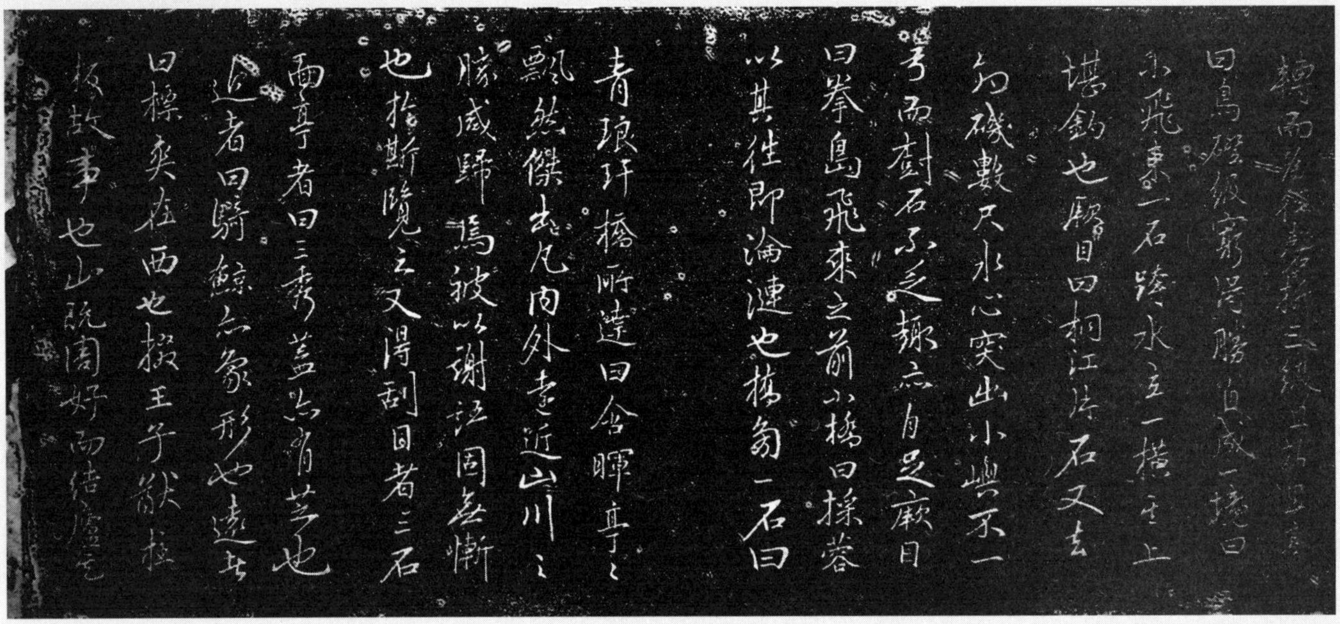

转而为径磬折三级且折且高/曰鸟磴级穷得胜自成一境曰/小飞东一石跨水立一横其上/堪钓也阚目曰桐江片石又去/钓矶数尺水心突出小屿不一弓而树石不乏趣亦亩足厥目/曰拳岛飞来之前小桥曰采蓉/以其往即沦涟也桥旁一石曰/青琅轩桥所达曰含晖亭亭/飘然杰出凡内外远近山川之/胜咸归焉被以谢语固无惭/也于斯览之又得刮目者三石/面亭者曰三秀盖亦有芝也/近者曰骑鲸亦象形也远者/曰标爽在西也掇王子猷柱/板故事也山既周好而结庐其

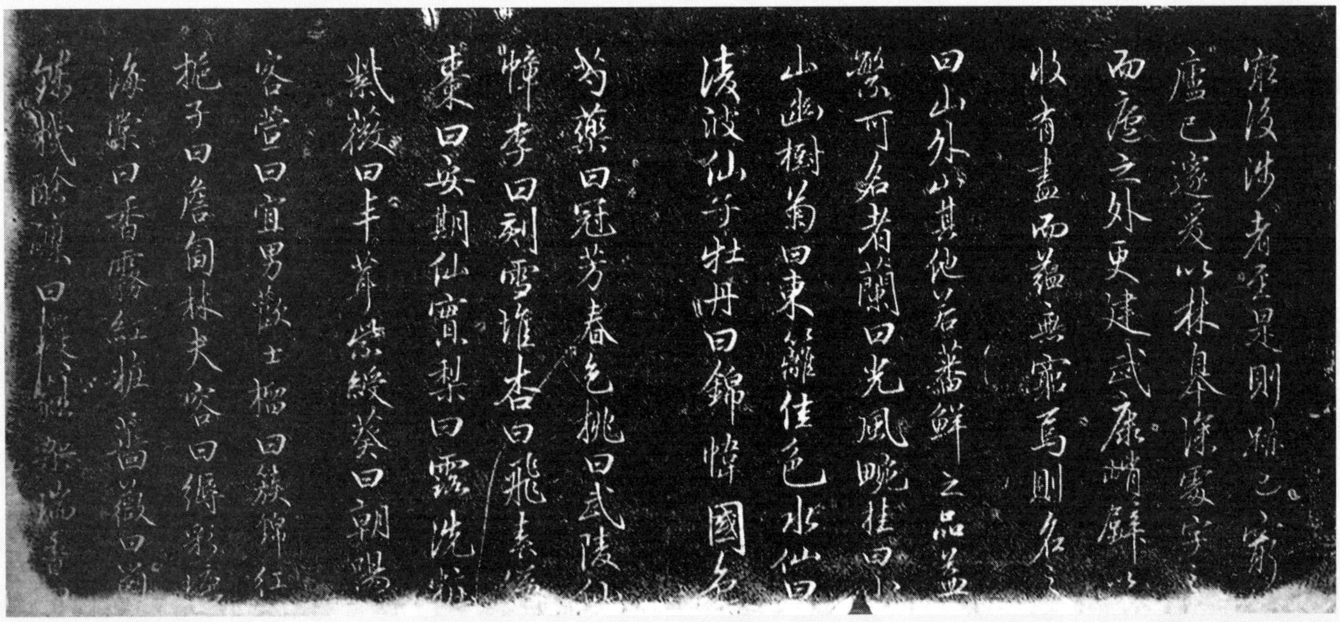

最后涉者至是则迹
已穷/庐已邃爰以
林皋深处宇之/而
庐之外更建武康峭
壁以/收有尽而蕴
无穷焉则名之/曰
山外山其他若蕃鲜
之品益/繁可名者
兰曰光风畹桂曰小/
山幽树菊曰东篱佳
色水仙曰/凌波仙
子牡丹曰锦　帏国
色/芍药曰冠芳春
色桃曰武陵仙/帏
李曰刻雪堆杏曰飞
春廉/枣曰安期仙
实梨曰露洗粧/紫
薇曰丰茸紫绶葵曰
朝阳/客萱曰宜男
欢士榴曰簇锦红/
栀子曰詹匐林夫容
曰缛彩塘/海棠曰
香雾红粧蔷薇曰蜀/
铄机酴醾曰琼蕤架
瑞香曰

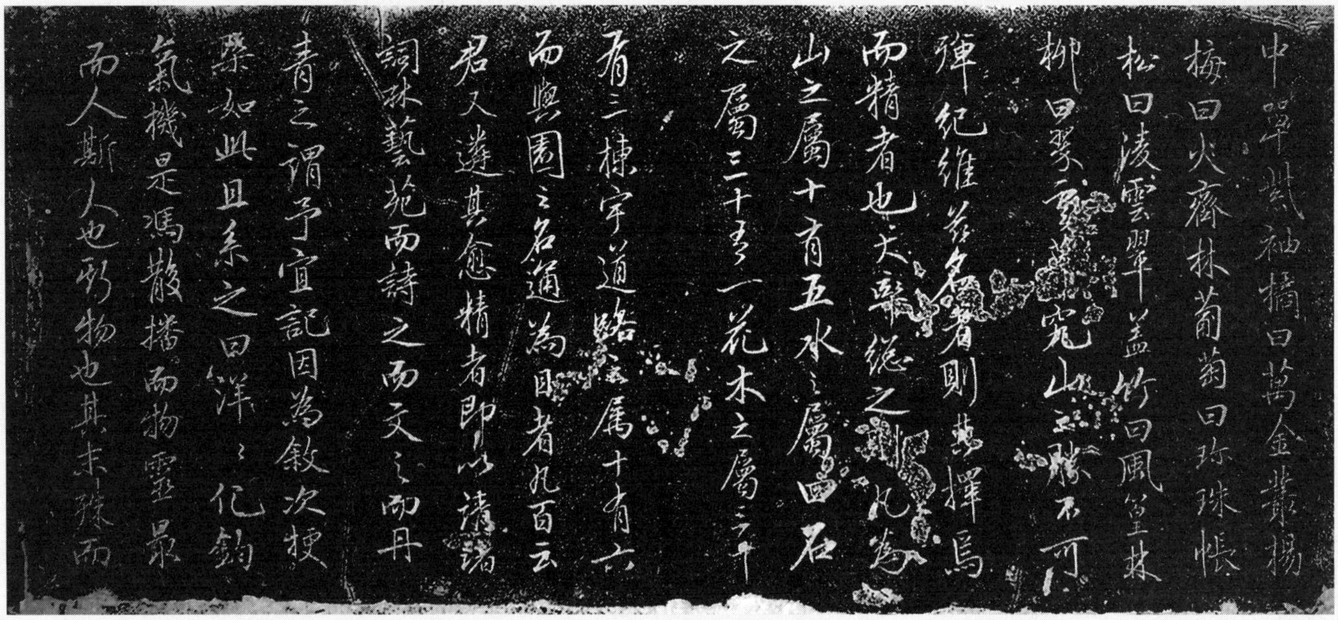

中单紫袖橘曰万金
丛杨／梅曰火齐林
葡萄曰珍珠帐／松
曰凌云翠盖竹曰风
篁林／柳曰翠云幕
究山之胜不可／殚
纪维兹名者则其择
焉／而精者也大率
总之则凡为／山之
属十有五水之属四
石／之属三十／有一
花木之属三十／有
三栋宇道路之属十
有六／而与园之名
通为目者凡百云／
君又遴其愈精者即
以请诸词林艺苑而
诗之而文之而丹／
青之谓予宜记因为
叙次梗／概如此且
系之曰洋洋化钧／
气机是冯散播而物
灵最／而人斯人也
斯物也其末殊而

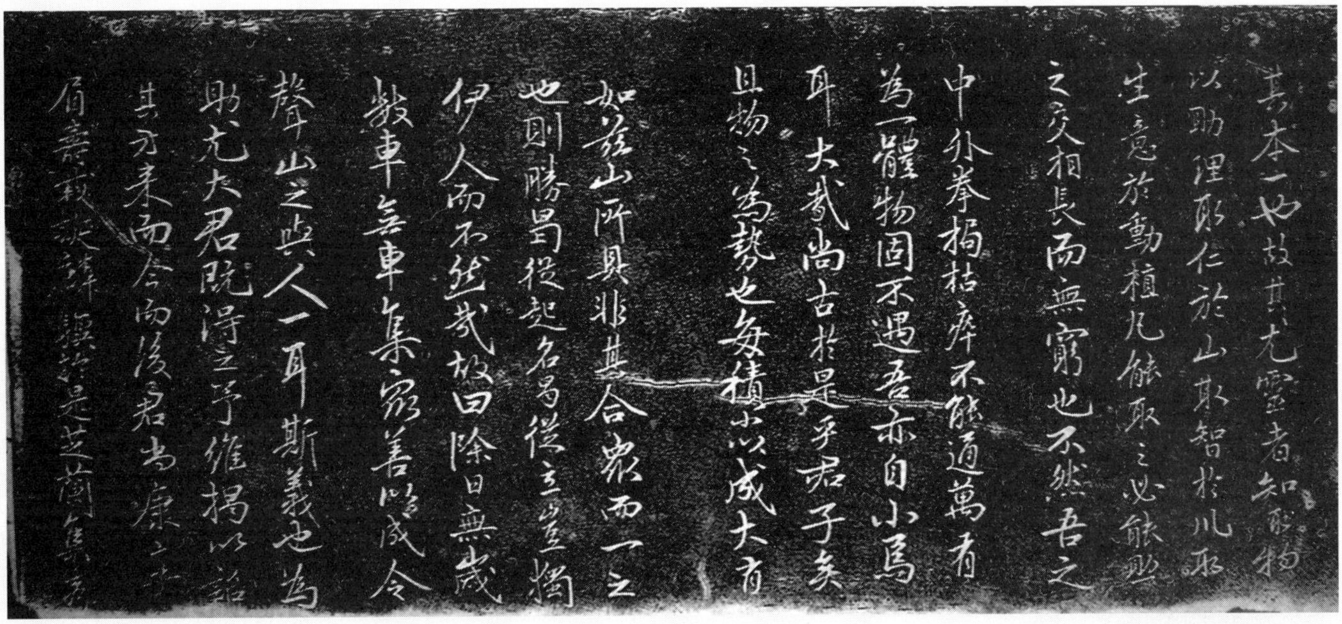

其本一也故其尤灵
者知取物/以助理
取仁于山取智于川
取/生意于动植凡
能取之必能助/之
交相长而无穷也不
然吾之/中外拳揭
枯瘁不能通万有/
为一体物固不遇吾
亦自小焉/耳大哉
尚古于是乎君子矣/
且物之为势也每积
小以成大有/如兹
山所具非其合众而
一之/也则胜曷从
起名曷从立岂独/
伊人而不然哉故曰
除日无岁/数车无
车集众善以成令/
声山之与人一耳斯
义也为/助尤大君
既得之予维揭以诏/
其方来而今而后君
尚康享/眉寿载诞
麟骥于是芝兰集秀

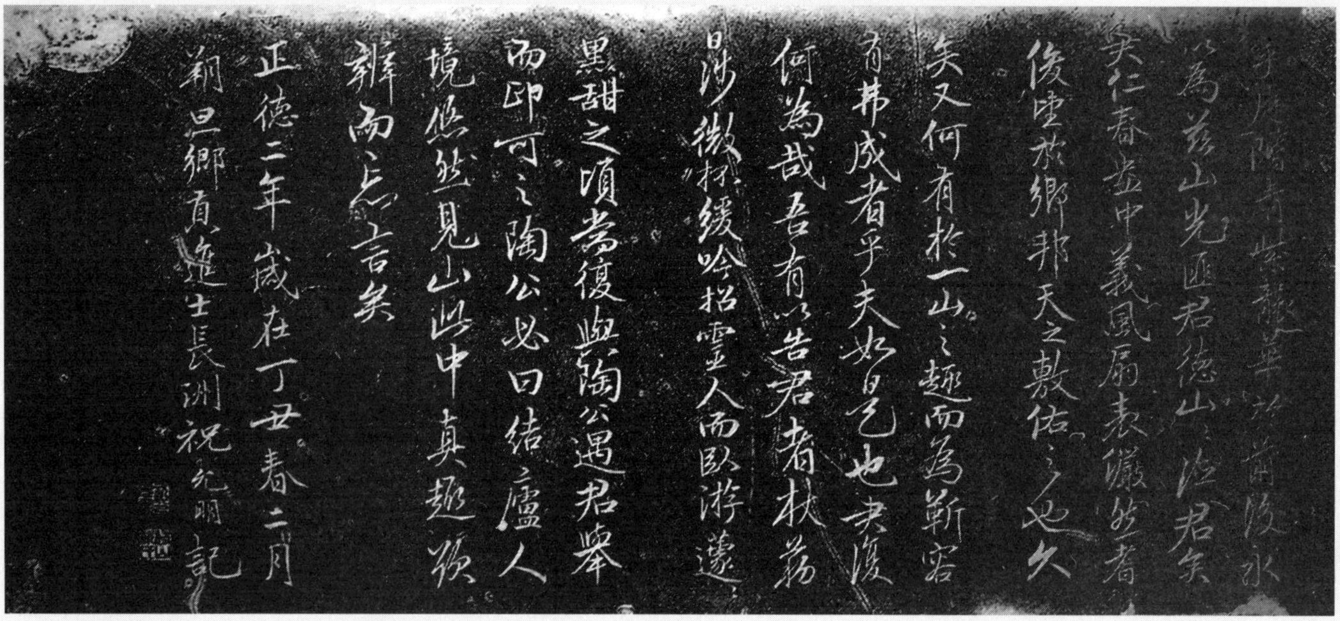

乎庭阶青紫袭华于前后永／以为兹山光匪君德山山泣君矣／君仁春盘中义风扇表伻然耆／俊望于乡邦天之敷佑之也久／矣又何有于一山之趣而为靳容／有弗成者乎夫如是也君复／何为哉吾有以告君者杖藜／日涉微杯缓吟招灵人而卧游蘧蘧／黑甜之顷当复与陶公遇君举／而印可之陶公必曰结庐人／境悠然见山此中真趣欲／辨而忘言矣／正德二年岁在丁丑春二月／朔旦乡贡进士长洲祝允明记

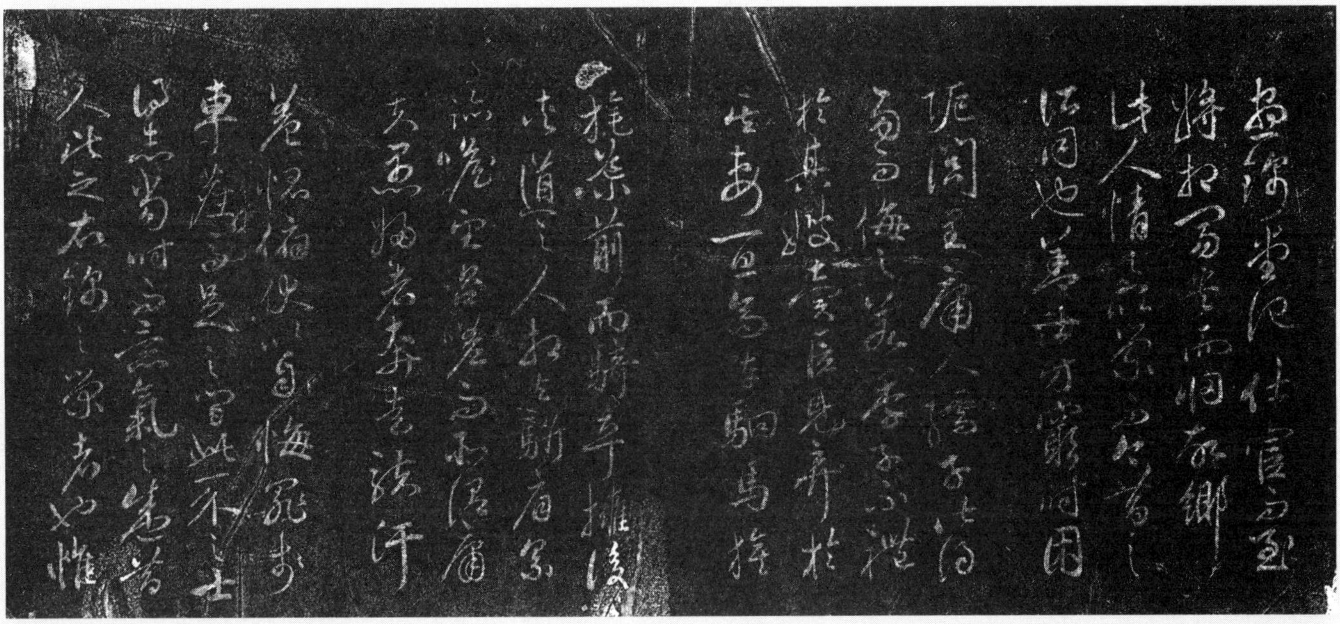

昼锦堂记仕宦而至／
将相富贵而归故乡／
此人情之所荣而今
昔之／所同也盖士
方穷时困／厄闾里
庸人孺子皆得／易
而侮之若季子不礼
／于其嫂卖臣见弃
于／其妻一旦高车
驷马旗／旄导前而
骑卒拥后／夹道之
人相与骈肩累／迹
瞻望咨嗟而所谓庸／
夫愚妇者奔走骇汗／
羞愧俯伏以自悔罪
于／车尘马足之间
此一介之士／得志
当时而意气之盛昔／
人比之衣锦之荣者
也惟

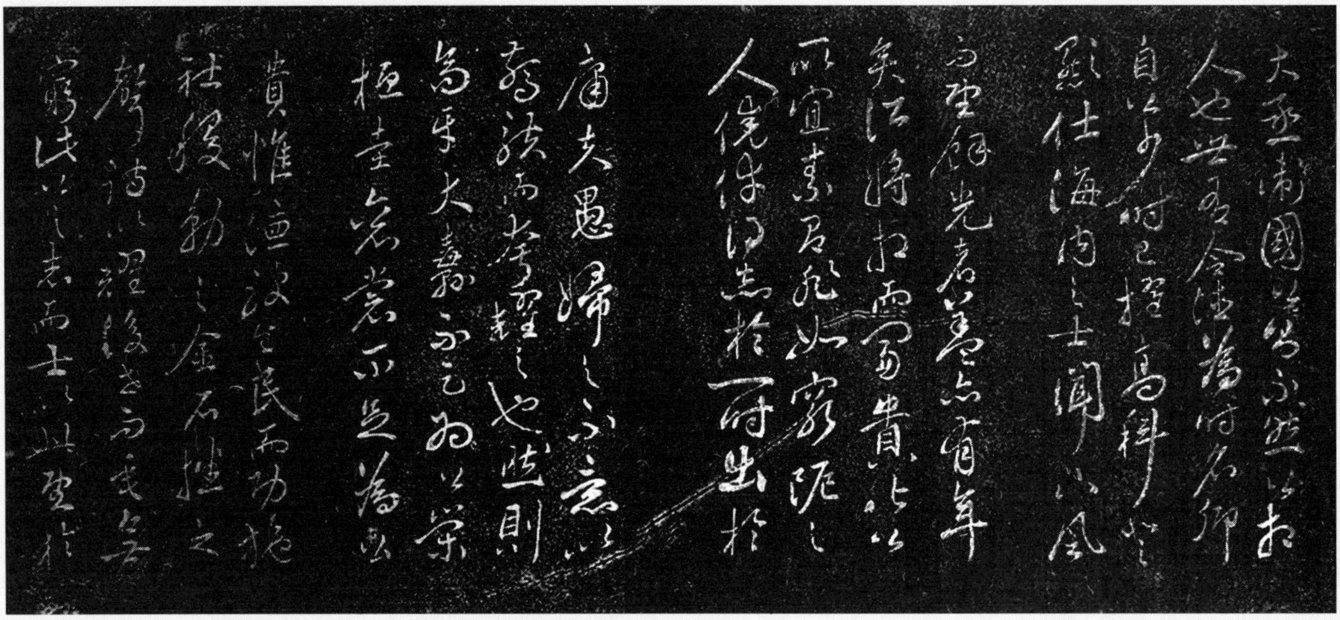

大丞卫国公则不然
公相／人也世有令
德为时名卿／自公
少时已擢高科登／
显仕海内之士闻下
风／而望馀光者盖
亦有年／矣所将相
而富贵皆公／所宜
素有非如穷厄之／
人侥幸得志于一时
出于／庸夫愚妇之
不意以／惊骇而夸
耀之也然则／高牙
大纛不足为公荣／
桓圭衮裳不足为公／
贵惟德被生民而功
施／社稷勒之金石
播之／声诗以耀后
世而垂无／穷此公
之志而士以此望于

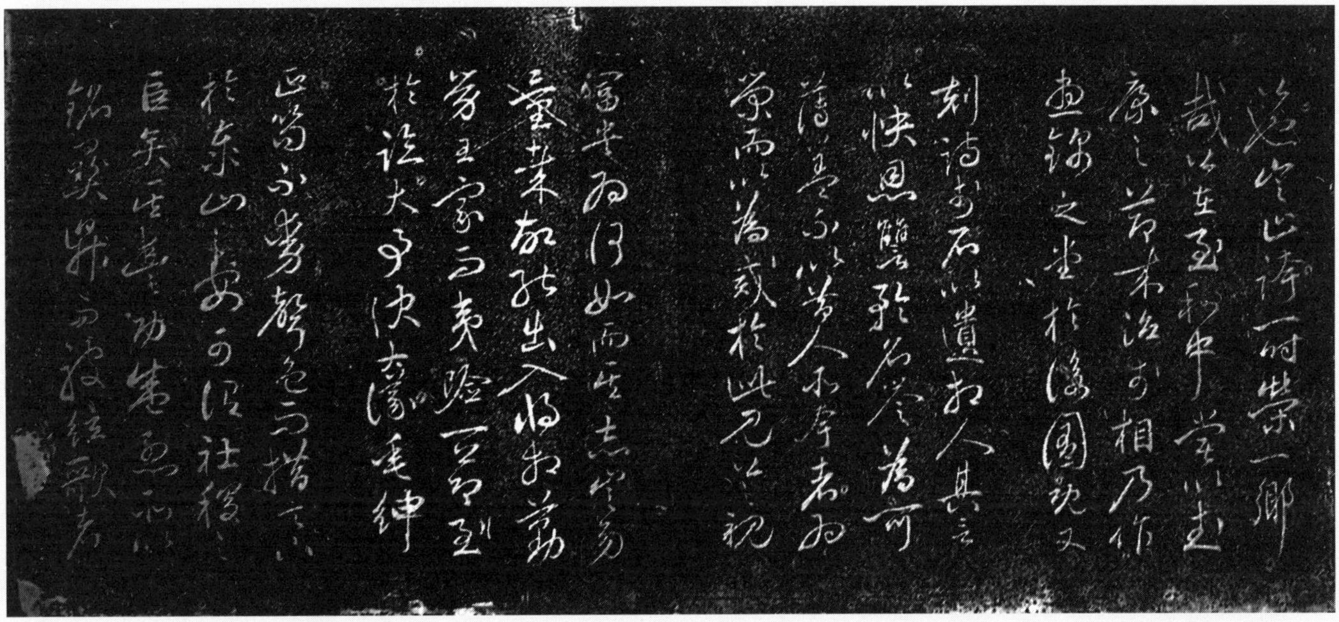

公也岂止夸一时而
荣一乡／哉公在至
和中尝以武／康之
节来治于相乃作／
昼锦之堂于后圃既
又／刻诗于石以遗
相人其言／以快恩
仇矜名誉为可／薄
盖不以昔人所夸者
为／荣而以为戒于
此见公之视／富贵
为何如而其志岂易
量哉故能出入将相
勤／劳王家而夷险
一节至／于临大事
决大议垂绅／正笏
不动声色而措天下／
于泰山之安可谓社
稷之／臣矣其丰功
盛烈所以／铭彝鼎
而被弦歌者

乃邦家之光非闾里
之／荣也
余虽不获登公之／
堂幸尝窃诵公之诗
乐／公之志有成而
喜为天下／道也于
是乎书／
正德庚辰春三月既／
望枝山道人祝允明
书／于／子思贤甥
永锡堂中

弟于十一月中已遣人入都请告而邸／报复于十一月十八得／旨又多此一番之费／兄前所疲／成山兄书犹在箧中未遣也而其／长长又以秋间书至似犹未见六月邸／报者殊可怪也盖中州抚台为弟代／题之疏在京诸公无一人见者而／成山兄是按属亦遂无一字知会何耶弟闻福藩左右言利之人甚多甚横／必为地方之祸患足不入其境有以也／令郎乃又有在孙山外者三儿已得入庠／两儿科举未见丛案知／兄甚念附及目下如有／成山兄家邮舍／兄以已意申前柬中语大都甲辰当事／者众皆／成山兄之同籍而以中州为按属易为／持论也诸不一／弟名正肃左冲／

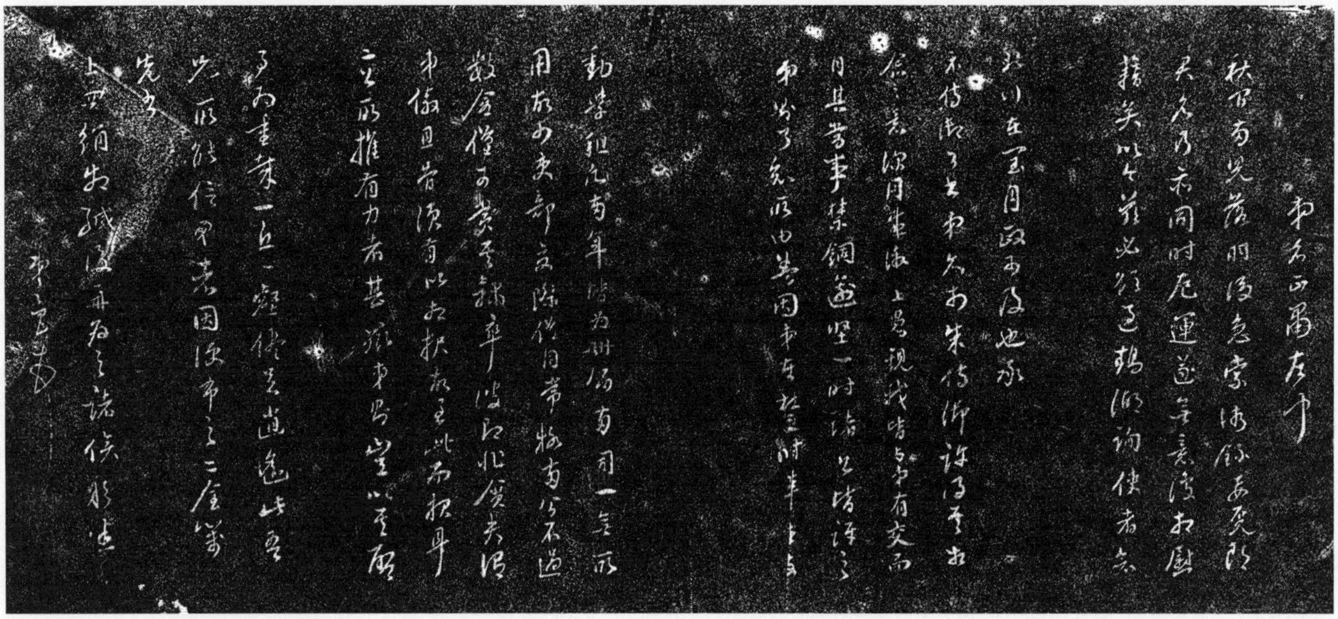

秋间两儿落羽后急
索浙录要觅郎／君
名乃示同时厄运遂
无意覆相慰／籍矣
以今兹必欲过鹊湖
询使者知／北行在
闰月政可及也承／
朱侍御已书弟久于
朱侍御许得其相／
念之意深用感激上
愚亲我皆与弟有交
而／同其当事禁锢
逾坚一时诸公皆讶
之／弟则了知所由
盖因弟在禁时革去
支／动学租凡两年
皆为卅□两司一无
所／用故于吏部受
际备同常格两公不
过／数金仅可赏其
隶卒彼即非贪夫谓
弟傲且昔须有以相
报故至此而报耳／
二公所推有力者甚
众弟则岂以其启／
事为重哉一丘一壑
尽足逍摇此吾／兄
所能信弟者因便希
之二金笺／先书上
四绢相缄复再为之
诸侯躬悉／弟其昌
拜

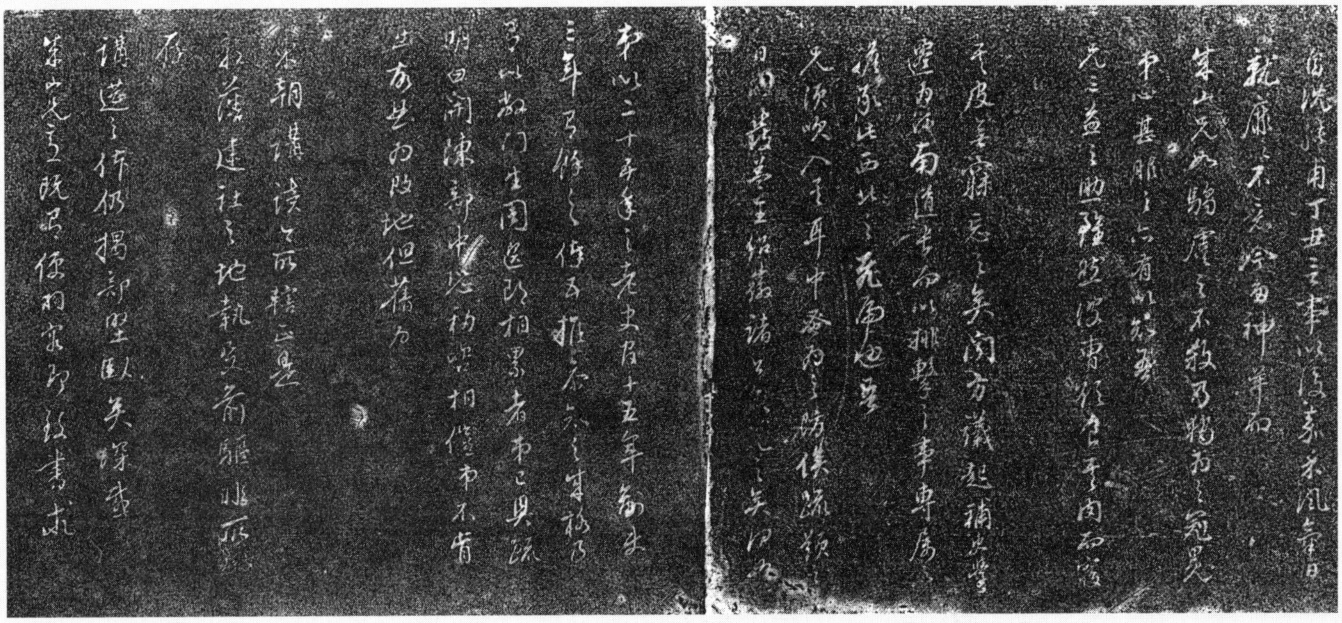

自沈宠甫丁丑言事
以复嘉禾风气日／
就靡靡不意今多神
羊而／成山兄如驺
虞之不杀乃独为之
冠冕／弟心甚服之
亦有以知吾／兄三
益之助虽然彼曹欲
食肉而寝／其皮无
寐忘之矣闻方议起
补史学／迁为河南
道长而以排击之事
专属／之担承此西
北之飞虎也吾／兄
须吹入其耳中早为
之防俟疏题之／日
□发盖王绍徽诸公
□□之矣何如／弟
以二十五年之老史
官十五年创使／三
年有余之俸五推参
知之成格乃／有以
敝门生周选郎相累
者弟已具疏／明白
开陈部中恐移咨相
催弟不肯／出故曲
为改地但旧为／柬
朝讲读今所辖正是
／□藩达社之地执殳
前驱非所以／存／
讲□之体仍揭部坚
卧矣深感／成山兄
意既有便羽客即致
书求／兄转送更须
／兄作数字先之妻
诗附注何时特以小
／力造晤坐此□□／
弟其昌顿首／邦仲
老兄大人　左冲

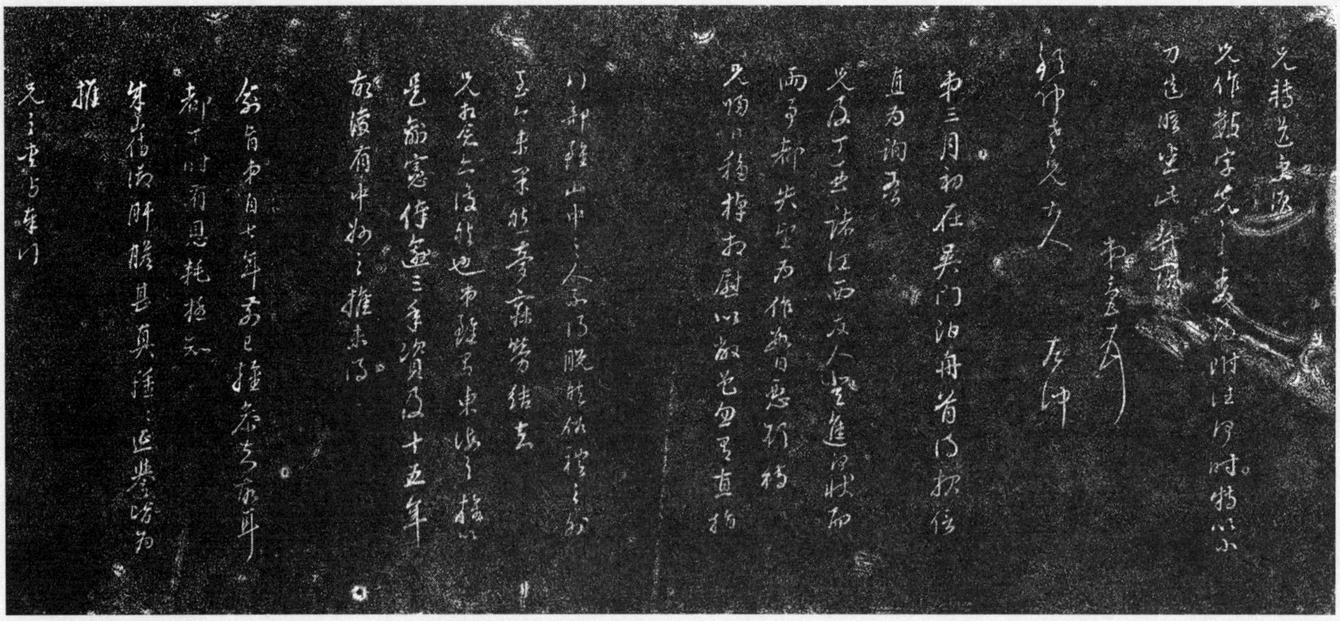

弟三月初在吴门泊舟首得报信／直为询吾／兄及丁曲诸江西友人登进何状而／两事都失望为作数日恶欲待／兄归日移棹相慰以敝邑忽有直指／行部虽山中之人不得脱然俗礼之外／至今未果然梦寐劳结知／兄相念亦复然也弟虽有东海之推以／是俞宪俸逾三年资及十五年／故覆有中州之推未得／俞弟自七年前已推参知故耳／都下时有恩耗极知／成山侍御肝胆甚真腫腫延誉皆为／推／兄之重与奉行／兄之意耳而请告之举则须中州／事定今但非作长局不作京华一书也／兄以为何如海错领到感词已罄／谢谢　弟其昌拜

左冲

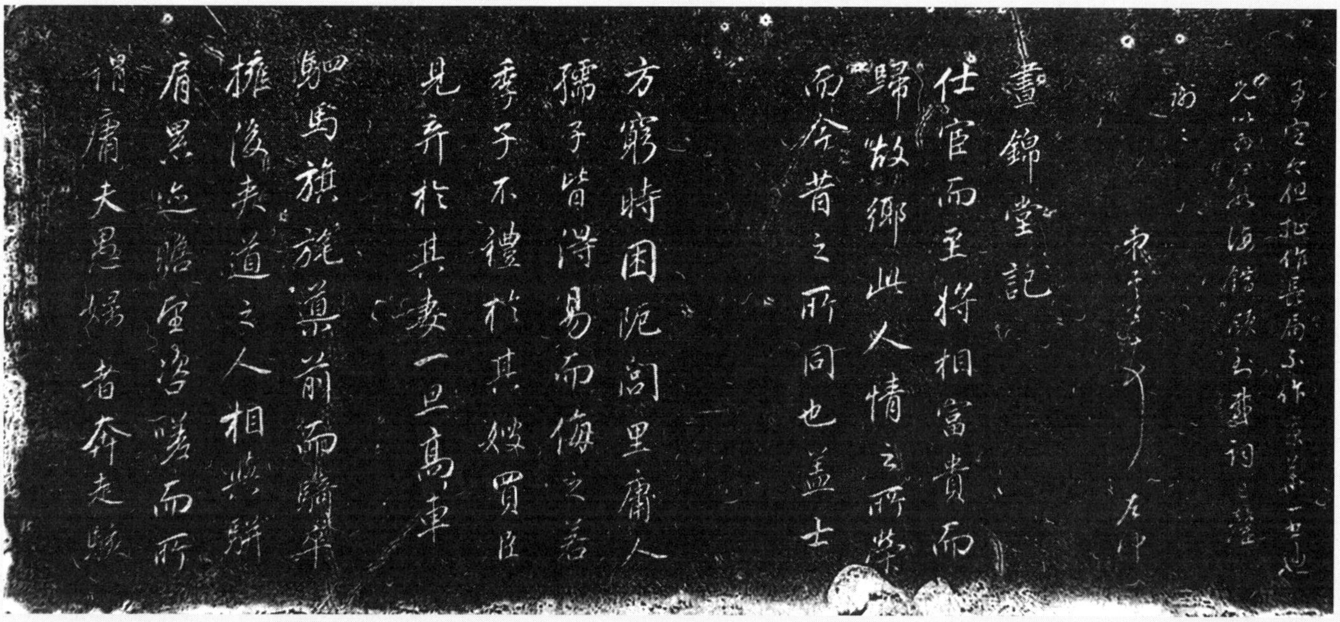

昼锦堂记（略）
蔡惠公书此记凡一字／数十更存其合者才得／颜碑十七耳今日得宋／拓徐季海书洺州府君碑／以其意为此如黄金铸范／少伯一铸而就止以速成自／喜不计工拙也／庚申（嘉靖四十八年，66岁）八月朔其昌

落日山水好／漾舟
信归／风玩奇不觉／
远因以缘源／穷遥
爱云水／秀初疑路
不／同安知清流／
转偶与前山

通舍舟理轻／策果然惬所／适老僧四五人／逍遥荫松柏／朝梵林未曙／夜禅山更寂／道心及牧童／世事问樵客／

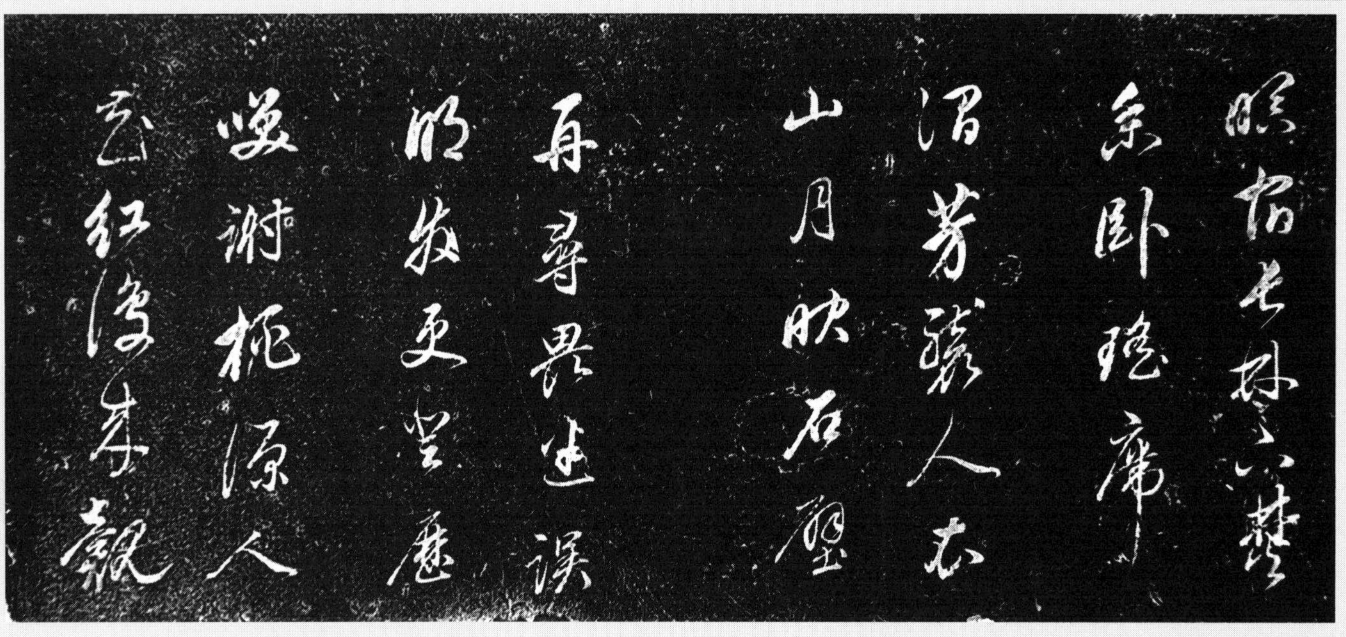

暝宿长林下焚／香卧瑶席／涧芳袭人衣／山月映石壁／再寻畏迷误／明发更登历／笑谢桃源人／花红复来觌／

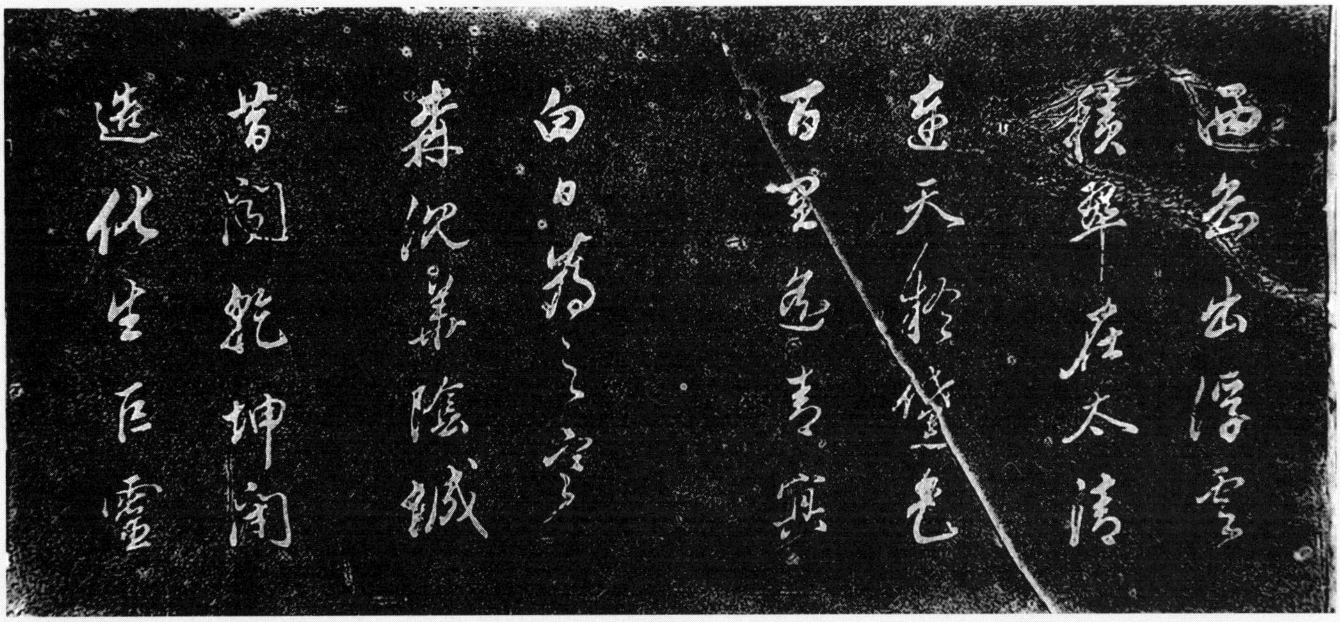

西岳出浮云/积翠在太清/连天疑黛色/百灵遥青冥/白日为之空/森沉华阴城/昔闻乾坤闭/造化生巨灵/

右手踏方山／左手推削成／天地忽开拆／大河注东溟／遂为西峙岳／雄雄镇秦京／大君包覆戚／至德被群

生上帝贮昭／告金
天思奉／迎人祇望
幸／久何独禅／云
亭／壬戌新秋书／
董其昌

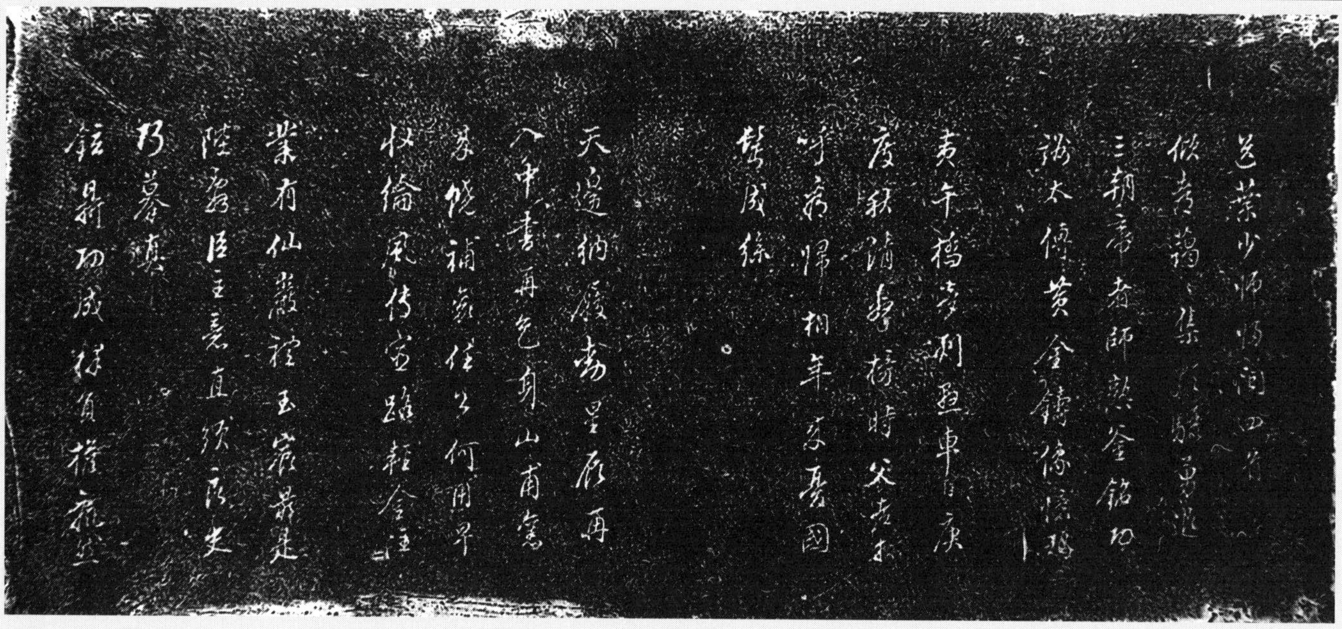

送叶少师归闽四首

倾都蔼蔼集歌骊勇
退／三朝帝者师熟
釜铭功／训太傅黄
金铸像忆鸱／夷午
桥梦到悬车日庚／
度秋清击榜时父老
相／呼看归相年来
忧国／鬓成丝

天边纳履　动星辰
再／入中书再乞身
山甫旧／来饶补衮
任公何用早／收纶
风传宦路轻金注／
业有仙岩礼玉宸最
是／陛辞臣主意直
须良史／巧摹真
铉鼎功成释负担

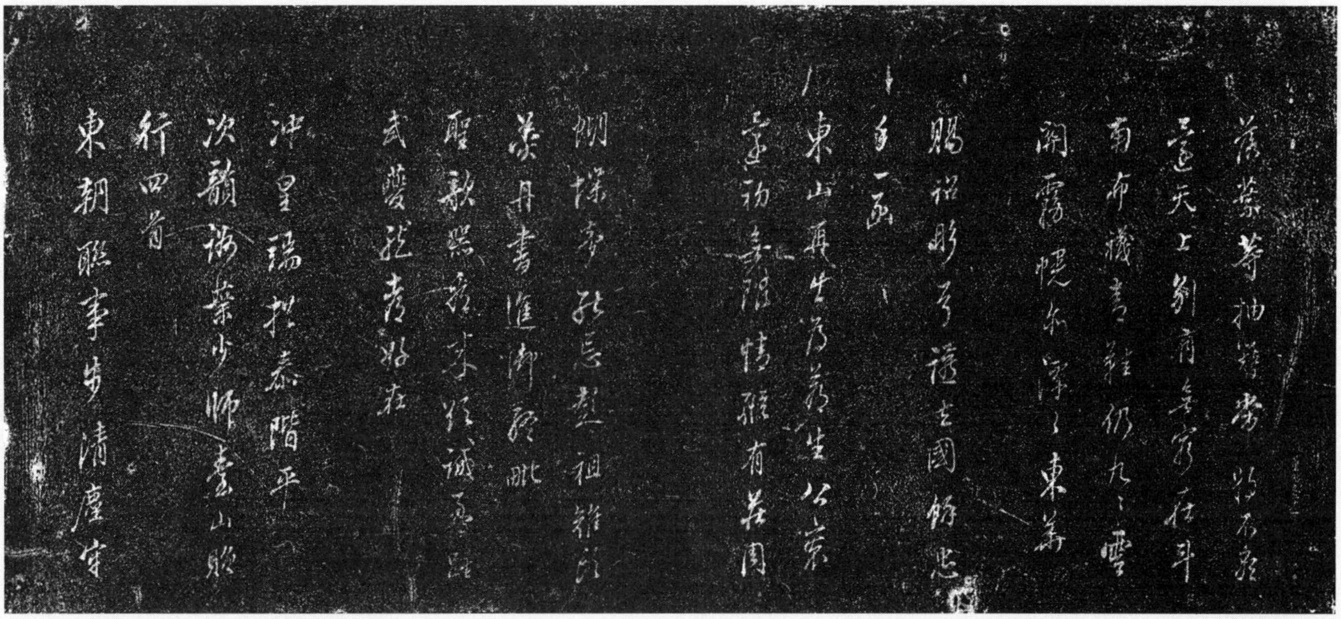

飘然／落叶等抽簪
常将不尽／还天上
别有无穷在斗／南
布袜青鞋仍九九云／
关务幌亦潭潭东华／
赐诏彤弓宴去国忠／
手一函
东山再生为苍生公
衮／还初无限情纵
有庄周／蝴蝶梦忘
彭祖雉头／羹丹书
进御终毗／圣欹嚣
看来欲诫盈蹍／武
夔龙都好在　／冲皇
端拱泰阶平

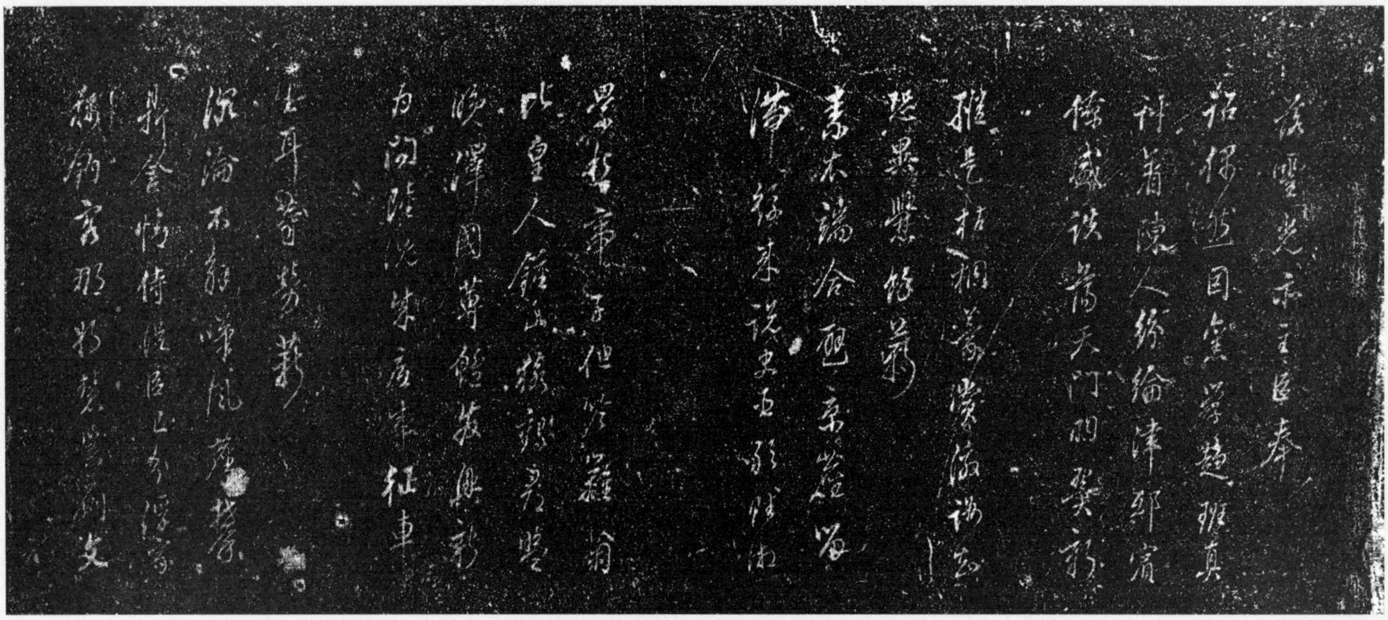

次韵酬叶少师台山赠行四首

东朝联事步清尘牢/落灵光亦主臣奉/诏偶然因旧学趋班真/讶着陈人纷纶津邱宾/僚盛诜荡天门羽翼新/纵是枯桐蒙赏激谢知/恐异爨余薪

素衣端合避京尘留/滞由来说史臣敢赋湘/累愁帝子但吟篱菊/比皇人钟山猿鹤寻盟/晚泽国莼鲈发兴新/为问陆沉成底事征车/生耳等劳薪沉沦不解叹风尘攀/鼎含情侍从臣已分浮家/称钓客那将慧业厕文

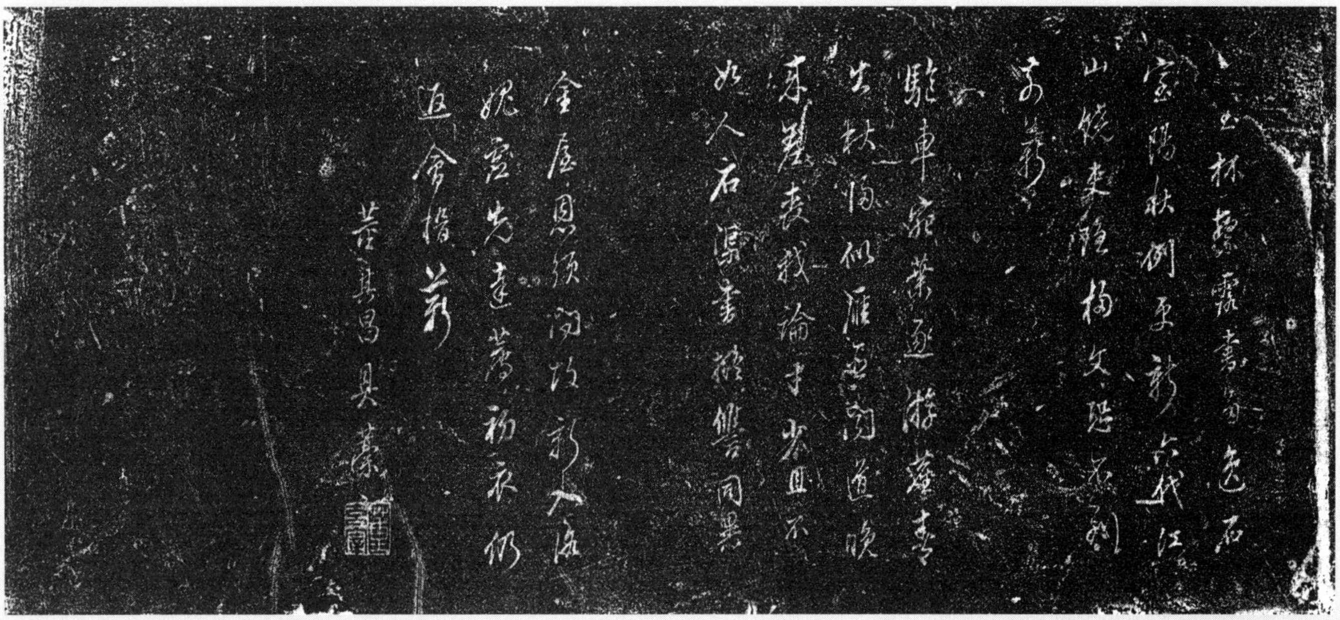

人玉杯繁露书多逸石／室阳秋例更新六代江山饶吏隐移文恐不列／前薪驱车宛洛逐游尘春／去秋来似雁並闻道晚／来差丧我论才少且不／如人石渠书拟雠同异／金屋恩须问故新入洛／愧虚先达荐初衣仍／返会稽薪／董其昌具草

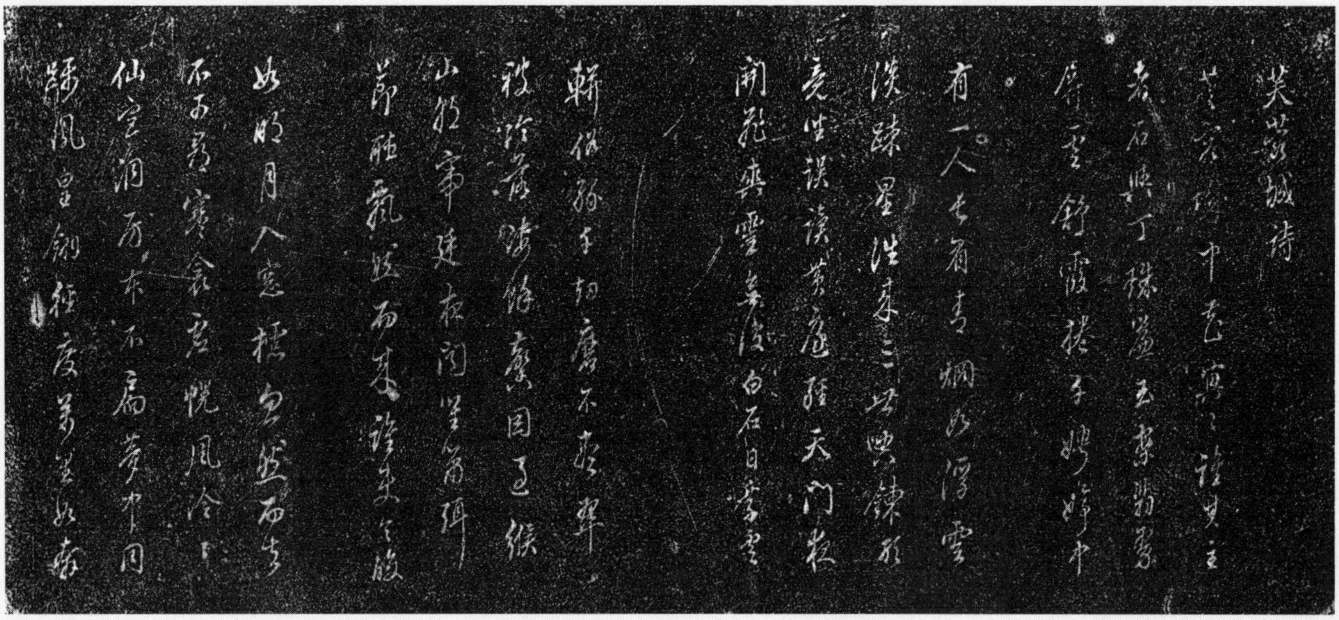

芙蓉城诗

芙蓉城中花冥冥谁
其主／者石与丁珠
廉玉案翡翠／屏云
舒霞卷千娉婷中／
有一人长眉青烟如
浮云／淡疏星往来
三者空链形／竟坐
误读黄庭经天门夜
／开飞爽灵无复白
石日飘云／耕俗缘
千劫磨不尽翠／被
冷落凄余馨因过缑
／山朝帝廷夜闻笙箫
弭／节听飘然而来
谁使令皎／如明月
入窗棂忽然而去／
不可寻寒衾虚幌风
泠泠／仙宫洞房本
不扃梦中同／踩凤
凰翎径度万里如奔

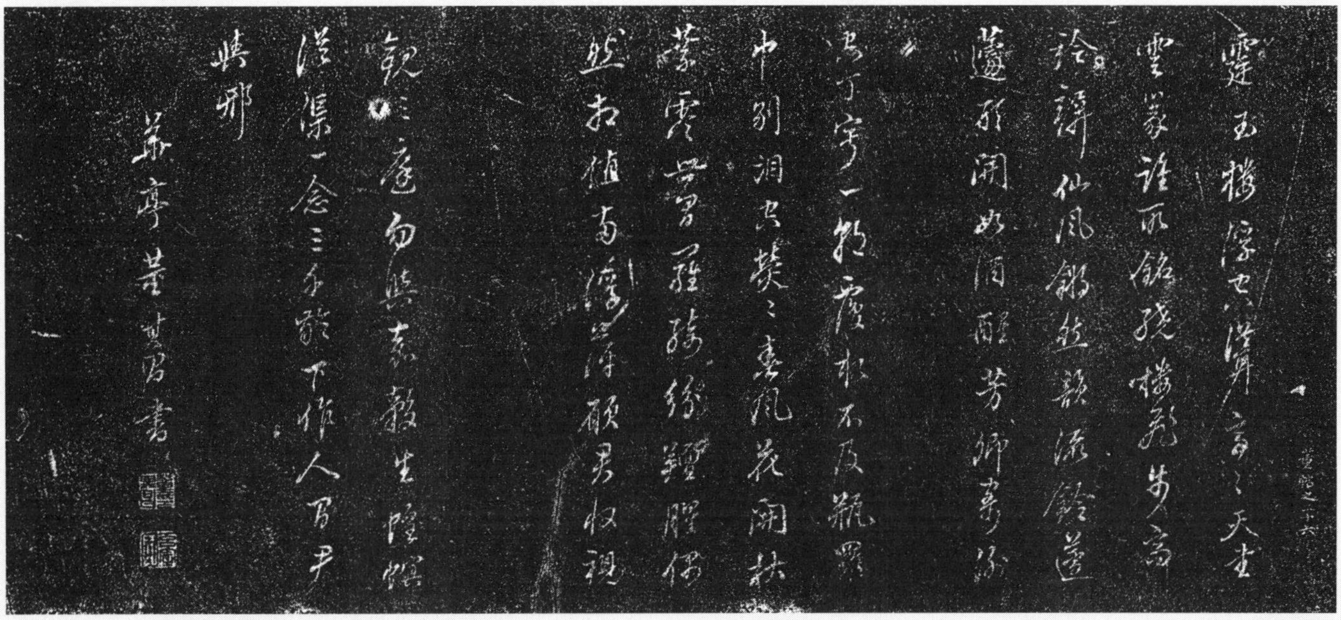

【录文】

霆玉楼浮空耸亭亭
天书/云篆谁所铭
绕楼飞步高/冷㟪
仙风锵然韵流铃蘧
/蘧形开如酒醒芳
卿寄谢/空丁宇一
朝覆水不及瓶罗/
巾别泪空荧荧春风
花开秋/叶零世间
罗绮纷朣腥偶/然
相值两浮萍愿君收
视/观三庭勿与嘉
谷生蝗螟/从渠一
念三千龄下作人间
尹/与邢/华亭董
其昌书

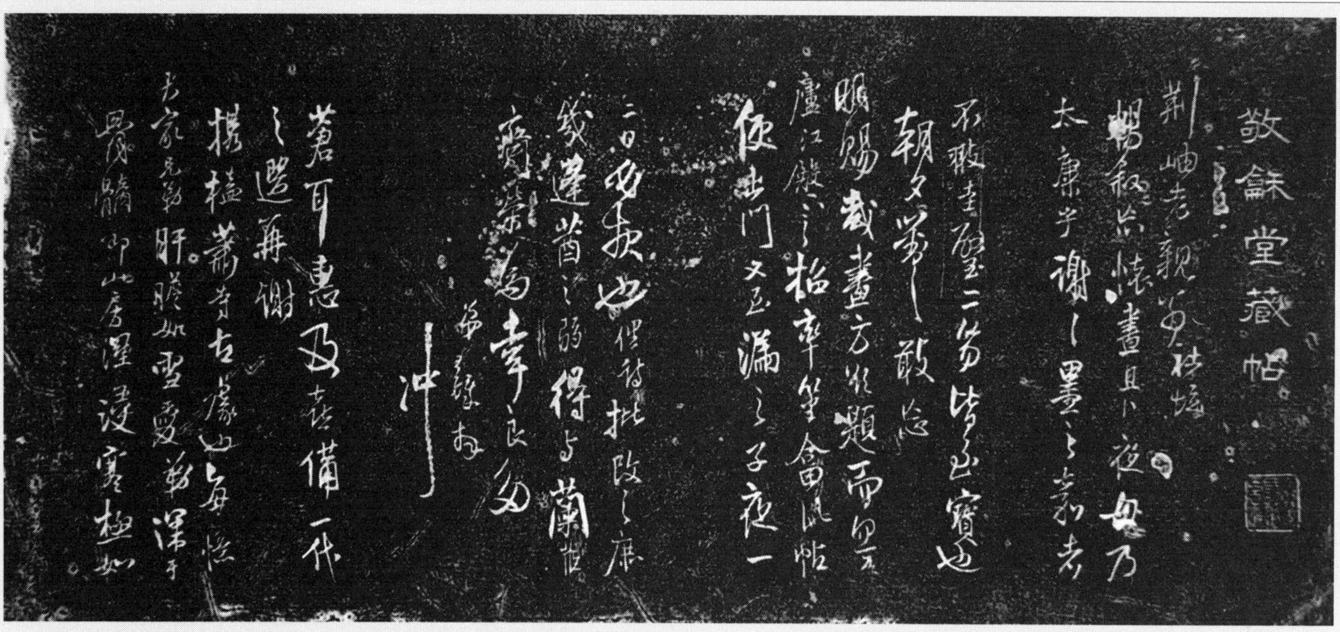

荆岫老亲
翁社坛／畅叙忘怀昼
且卜夜母乃／太康乎
谢谢墨之嘉者／不敢
圭璧二笏皆至宝也／
朝夕对之敢忘／明赐
哉画方欲题而忽有／
庐江殿下之招率笔答
此帖／便出门又至漏
之子夜一／二日必报
也俚诗批改之庶／几
蓬茵之弱得与兰茝／
齐荣为幸良多／弟王
铎拜首冲
苍耳惠及喜备一代／
之选再谢／携榼萧寺
古康也每忆／君家兄
弟肝胆如雪处弟深于
／骨髓即山房湿浸寒
极如／冰已觉难堪用
燎焉／老亲翁手翰及
印徙之绝顶／三清庙
中以避其乞拜 赐／
多矣松萝为娱明月为
友／如在阆风恐享清
福太过耳／别有心言
附后知／亲翁自有调
燮也依石濡墨／不罄
弟王铎拜

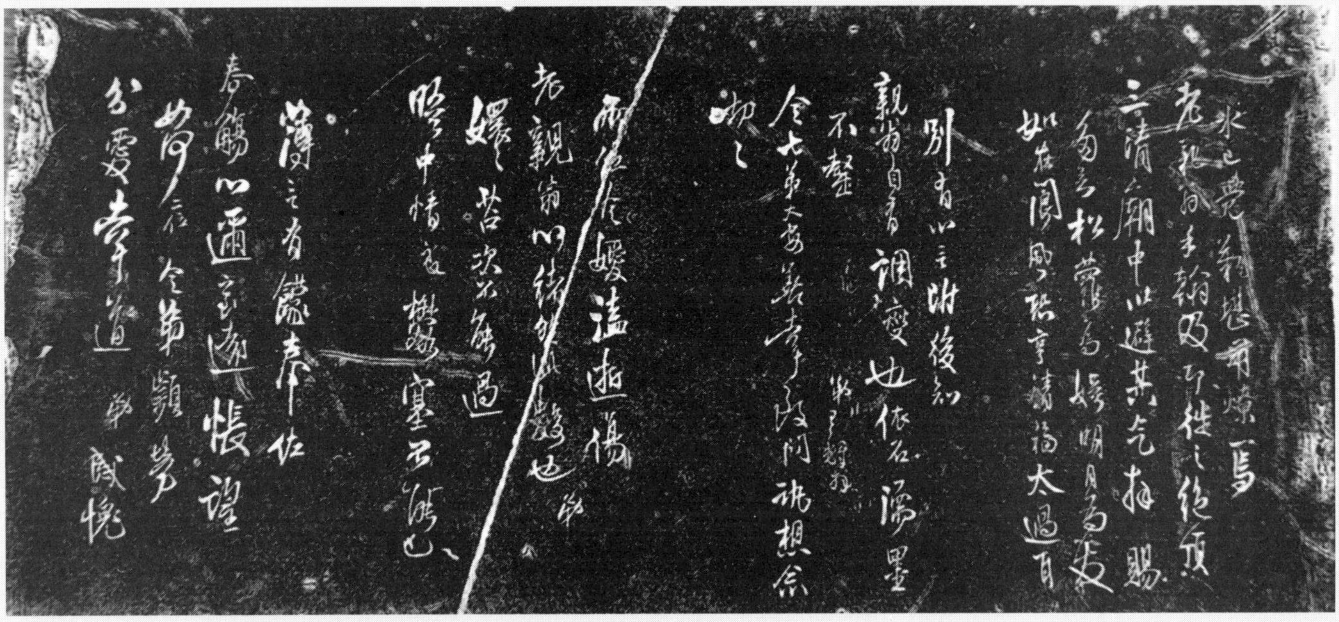

今七弟大安善幸致
问讯想念／切切／
两位令媛溘逝伤／
老亲翁心绪然此数
也弟／嬛嬛答次不
能过晤中情良郁塞
不能已／薄言有籛
奉佐／春觞心迩室
远怅望／如何二位
令弟频劳／分爱幸
道弟感愧／亲翁之
贴我深矣呜谢寸／
楮略布匪报／弟王
铎拜

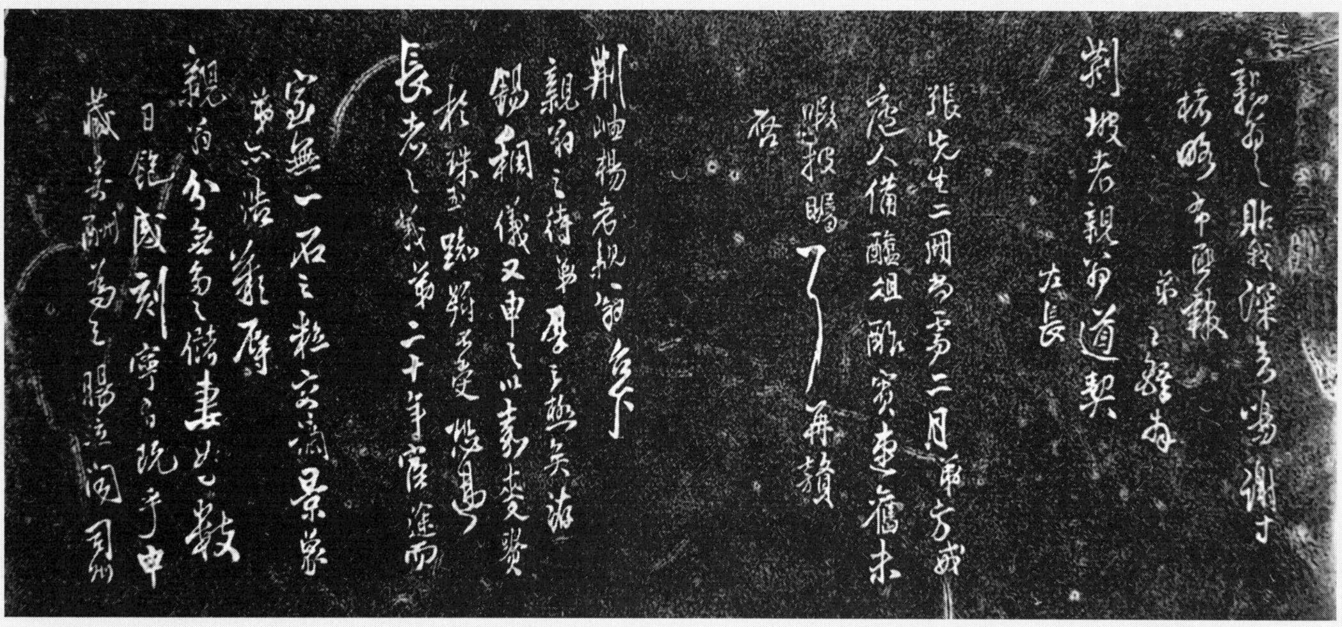

荆坡老亲翁道契／
左长／张先生二册
尚需二月弟方戒／
庐人备醢俎酢宾速
旧未／暇披瞩耳再
赘／启荆岫杨老亲
翁台下／亲翁之待
弟厚之极矣荐／锡
稠仪又申之以嘉麦
贵／于珠玉踟蹰不
受恐违／长老之义
弟二十年宦途而／
室无一石之粒交谪
景象／弟亦浩叹辱／
亲翁分无多之储妻
孥数／日饱感刻宁
有既乎申／藏奚酬
为之肠泣闻司州／
城坏真不惊陨未餐
也今／日弟欲上北
城请／老亲翁偕手
同行／弟王铎顿首

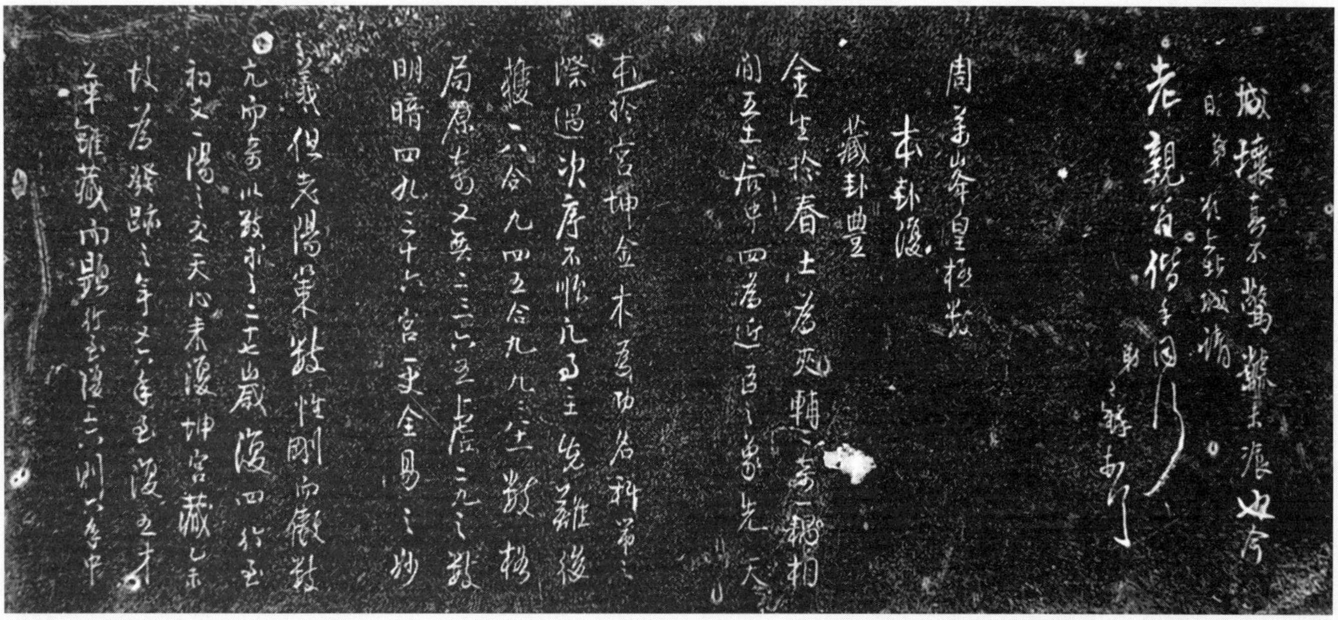

周万峰皇极数
本卦复／藏卦丰／金
生于春土为夹辅一奇
一耦相／间五土居
中四为近臣之象先
天／本于宫坤金木为
功名科第之／际遇次
序不顺凡事主先难后
／获一八合九四五合
九九九八十一数格／
局原奇又无二三六五
虚二九之数／明暗
四九三十六宫更全易
之妙／义但老阳策数
性刚而傲数／亢而奇
以数求之二十七岁复
四行至／初爻一阳之
交天心来复坤宫藏乙
未／故为发迹之年又
六年至复五才／华虽
藏而显行至复上六则
六年中／

天地合天围地不全
八卦又三年／此中
太热须防冰冷此中
太急恐／惹风波慎
之天上月光仍有／
待山前阴□自能消
退步／便是进步
□□退步安方／知
进步速此答玉汝老
师／华山仙师回札
也碣则隐语／不可
解录之以为后验／
壬戌八月二十二日
巳时见门外有／人
持祢而入偶得大过
／□卸六安庆人／孟
津王铎谨录
丁卯八月在拟山园
舍夜半梦景／中见
一人衣冠巍峨伸一
手手中出／金光金
光中有一周字不知
此何／说也记之觉
斯再识

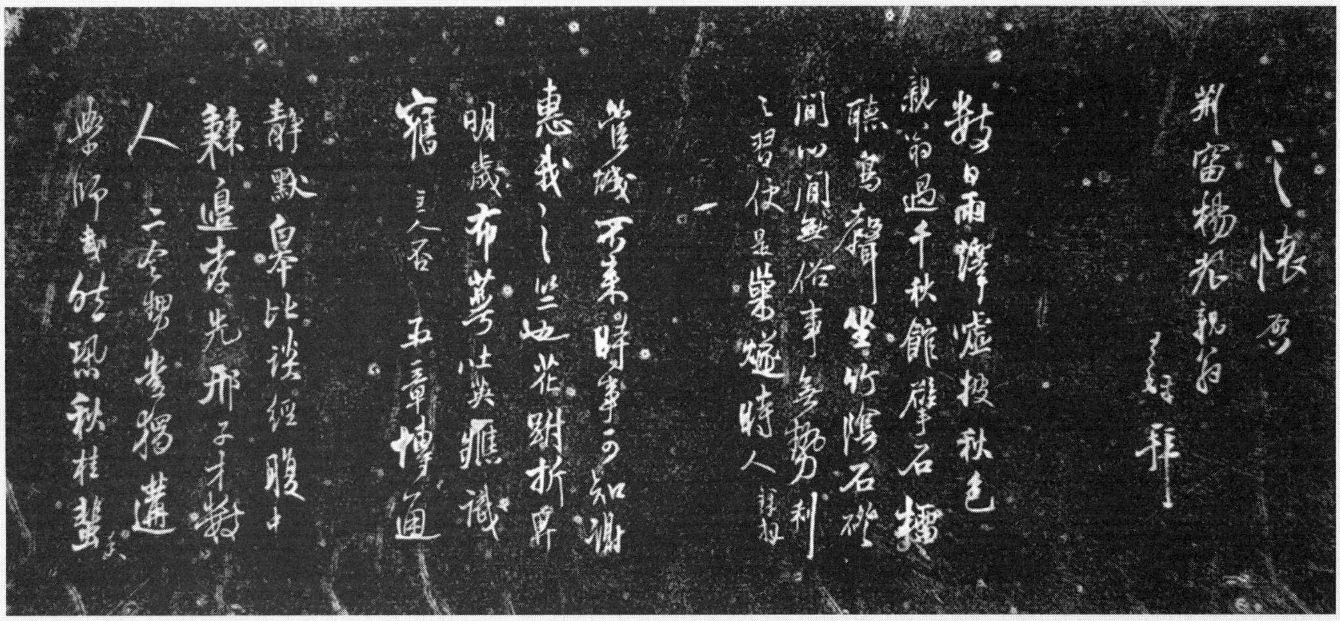

数日雨泽嘘披秋色／
亲翁过千秋馆擘石
擂／听鸟声坐竹阴
石凳／间心闲无俗
事无势利／之习便
是巢燧时人铎拜
管城不来时事可知
谢／惠我之竺也花
跗折畀／明岁布萼
吐英应识／旧主人
否五章博通／静默
皋比谈经腹中／兼
边孝先邢子才数／
人二令甥岂独蔼／
乐师哉然恐秋桂蜚
香／五章破烟楼舟
之飞／空郁仪邀之
而去／荆田老亲翁
耐久明／弟铎／奉
壬午七月稍／凉昨
婁承／鐪核感其惓
惓再此鸣／心

弟苦泄泻夜无寐晓来／对阴霾无聊梅松俨／然路几席觉雪光揜罨／又添几分景色读及／嘉篇冲融无厉气节次／详整不乱喜其循唐之／辙不入苏黄一派也酌／清醴诵数过肺腑清／爽／之怀启／荆岫杨老亲翁／王铎 拜

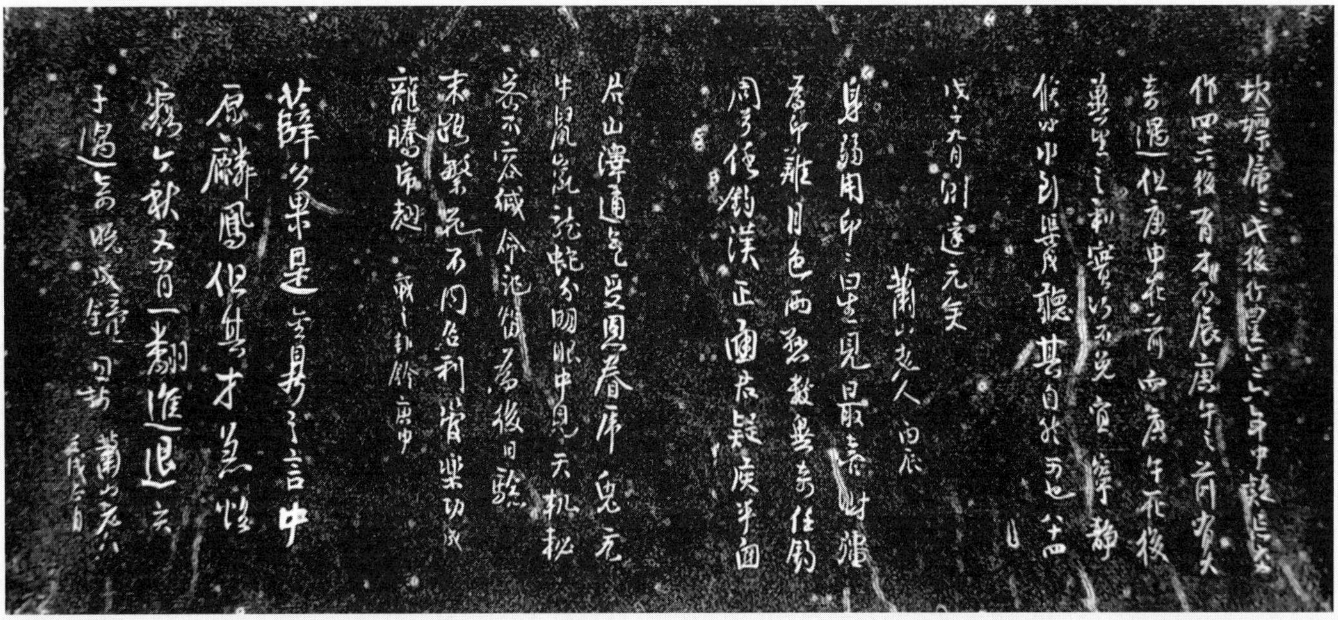

坎壈层层此后行丰
六二六年中疑忘交／
作四十六后有才不
展庚午之前有大／
奇遇但庚申在前而
庚午在后／异望之
利实所不免宜宁静／
候时水到渠成听其
自然可也八十四／
戊子九月则还元矣／
萧山老人丙辰
身弱用印印星见最
喜财强／为印难月
色两悬数异奇任钓
周兮任钓／汉正面
君疑侯半面／君山
泽通气受恩眷虎兔
亢／牛鼠乱龙蛇分
明眼中见天机秘／
密不容缄命记留为
后日验／末路繁花
不同名利管乐功成／
龙腾虎翅载之卦钤
庚申
薛公果是金鼎之言
中／原麟凤但其才
急性／露今秋又有
一翻进退矣／子遇
奇晚成钟鼎萧山老
人／壬戌正月

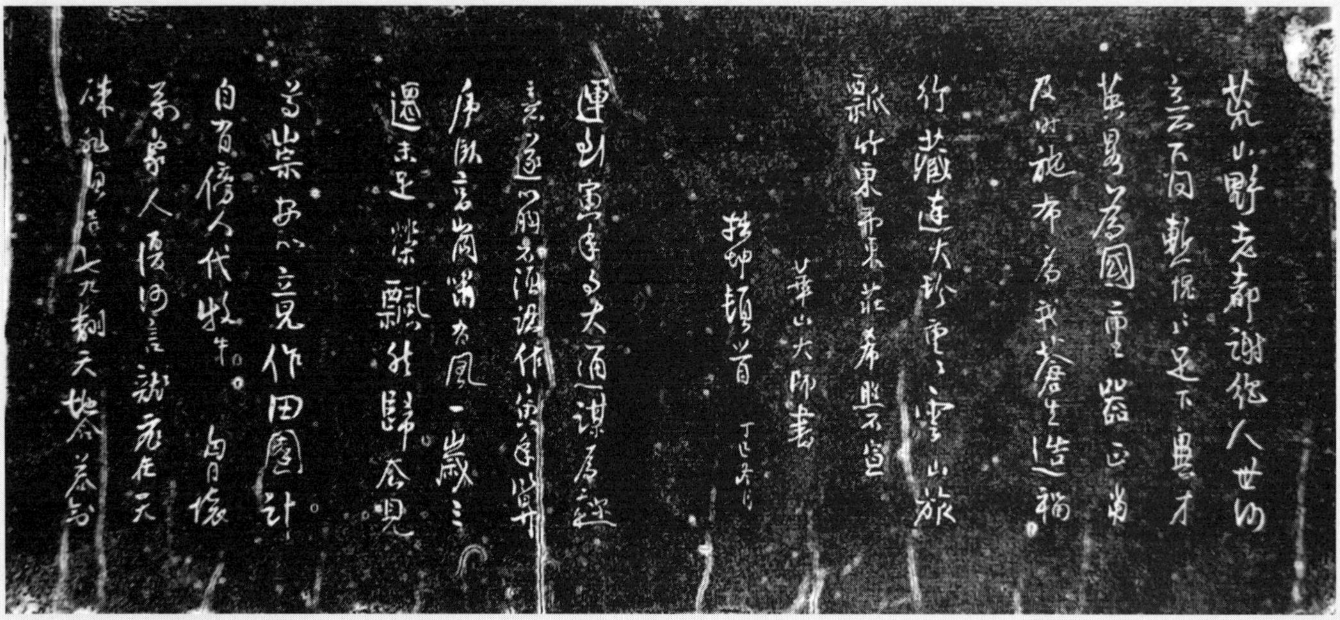

荒山野老都谢绝人世何／意下问惭愧惭愧足下异才／英略为国重器正当／及时施布为我苍生造福／行藏达大珍重珍重云山旅／瓢竹东弗东庄希照不宣／华山大师书／拙坤顿首丁巳冬月运到寅年事大通谋为趂／意遂心胸不须认作寅年算／虎卧高岗啸有风一岁三／迁未足荣飘然归去见／尊崇安心竟作田园计／自有旁人代牧牛胸怀万象人复何言龙飞在天／殊非须告七九翻天地合答知

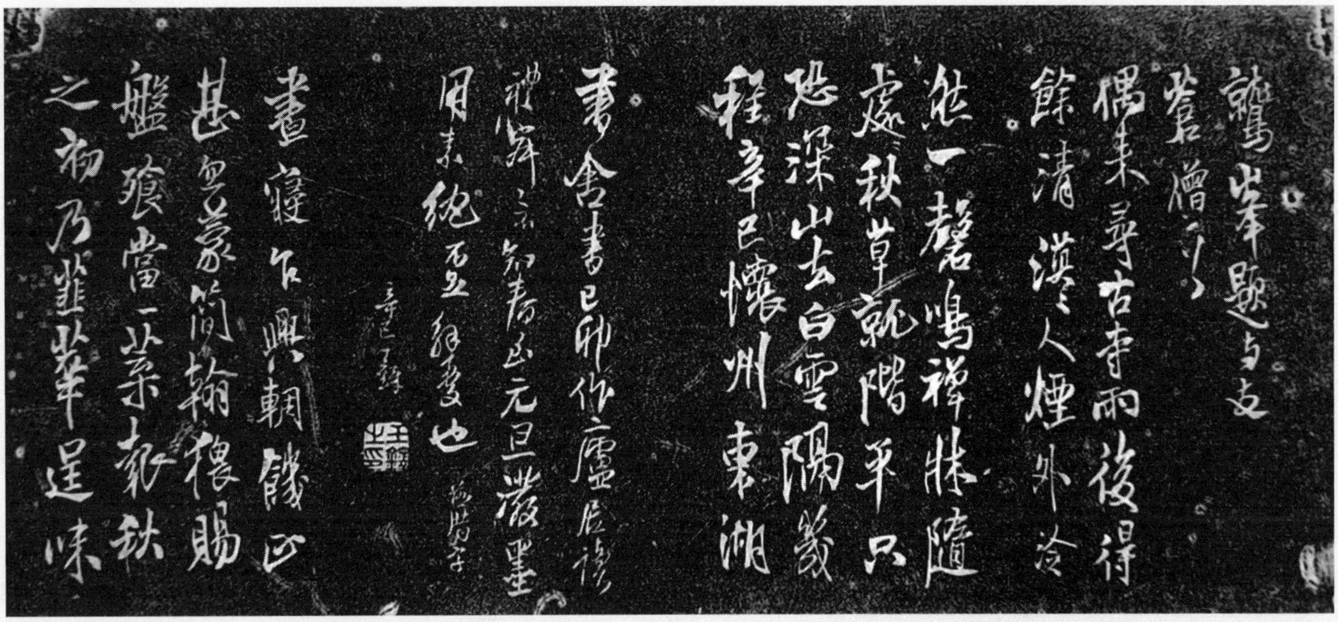

鹫峰题与友／苍僧
一首／偶来寻古寺
雨后得／余清漠漠
人烟外冷／然一磬
鸣禅床随／处处秋
草就阶平只／恐深
山去白云隔几／程
辛巳怀州东湖／书
舍书已卯作庐居读／
礼寂寂不知春至元
旦泼墨／用素纨不
足解忧也落厝字／
辛巳王铎

《韭花帖》
昼寝乍兴輖饥正/
甚忽蒙简翰猥赐/
盘飧当一叶报秋/
之初乃韭花逞味/
之始助其肥羜实谓/
珍羞充腹之余铭肌/
/载切谨修状陈谢/
伏惟鉴察谨状七/
月十一日状杨凝式
顿首/辛巳王铎
嘉会欣时游豁朗/
畅心神吟咏路曲濑/
渌波/转素鳞王肃
之烟煴柔/风扇熙
恬和气淳驾言/顺
与时游逍遥映通/
津王凝之三春陶和
气/万物齐一欢明
后欣/时和驾言映
清澜亹亹/德音畅
倏然遗世艰/望岩
愧脱屣临川/谢揭
竿 魏滂

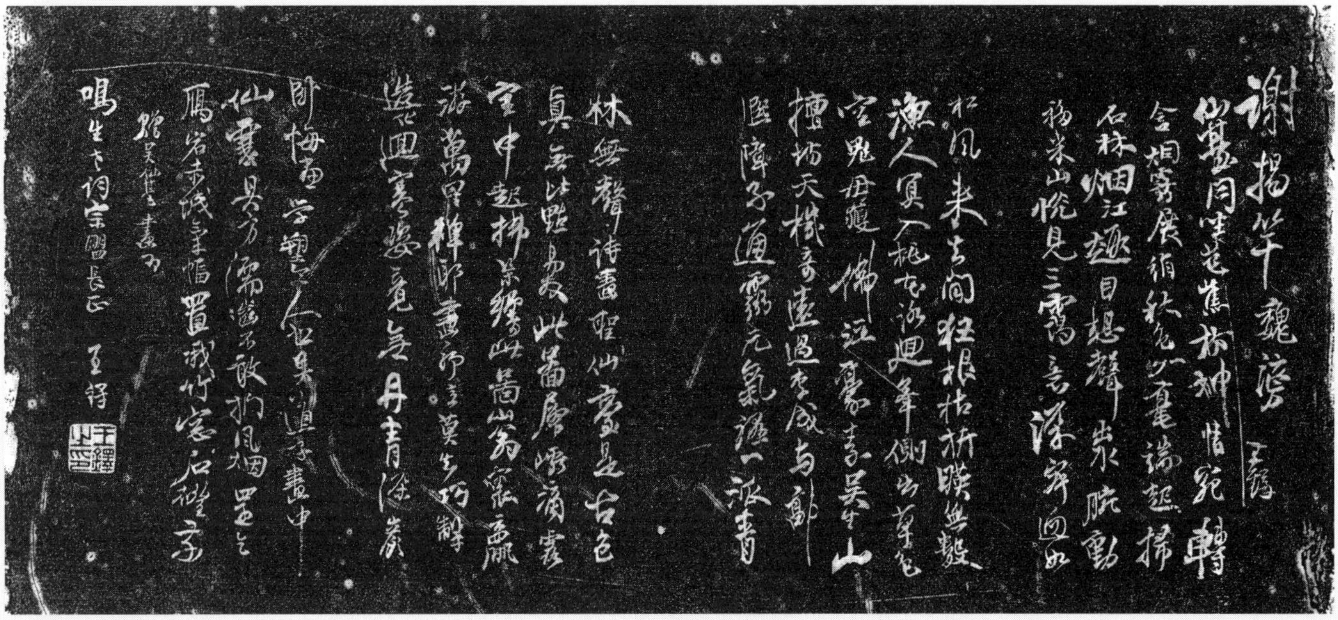

赠吴仙台画
仙台同坐芭蕉树神情婉转／含烟雾展绡秋色入毫端起扫／石林烟江趣目想声出水腕动／移米山悦见三霭意深寂迥如／松风来去间狂根枯折映无数／渔人冥入桃花路迴峰侧出草色／空鬼母获佛泣豪素吴生山／擅场天机奇远过李成与郭／熙障子通灵元气湿一派青／林无声诗画圣仙台是古色／真无比点易发此图层巘滴露／空中起拂昏响此图山翁寰赢／游万里禅耶画耶意莫知巧掣／造化迥寒姿竟无丹青深岩／卧悔画学塑今人也吴道子画中／仙寒具方濡啮不敢扪风烟还乞／雁宕赤城气幅置泼竹窗石磴前／赠吴仙台画为／鸣生老词宗盟长正
王铎

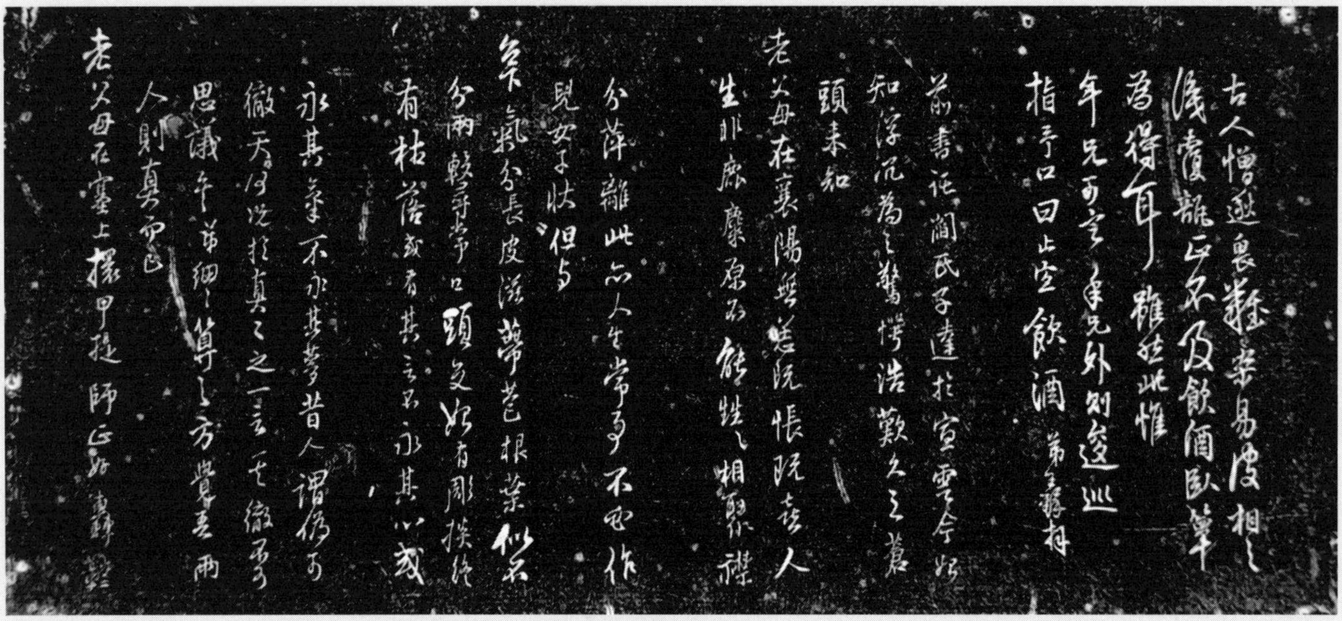

古人憎遬畏难染易皮
相之／识覆瓿正不及
饮酒卧簟／为得耳虽
然此惟／年兄可言年
兄外则逡巡／指予口
曰止宜饮酒弟王铎拜
前书托阎氏子达于宣
云今始／知浮沉为之
惊愕浩叹久之苍／头
来知／老父母在襄阳
无恙既怅既喜人／生
非鹿麋原不能生生相
聚襟／分萍离此亦人
生常事不必作／儿女
子状但与／台下气兮
长皮滋带苞根叶似不
／分两较寻常口头交
始有彫掞终／有枯落
或有其言不永其心或
／永其气不永其梦昔
人谓伪可／徹天何况
于真真之一言其徹不
可／思议年弟细细算
之方觉吾两／人则真
而已／老父母在塞上
擐甲提师正好轰鞳／

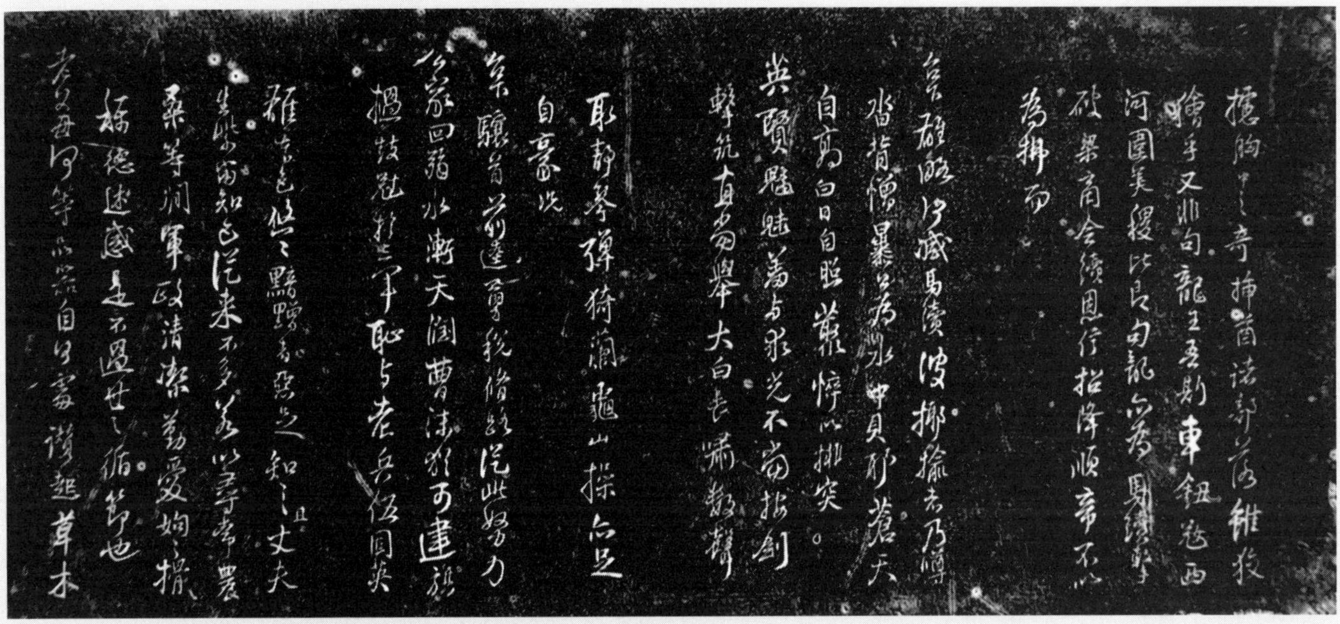

摅胸中之奇插酋诸部落虽狡／猃乎又非句龙王吾斯车钮寇西／河围美稷比即句龙亦为马续击／破梁商会续恩伫招降顺帝不以／为拂而／台下雄略何减马续彼揶揄者乃噂／沓背憎暴公为水中贝耶苍天／自高白日自照丛悴以排突／英贤魑魅盖与求光不当按剑／击筑直当举大白长啸数声／取静琴弹猗兰龟山操亦足／自豪况／台下骧首前逵勇税修路从此努力／公家回弱水渐天润曹沫犹可建旗／挝鼓冠于三军耻与老兵伍固英／雄本色悠悠黯者恶足知之且丈夫多若以寻常农／桑等闲军政清洁勤爱姁姁搰搰／称德述感是不过世世循节也／老父母何等品器自何处赞起草木／

不答酬于天地使必
一一指而酬于辞／不
几乎浅之观／台下哉
弟三年间钦翼故枝寝
食史／学稍隙则登凋
鹤灌升登嵩山／而望
遐水周求泉壑耳目增
肥／脩然之致与／台
下豢游悦乐同贯亦足
相敲扇／集中新诗力
大味长气苍法老／不
意天壤之间复有／□
为子布在彼弟为景兴
龌龊在／■潭似／田
家公语世世具大眼者
必□／笑彼其老父母
好以千秋自树坚策于
六籍之／踪骋辔于盛
唐之野衣则若夫翠／
云冠则戴夫北斗带则
纫夫虹霓／神则炯夫
日月自然流精九皋垂
／神幽薮邑／老父母
定非两庑间人我明作
者如林登／

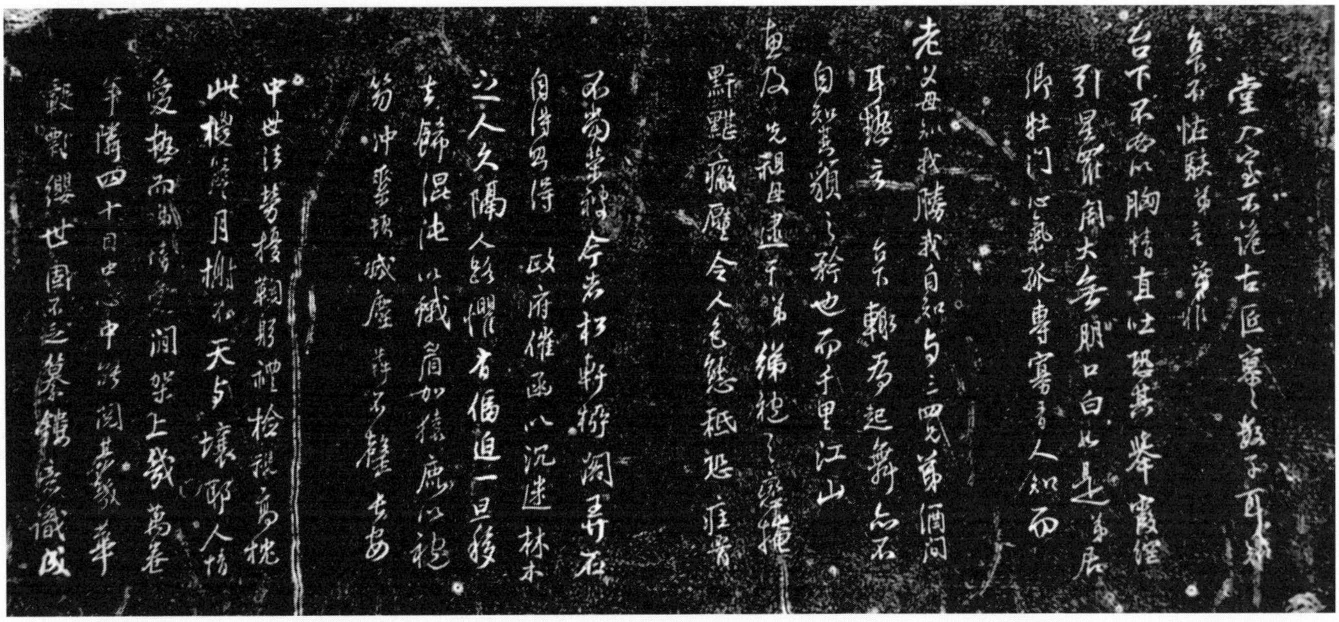

堂入室不诡古匠寥
寥数子耳知／台下
不怪骇弟言弟非／
台下不必以胸情直
吐恐其举霞纲／引
星罗阔大无朋口白
如是弟居／乡牡
门心气孤专寡有人
知而／老父母知我
胜我自知与三四兄
弟酒间／耳热言台
下辄为起舞亦不／自
知其颍 之矜也而千
里江山／惠及先祖
母逮于弟绨袍之恋
掩／黓黯瘢鼈令
人色态秖恐疰胥／
不当荣被今者松轩
柳阁弄石／自得忽
得政府催函以沉迷
林木／之人久隔人
路惧有逼迫一旦移／
去饰混沌以峨眉加
猿鹿以袍／笏冲素
顿减尘犇不罄长安／
中世清劳扰鞠躬礼
检视高枕／此椶簷
月榭不天与壤耶人
情／爱热而弟情爱
闲架上几万卷／年
邻四十目中心中能
阅其几华／毂飘缨
世固不乏纂镂意识
成／

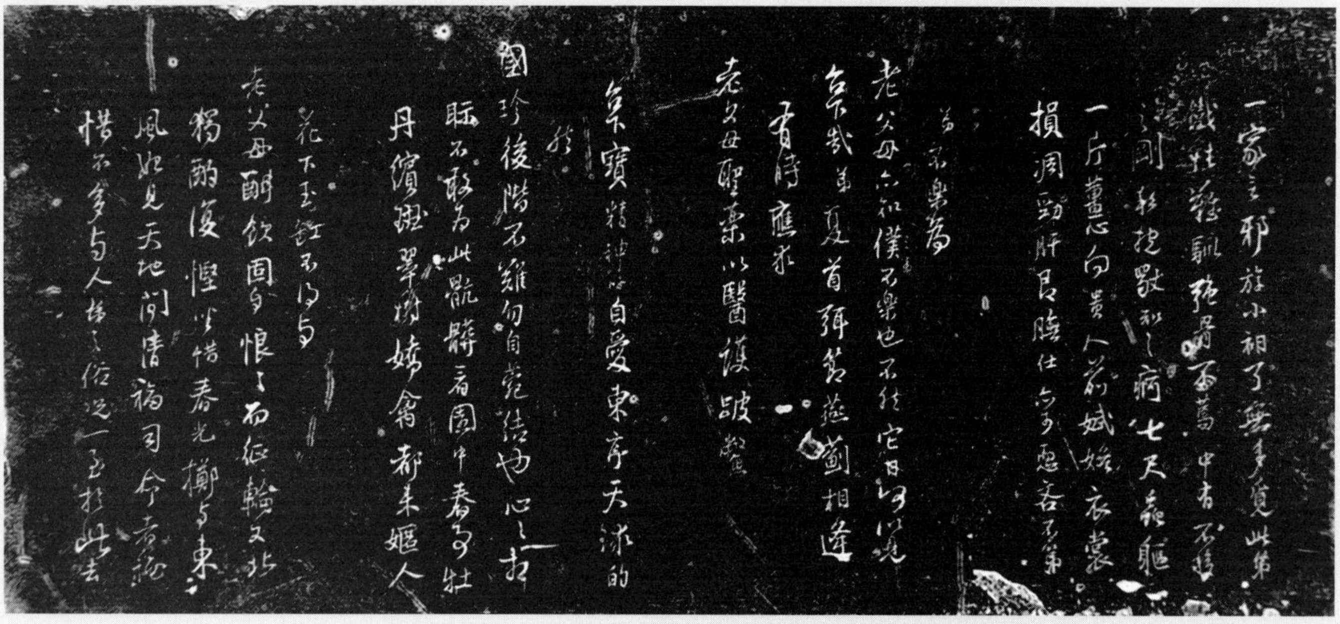

一家言邪斿小相了无多觅此弟／铁性难驯强骨不蔫中有不移／之刚□抱独知之疴七尺虫躯／一片姜心向贵人前斌妩衣裳／损劲凋肝即膴仕亦可恶吝不第／弟不乐为／老父母亦知仆三弟不乐也不然他日何以见／台下哉弟夏首弭节燕蓟相逢／有时应求／老父母圣药以医护跛鳖／台下宝精神以自爱东序天球的／然／国珍后阶不难勿自菀结也心心相／视不敢为此骯髒看园中春事牡／丹缤斑翠树骄禽都来嫗人／花下玉缸不得与／老父母酣饮固与恨恨而征轮又北／独酌复悭坐惜春光掷与东／风始见天地间清福司命者他／惜不多与人弟之俗况一至于此去／

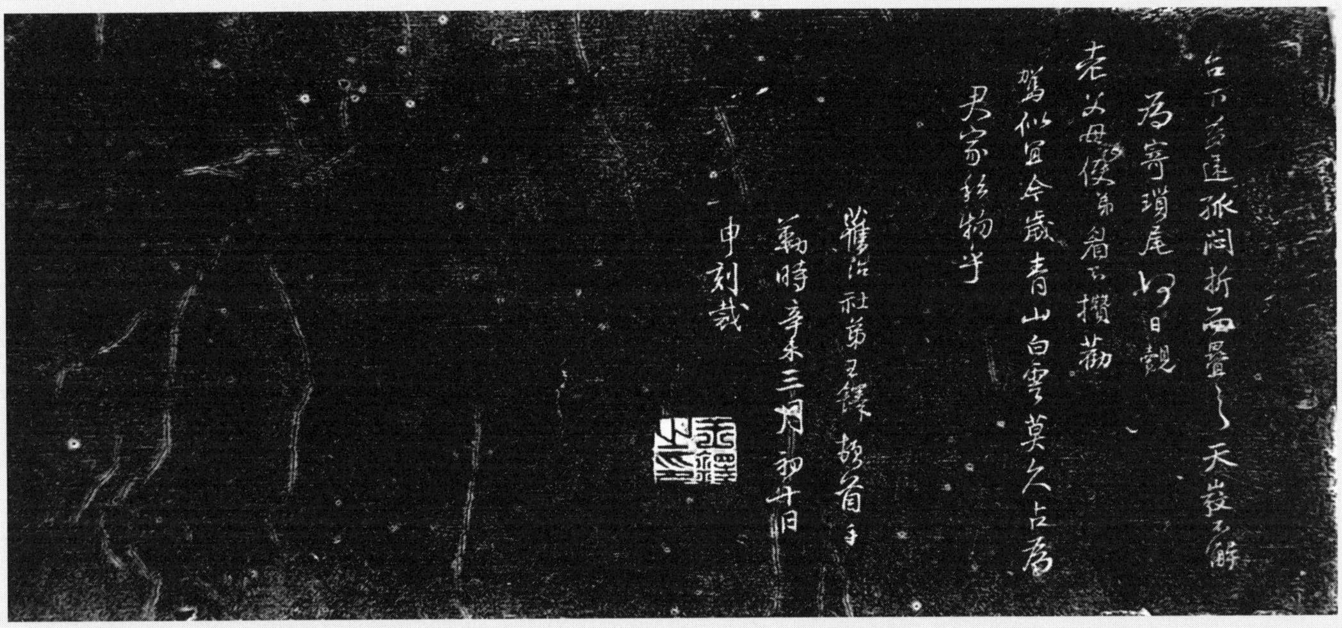

台下益远孤闷折而叠之天弢不解／为寄琐尾何日觌／老父母使弟看不攒劝／驾似宜今岁青山白云莫久占为／君家□物乎／旧治社弟王铎顿首手／勒时辛未三月初十日／申刻裁

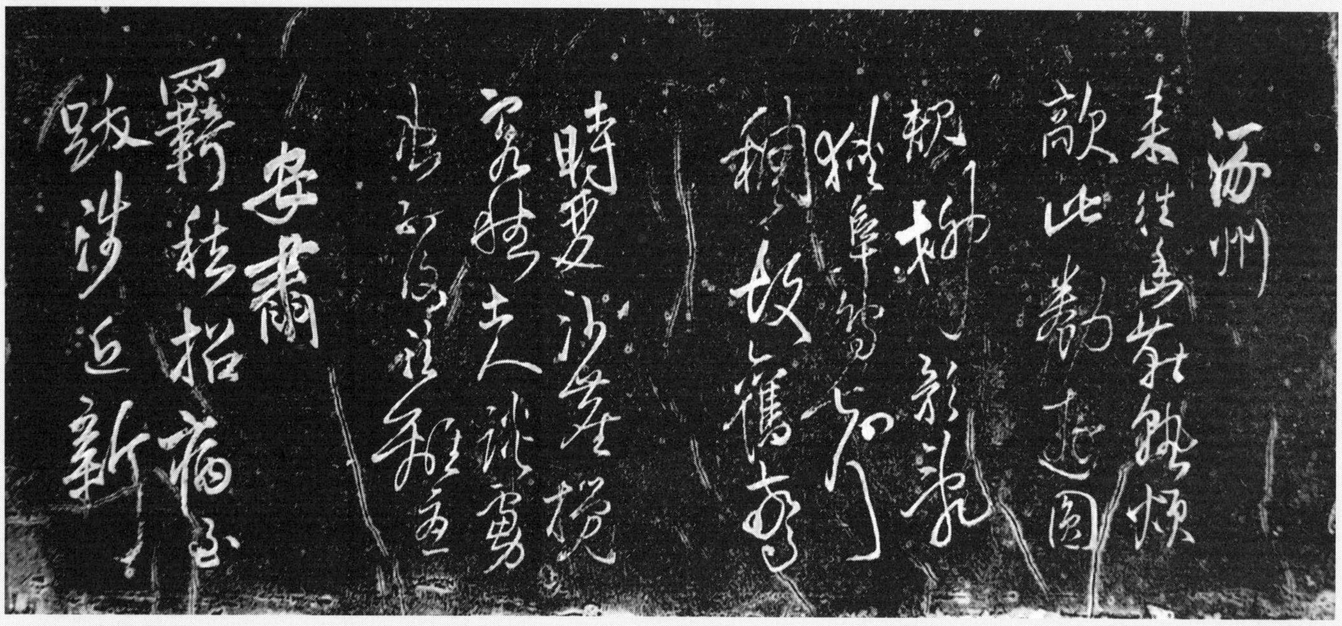

涿州
来往幽燕熟烦／歆
此倦游圆／规柳影
乱／狭阜鸟声／稠
故旧惊时变／沙尘
搅／容愁土人谈虏／
患不复注离忧／

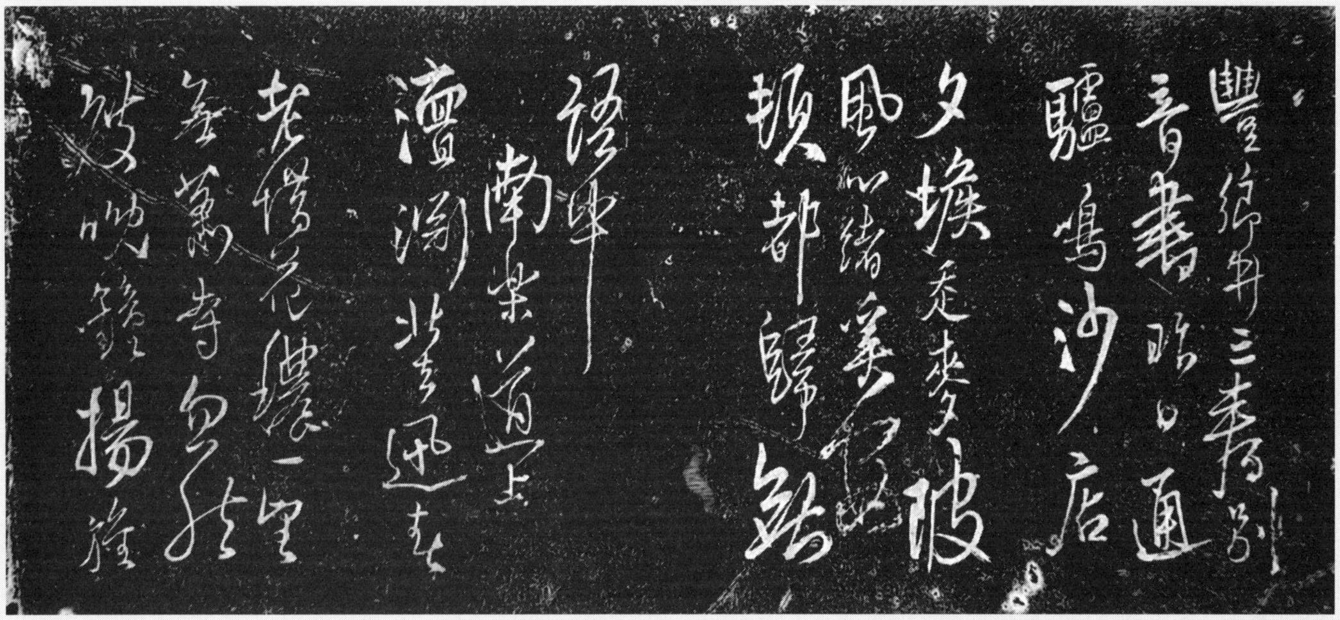

安肃羁愁招病至／跋涉近新／丰乡井三春别／音书昨日通／驴鸣沙店／夕堠走麦陂／风心绪奚安／顿都归无／语中／

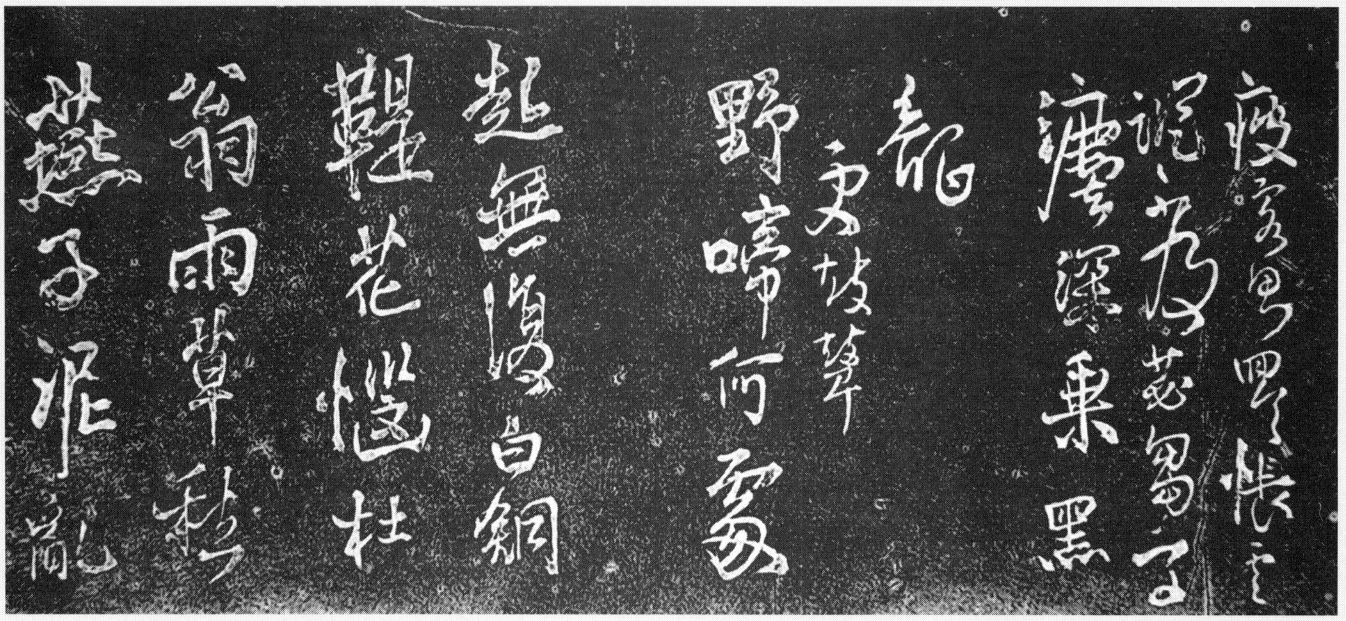

南乐道上
澶渊北去迅春／老
惜花农一望／无萧
寺忽然／度晚钟扬
旋／疲客思回首怅
云／踪不及蕊刍草／
法深乘黑／龙／

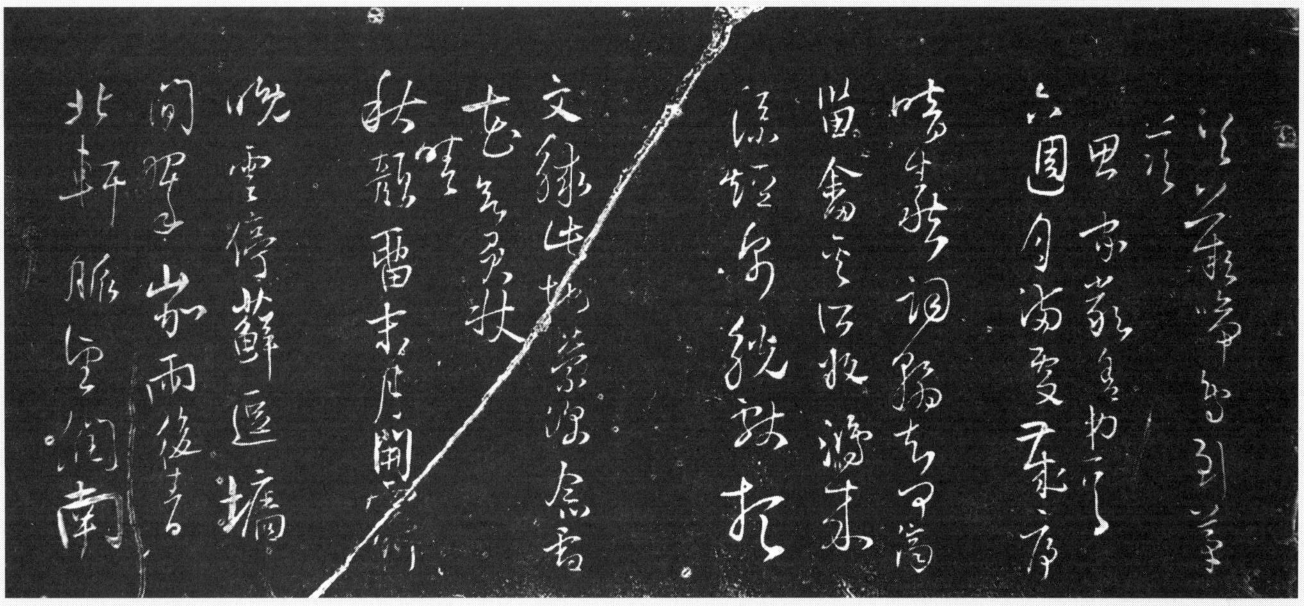

家远（施安昌先生录）

家远凭谁问秋寒攻／火时俗讹访膡怪口土垦／照残曦已厌麦秋没／不嫌花事迟诗人贽／首叹啼鸟到茅／茨

思家岩舍弟一首（施安昌先生录）

六周月满处岁序／暗生然词翰知何济／留畬奚所收　鸿来／系短帛觥献想／文斛此地縈深念雪／花欲负状／

晴（施安昌先生录）

秋颜留末月开霁／晚云停薛逗墙／间翠山如雨后青／北轩脉望润南／

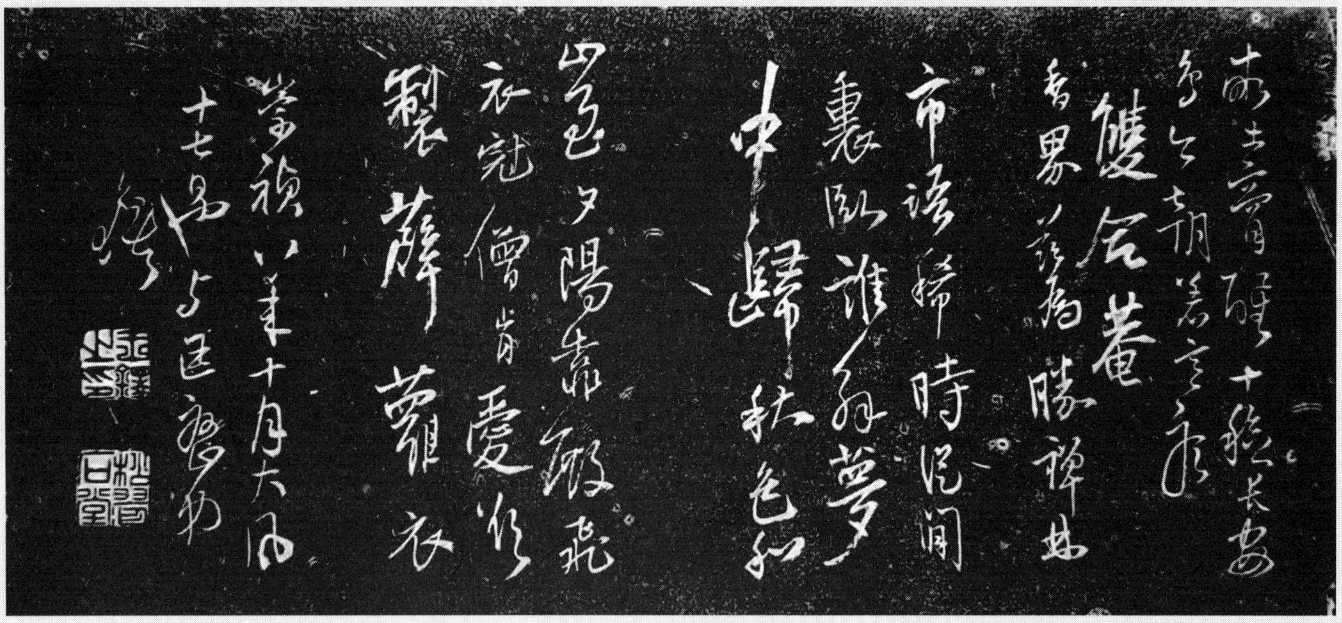

亩土膏醒十稔长安／
鸟今朝着言听／
双合庵香界兹为胜
禅林／市语稀时从
闲／里卧谁解梦
／中归秋色和／山至
夕阳靠殿飞／衣冠
僧肯爱欲／制薜萝
衣／崇祯八年十月
大风 ／十七日也与
匡夏山弟／铎

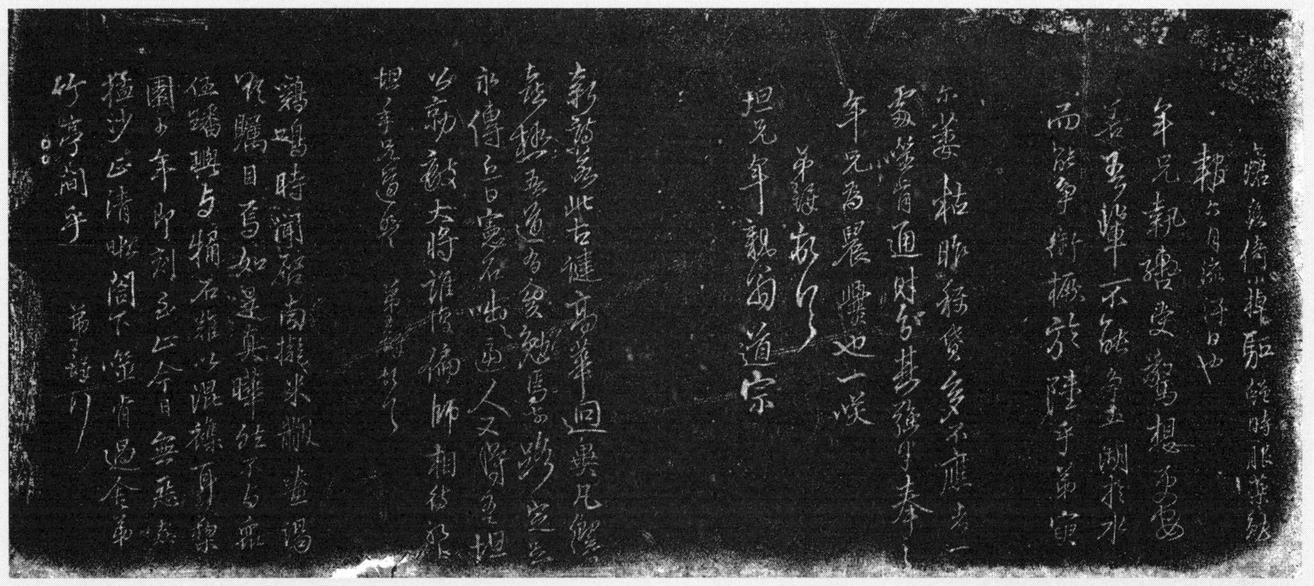

录文

创疼倚小梓驱虽时服
药损／报六月流汗日也
／年兄执辔受惊想更安
／善吾辈不能争五湖于
水／而能争御橛于陆
乎弟寅／尔萎枯昨称
贷多不应者一／处噬
肯通财分其强半奉／
之年兄为农爨也一笑／
弟铎顿首
坦兄年亲翁道宗／新诗
若此古健高华迥异凡响
／喜极吾道有人矣勉焉
路定足／永传近日宪
石咄咄逼人又得吾坦／
公掠敌大将谁复偏师
相待耶坦／年兄道盟
弟王铎顿首
鸡鸣时闻启南拟米芾
画谒／欲瞩目焉如是
真睥然不与众／伍播
璵与粗石难以混杂耳
梨／园少年即刻至止
今日无恶猋／猛沙正
清晰阁下噬肯过舍弟／
竹亭间乎
弟王铎拜

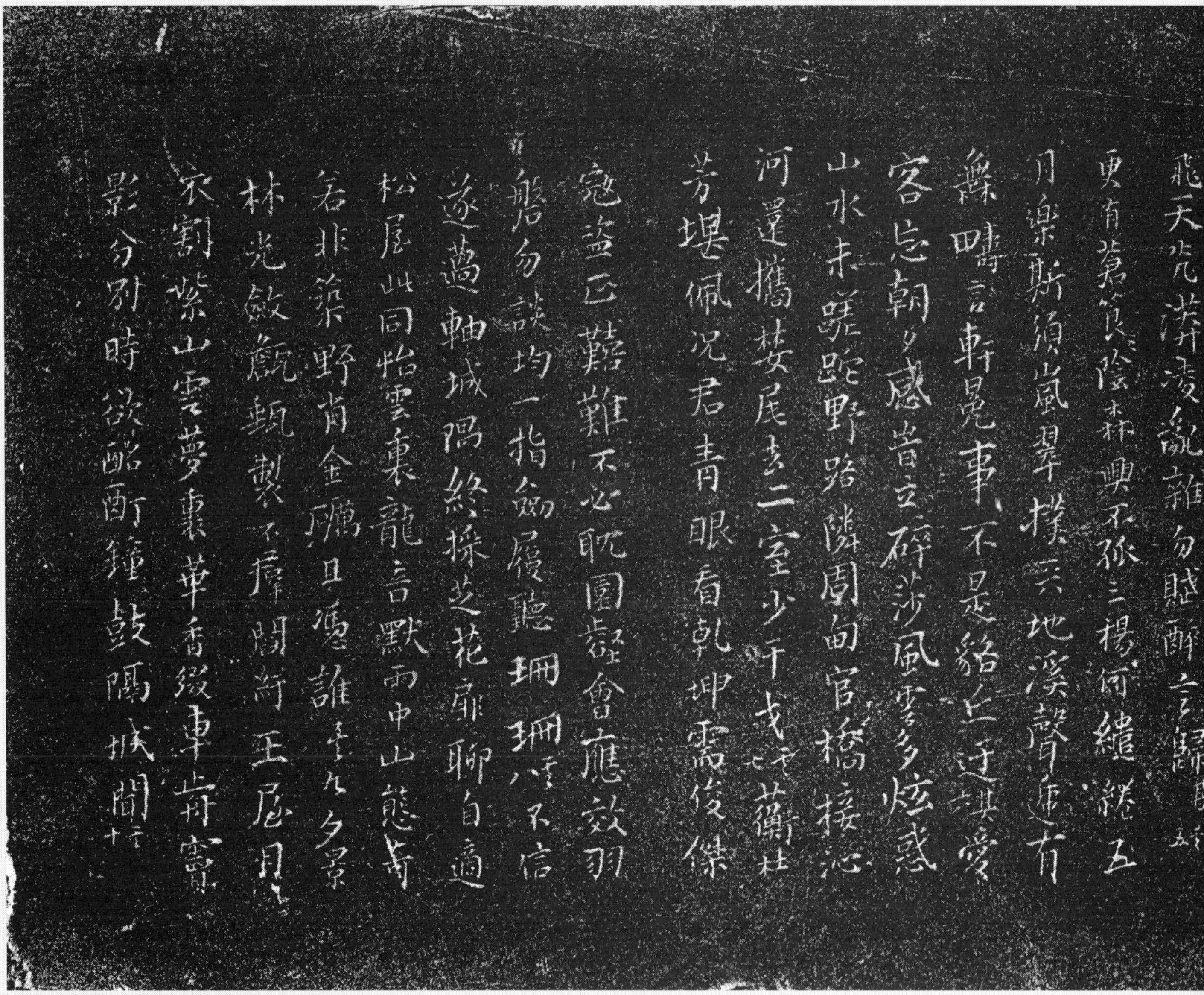

飞天光漭凌乱杂勿践醉言归
其五
更有苍篔篔阴森兴不孤三杨
何缱绻五／月乐斯须岚翠扑
天地溪声递有／芜畴言轩冕
事不是貉丘迁　其六
爱／客忘朝夕感时立碎莎风
云多炫惑／山水未蹉跎野路
临周甸官桥接沁／河还携婪
尾去二室少干戈　其七
蘅杜／芳堪佩况君青眼看乾
坤需俊杰／寇盗正艰难不必
耽园鼙会应效羽／磐勿谈均
一指剑履听珊珊　其八
不信／遂蔼轴城隅终采芝
花扉聊自适／松屋此同怡云
里龙音默雨中山态奇／若非
筑野肖金砺且凭谁　其九
夕景／林光敛甑甄制不群阎
纡王屋月／衣割紫山云梦
里革香缀车前窦／影分别时
欲酩酊钟鼓隔城闻　其十

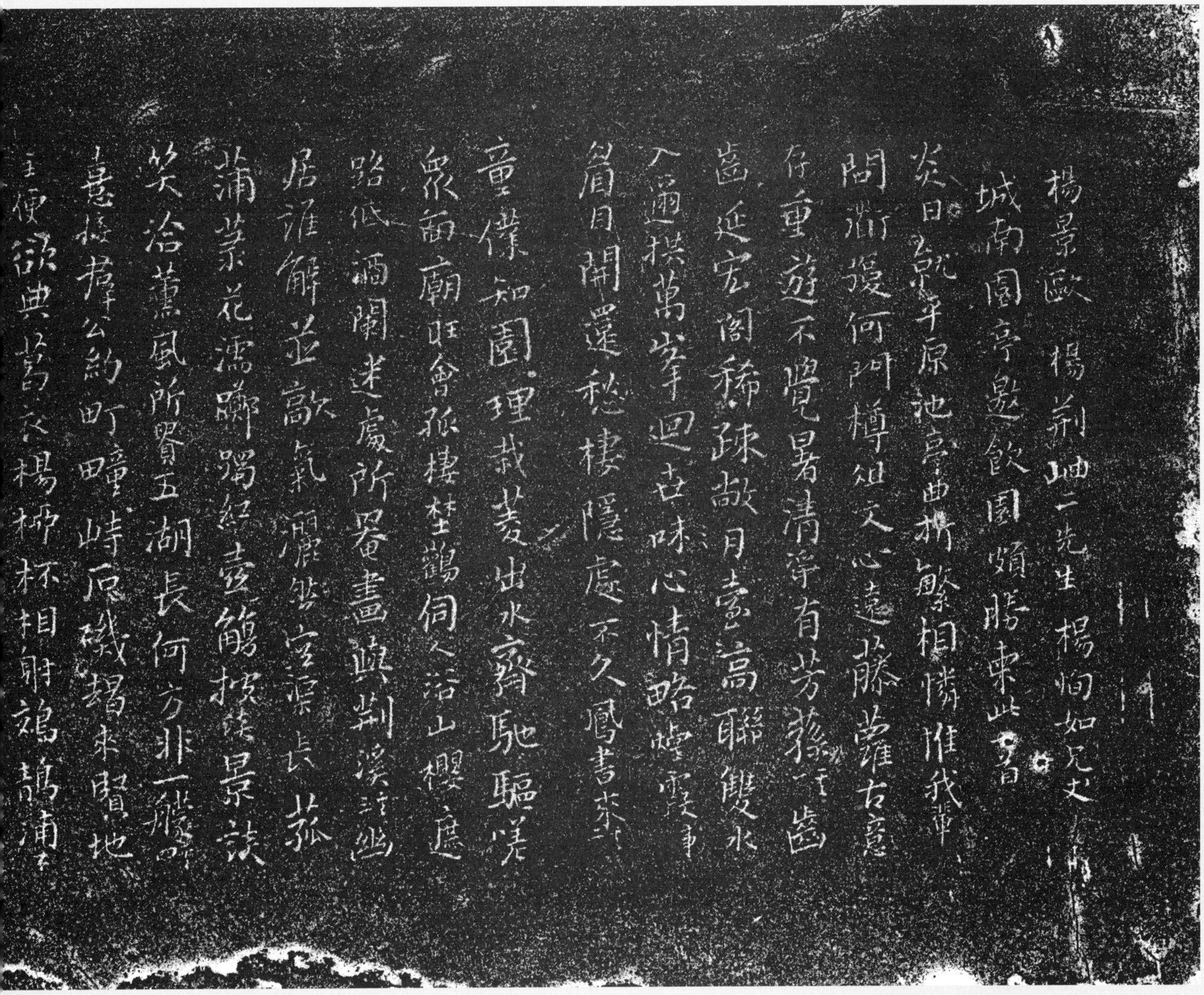

杨景欧、杨荆岫二先生、杨
恂如兄丈／
城南亭邀饮园胜柬此十首
炎日就平原池亭曲折繁相怜
推我辈／问道复何门樽俎文
心远藤萝古意／存重游不觉
暑清净有芳荪　其一
齿／齿延宏阁稀疏敞月台高
联双水／入迩拱万峰回世味
心情略燦霞／眉目开还愁栖
隐处不久凤书来　其二
童仆知园栽菱出水齐驰驱嗟
／众面庙旺会孤栖野鹳伺人
浴山樱遮／路低酒阑迷处所
罨画与荆溪　其三
幽／居谁解并歒气灑然空渠
长菰／蒲菉花濡踯躅红壶觞
披琰景谈／笑洽薰风所贵五
湖长何方非一艨　其四
喜接群公约町疃峙石矶碣来
贤地／主便欲典葛衣杨柳杯
相射鸡鶒浦／

俚言奉／荆老杨词
宗吟坛教正幸致意／
景老杨先生洎／恂
如兄契容另书纸条
寄也／王铎具草／
未审堪悬园额不堪
则书不则否

一次一首柬燮圆词
兄

一诗一次哭忍泪更
悲伤念汝／真同病
知吾不是狂青桹能
／□□碧峤欲休粮求
侣风尘／表商□殊
未央答燮圆
贵□□为识韬光不
必哀石经／宜早理
虎岳有时关国难方
／需宝天慈岂忌材前
期肯自／薄云雨雷
惊雷与燮圆

今日重携手如何不
共伤问君诗／几卷
把酒泪千行濾水多
锋／镝瞿塘更虎狼
几他时青牒／渺渺
步空香　其二
客舍无欢绪杞人只
自知那堪经／战后
又舁故心期万木苍
山改／孤城画角悲
壮怀噬肯语非／愿
皋夔

予不书小楷惜阴之
故辛巳为／燮兄作
颇多二月拾伍无它
事因书四首请正有
道王铎

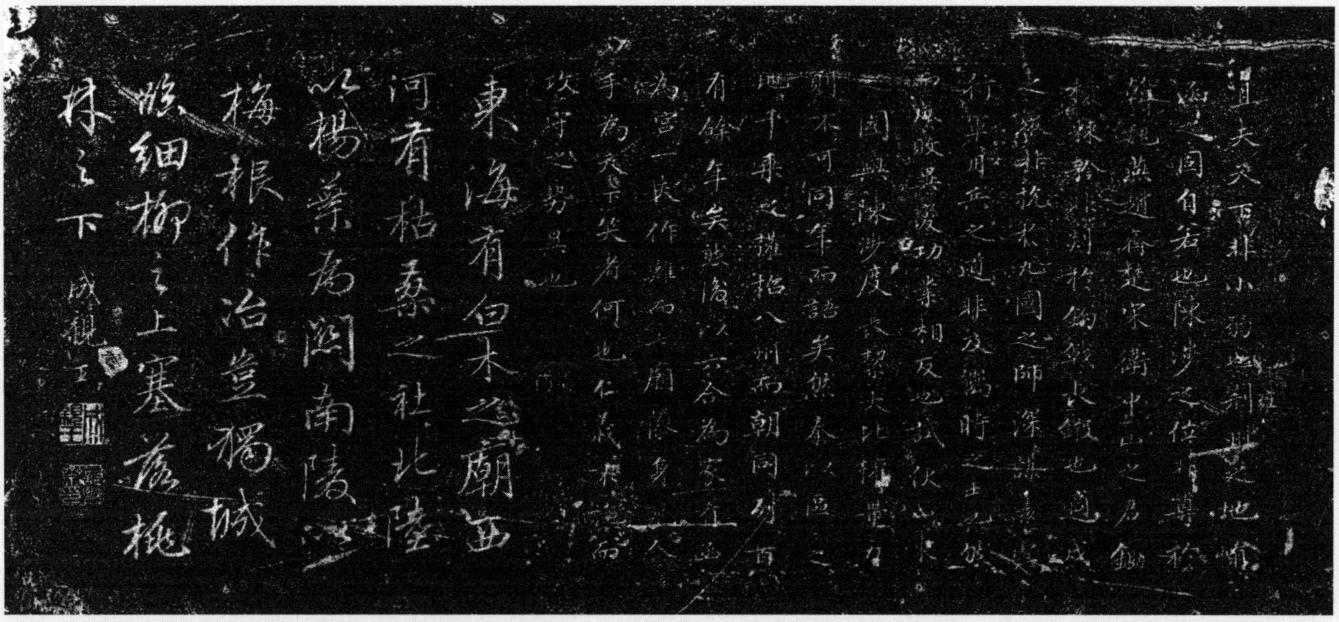

永瑆过秦论

且夫天下非小弱也
荆（雍）州之地殽
/函之固自若也陈
涉之位非尊于/韩
卫燕赵齐楚宋卫中
山之君锄/耰棘矜
非剡于钩戟长铩也
谪戍/之众非抗于
九国之师深谋远虑/
行军用兵之道非及
向时之士也然/而
成败异变功业相反
也试使山东/之国
与陈涉度长洁大比
权量力/则不可同
年而语矣然秦以区
区之/地千乘之权
招八州而朝同列百/
有余年矣然后以六
合为家肴函/为宫
一夫作难而七庙隳
身死人/手为天下
笑者何也仁义不施
而/攻守之势异也

东海帖

东海有白木之庙西/
河有枯桑之社北陆/
以杨叶为关南陵以
/梅根作冶岂独城/
临细柳之上塞落桃/
林之下 成亲王

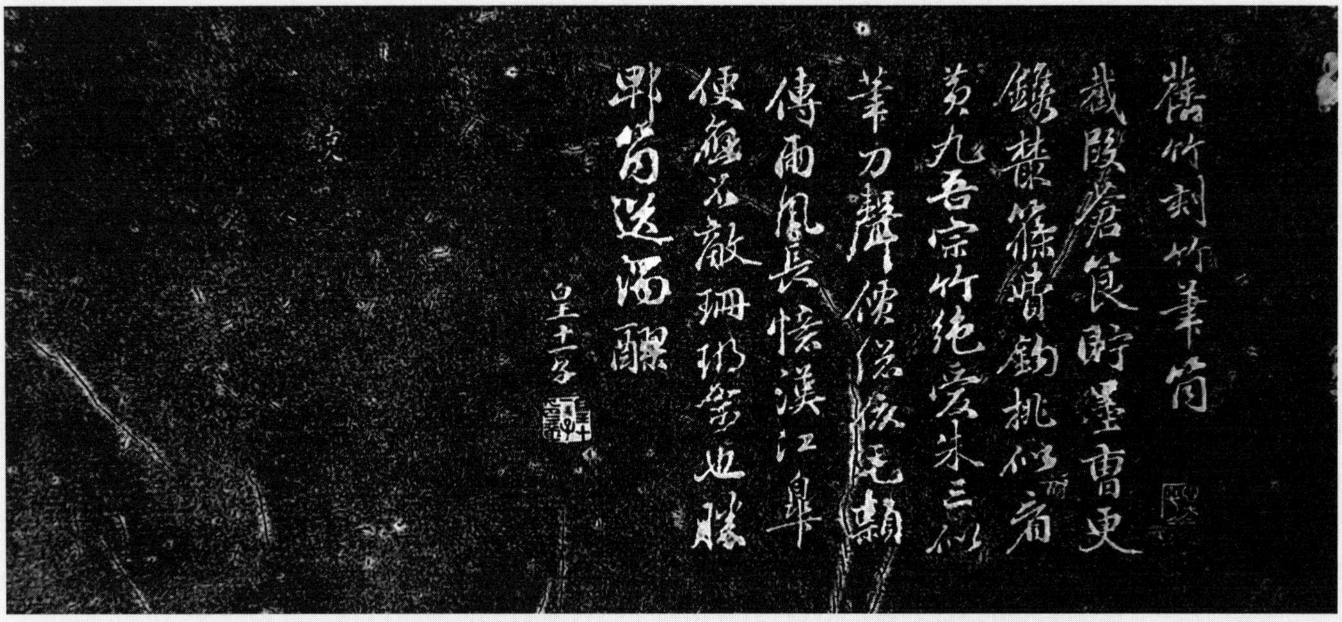

旧竹刻竹笔筒
截段苍筤贮墨曹更／
镌丛筱费钧挑似看／
黄九吾宗竹绝爱朱
三似／笔刀声价总
侅毛颖／传雨风长
忆汉江皋／便应不
敌珊瑚架也胜／郫
筒送浊醪
皇十一子

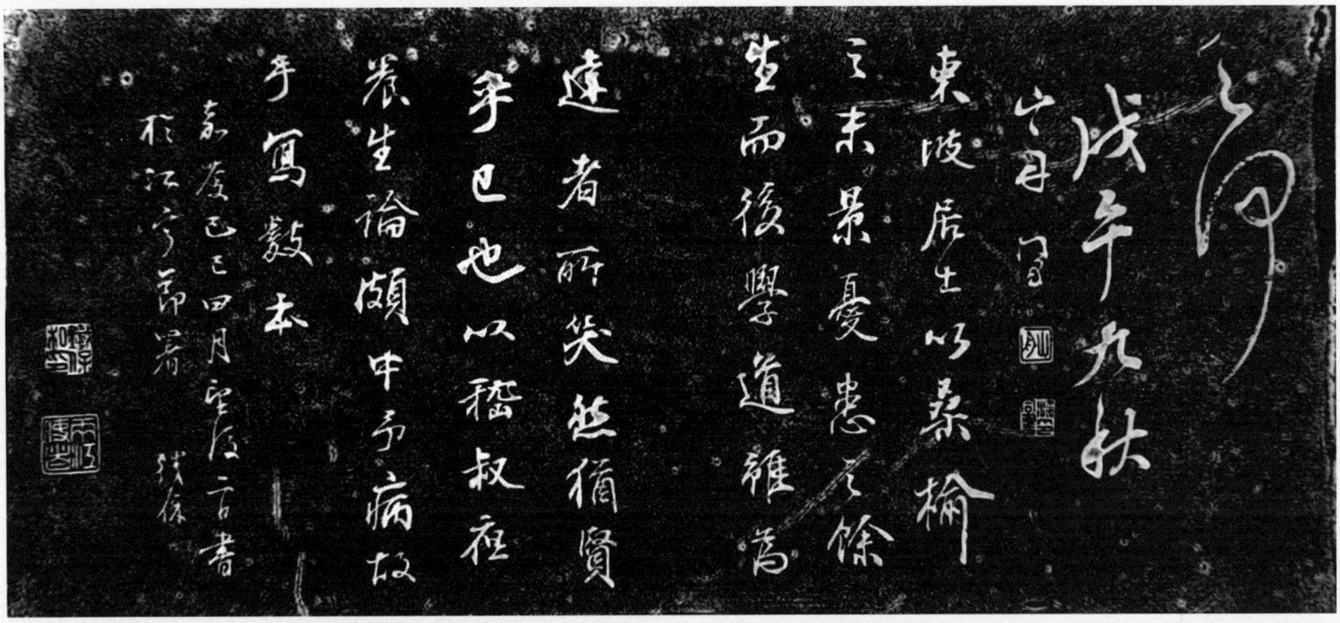

铁保东坡学道帖

东坡居士以桑榆／之末景忧患之余／生而后学道虽为／达者所笑然犹贤／乎已也以嵇叔夜／养生论颇中予病故／手写数本／嘉庆己巳四月望后二日书／于江宁节署　铁保

元丰五年十一月／十九日东坡生日置／酒赤壁矶下酒酣／笛声起于江上／使人问之则进士／李委也　成亲王

梁同书春草碧色四春草碧／色春水／绿波送君／南浦　伤如／之何戊午九秋／山舟同书

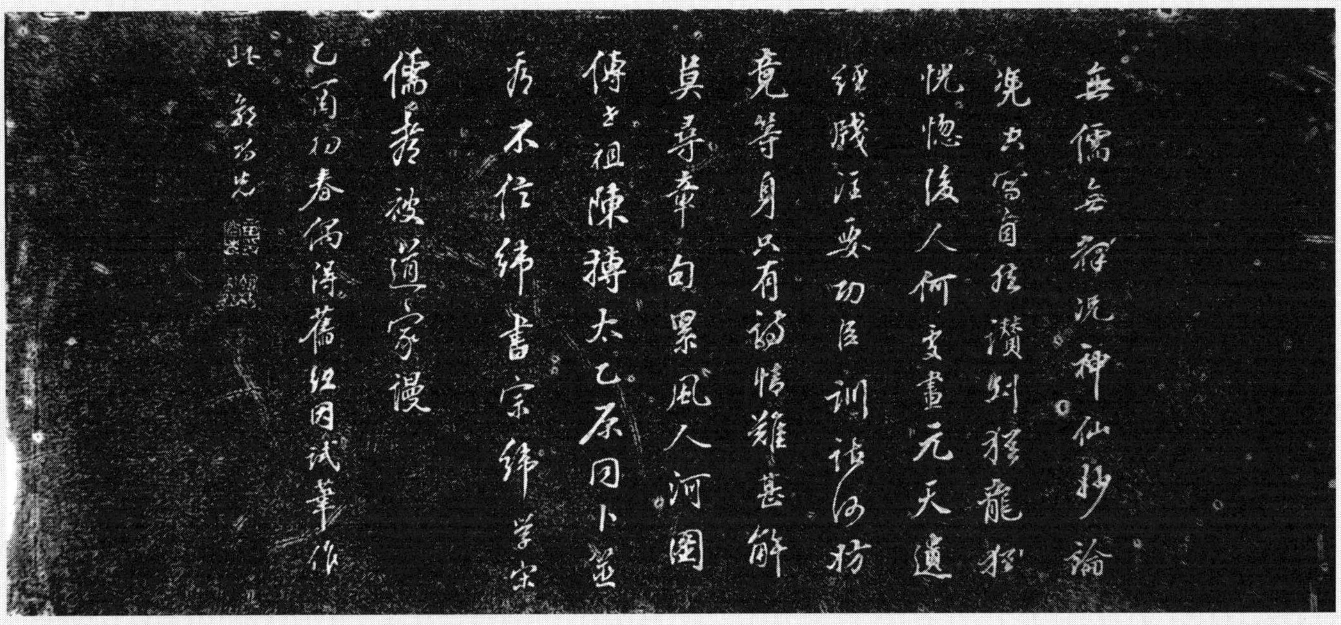

无儒无释况神仙妙论／凭空写自然赞到犹龙犹／恍惚后人何处画元天遗／经笺注要功臣训诂何妨／竟等身只有诗情难甚解／莫寻章句累风人河图／传世祖陈抟太乙原同卜筮／看不信纬书宗纬学宋／儒都被道家漫／乙酉初春偶得旧纸因试笔作／此 郭尚先（《丛帖目》未收此诗）

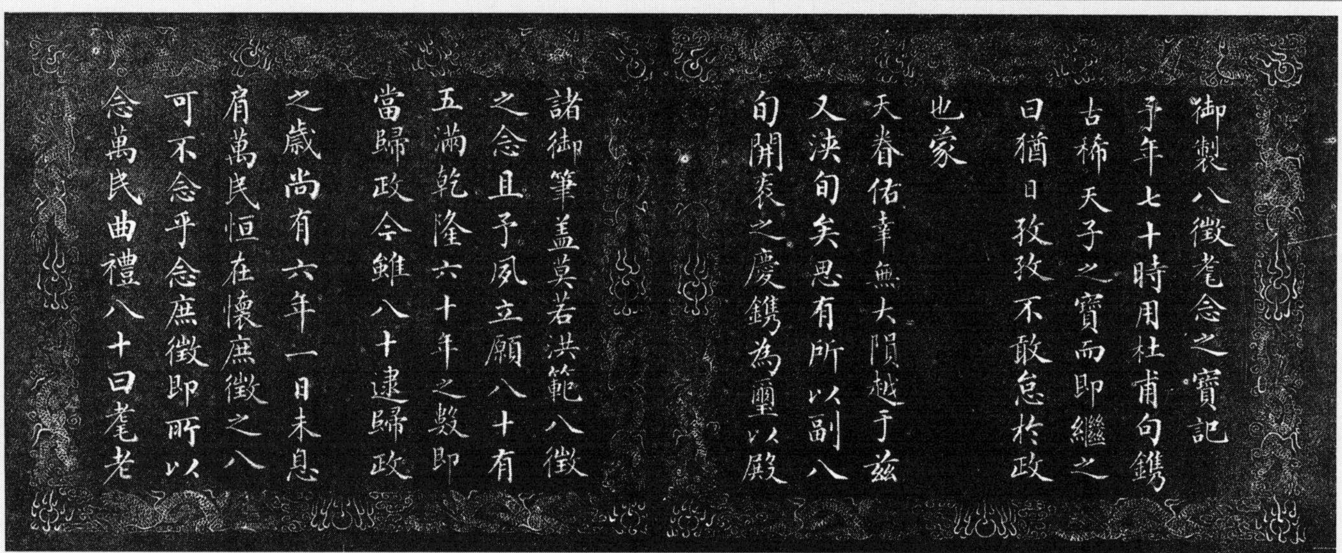

御制八徵耄念之宝记

予年七十时用杜甫句镌／古稀天子之宝而即继之／曰犹日孜孜不敢怠于政／也蒙／天眷佑幸无大陨越于兹／又浃旬矣思有所以副八／旬开衷之庆镌为玺以殿／诸御笔盖莫若洪范八徵／之念且予夙立愿八十有／五满乾隆六十年之数即／当归政今虽八十逮归政／之岁尚有六年一日未息／肩万民恒在怀庶徵之八／可不念乎念庶徵即所以／念万民曲礼八十曰耄老／

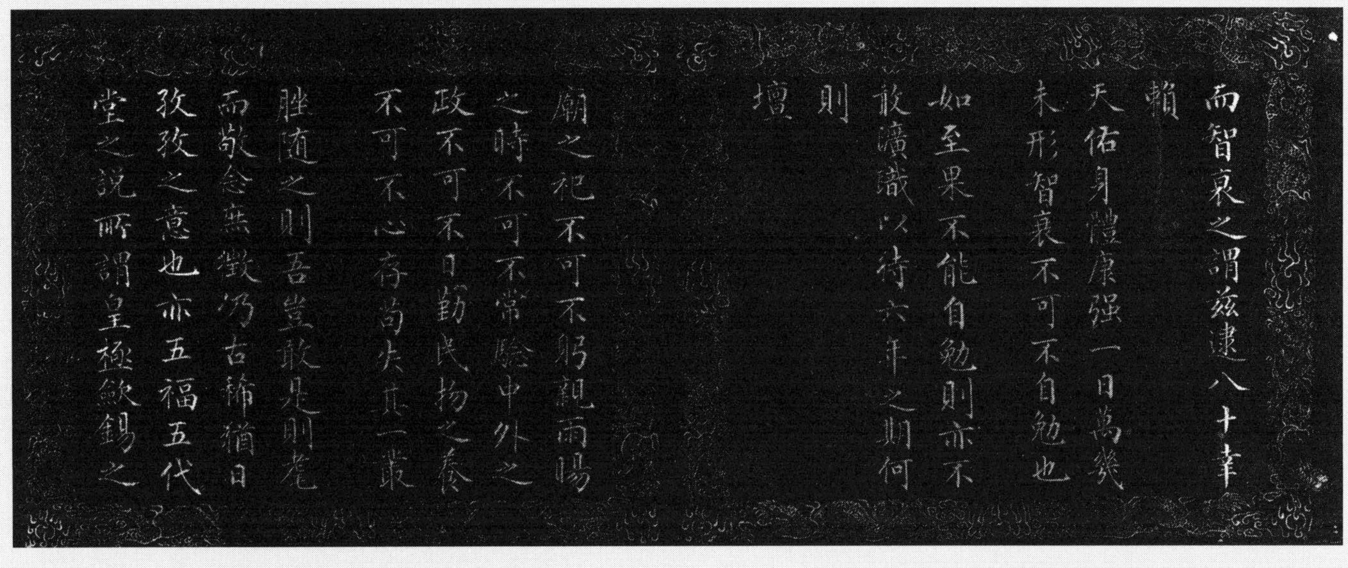

／而智衰之谓兹逮十幸／赖／天佑身体康强一日万几／未形智衰不可不自勉也／如至果不能自勉则亦不／敢旷职以待六年之期何则／坛／庙之祀不可不躬亲雨旸／之时不可不常验中外之／政不可不日勤民物之养／不可不心存苟失其一从／脞随之则吾岂敢是则耄／而敬念庶徵仍古稀犹日／孜孜之意也亦五福五代／堂之说所谓皇极敛锡之／

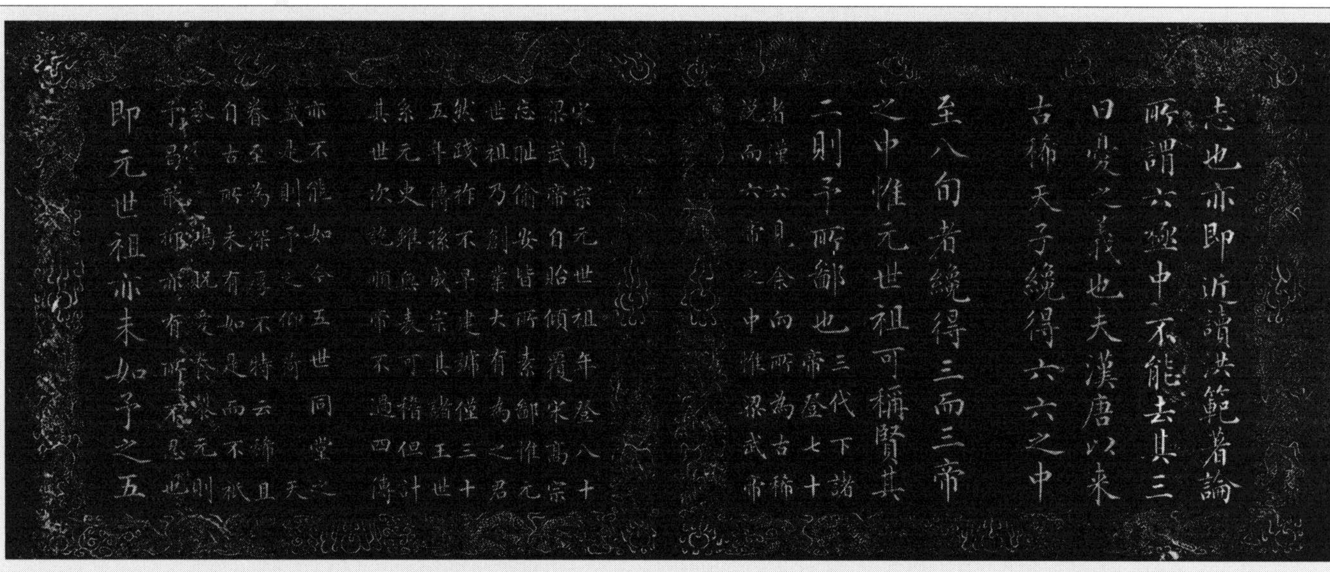

志也亦即近读洪范著论／所谓六极中不能去其三／日忧之义也夫汉唐以来／古稀天子才得六六之中／至八旬者才得三而三帝／之中惟元世祖可称贤其／二则予所鄙也三代下诸帝登七十／者仅六见余向所为古稀／说而六帝之中惟梁武帝／宋高宗元世祖年登八十／梁武帝自贻倾覆宋高宗／忘耻偷安皆所素鄙惟元／世祖乃创业大有为之君／然践祚不早建号仅三十／五年传孙成宗其诸王世／系元史虽无表可稽但计／其世次讫顺帝不过四传／亦不能如今五世同堂之／盛是则予之仰荷 天／眷至为深厚不特云稀且／自古所未有如是而不只／承 鸿贶爰养黎元则／予曷敢抑亦有所不忍也／即元世祖亦未如予之五／

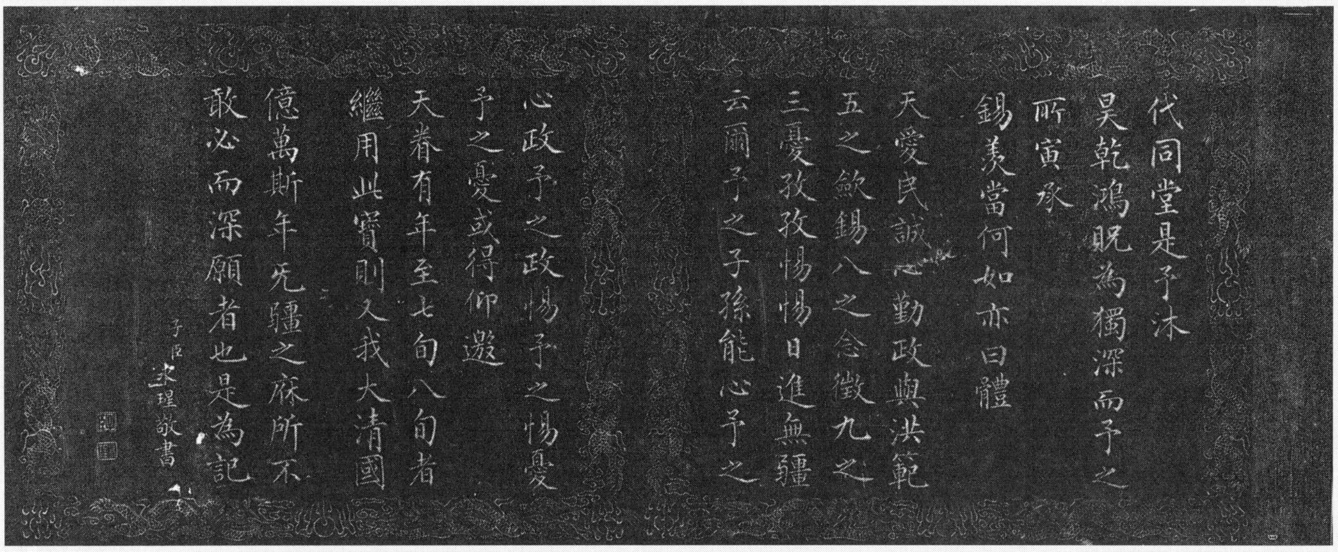

代同堂是予沐／昊
乾鸿贶为独深而予
之／所寅承／锡羡
当何如亦曰体／天
爱民诚心勤政与洪
范／五之敛锡八之
念徽九之／三忧孜
孜惕惕日进无疆／
云尔予之子孙能心
予之／心政予之政
惕予之惕／予之忧
或得仰邀／天眷有
年至七旬八旬者／
继用此宝则又我大
清国／亿万斯年无
疆之床所不／敢必
而深愿者也是为记／
子臣永理敬书

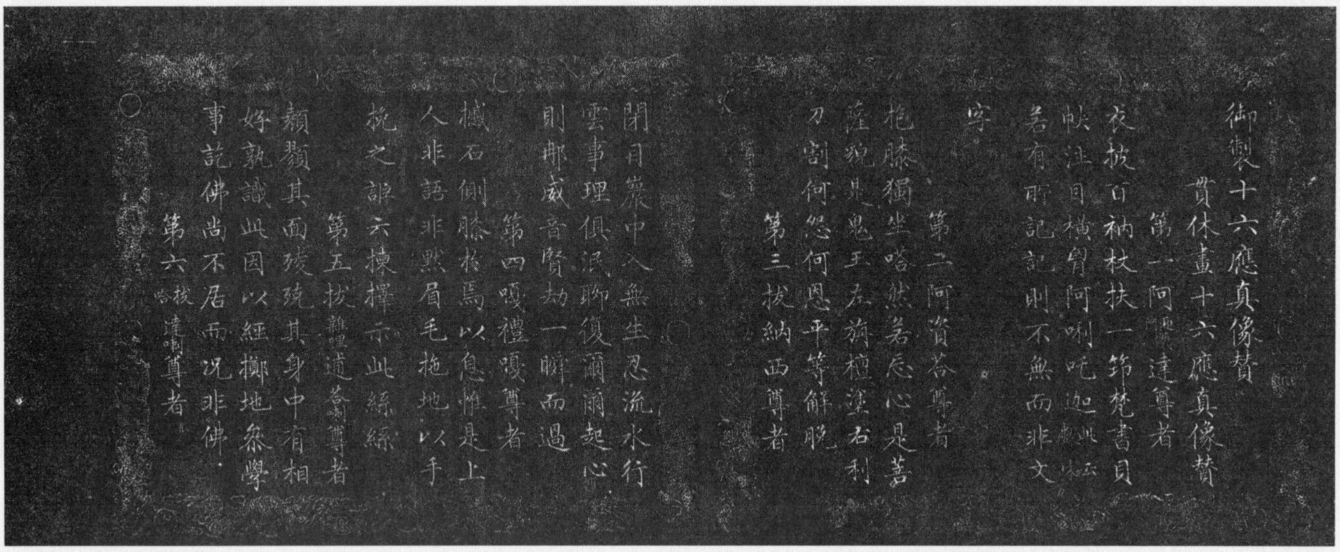
御製十六應真像贊
貫休畫十六應真像贊
第一阿(迎阿)機達尊者
衣披百衲杖扶一筇梵書貝帙注目橫胷阿喇吒迦(此云數珠)若有所記記則不無而非文字
第二阿資答尊者
抱膝獨坐嗒然若忘心是菩薩貌是鬼王左旃檀塗右利刀割何怨何恩平等解脫
第三拔納西尊者
閉目巖中入無生忍流水行雲事理俱泯聊復爾爾起心則那威音賢劫一瞬而過
第四嘎禮嘎尊者
撼石側膝於焉以息惟是上人非語非默眉毛拖地以手挽之詎云揀擇示此絲絲
第五拔(雜哩)逋(答喇)尊者
顤顟其面殑殑其身中有相好孰識此因以經擲地參學事訖佛尚不居而況非佛
第六(拔哈)達喇尊者

御制十六应真像赞贯休画十六应真像赞

第一阿迎阿机达尊者

衣披百衲杖扶一筇梵书贝／帙注目横胸啊喇吒迦此云数珠／若有所记记则不无而非文／字

第二阿资答尊者

抱膝独坐嗒然若忘心是菩／萨貌是鬼王左旃檀涂右利／刀割何怨何恩平等解脱

第三拔纳西尊者

闭目岩中入无生忍流水行／云事理俱泯聊复尔尔起心／则那威音贤劫一瞬而过

第四嘎礼嘎尊者

撼石侧膝于焉以息惟是上／人非语非默眉毛拖地以手／挽之詎云拣择示此丝丝

第五拔杂哩逋答喇尊者

顤顟其面殑殑其身中有相／好孰识此因以经掷地参学／事讫佛尚不居而况非佛第六拔哈达喇尊者

灌顶丰颐著水田衣七佛说／偈都得闻之目穷色空任其／蚌鹬跌坐盘陀行脚事毕

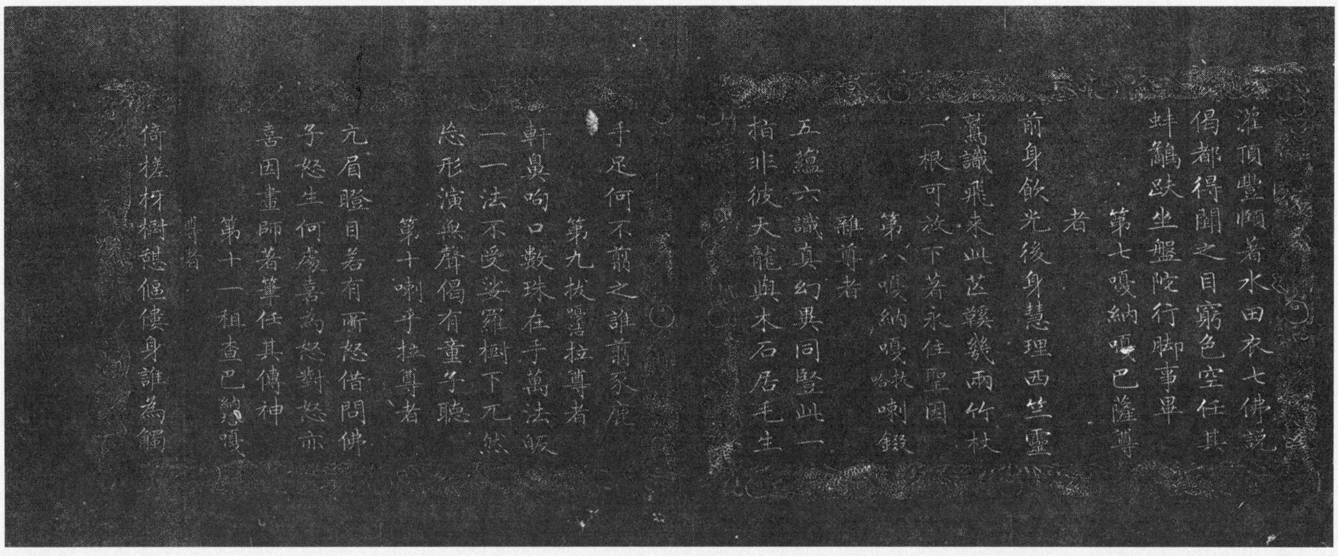

第七嘎纳嘎巴萨尊者
前身饮光后身慧
理西竺灵／鹫识飞来
此芒鞢几两手竹杖／
一根可放下著永住圣
因
第八嘎纳嘎拨哈喇鏺
／杂尊者
五蕴六识真幻异同竖
此一／指非彼天龙与
木石居毛生／手足何
不翦之谁翦豖鹿
第九拨嘎沽拉尊者轩
鼻呴口数珠在手万法
皈／一一法不受娑罗
树下兀然／忘形演无
声偈有童子听
第十喇乎拉尊者
亢眉瞪目若有所怒借
问佛／子怒生何处喜
为怒对怒亦／喜因画
师著笔任其传神
第十一租查巴纳嗒嘎
／尊者
倚槎枒树憩伛偻身谁
为触／背谁为主宾示
其两指以扇／拂之捉
摸不得拟议即非／

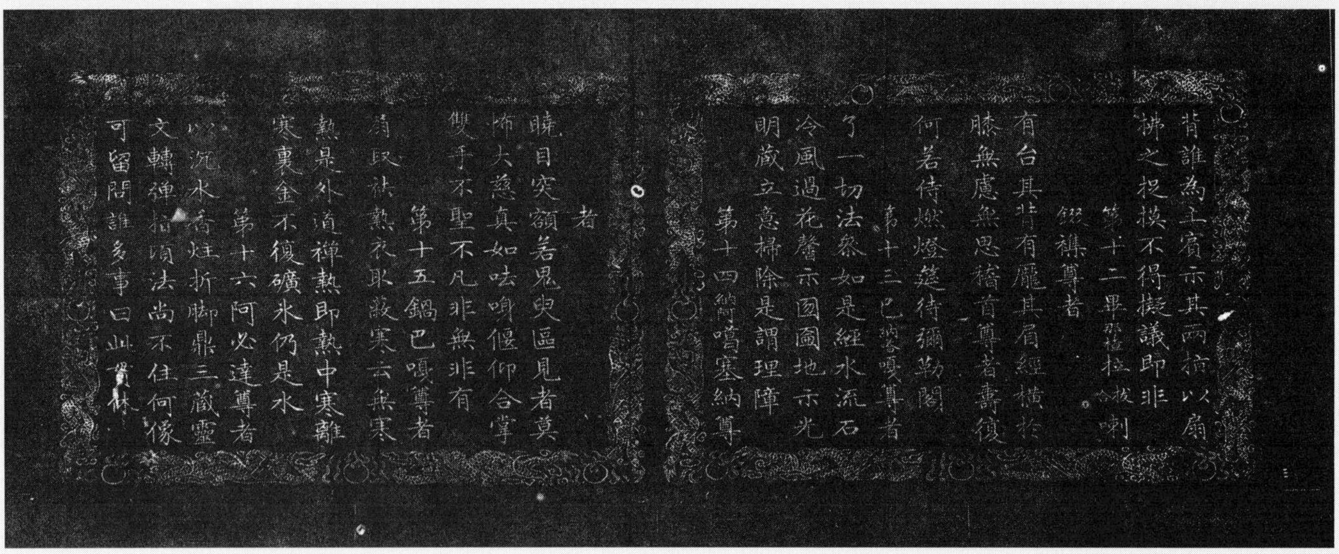

第十二毕那楂拉拨哈
喇／镊集尊者
有台其背有庞其眉经
横于／膝无虑无思稽
首尊者寿复／何若侍
燃灯筵待弥勒阁／
第十三巴纳嗒嘎尊者
了一切法参如是经水
流石／冷风过花馨示
圆图地示光／明藏立
意扫除是谓理障
第十四纳阿噶塞纳尊
／者
晓目突额若鬼臾区见
者莫／怖大慈真如呿
呻偃仰合掌／双手
不圣不凡非无非有第
十五锅巴嘎尊者
扇取祛热衣取蔽寒云
无寒／热是外道禅热
即热中寒离／寒里
金不复矿冰仍是水第
十六阿必达尊者以沉
水香炷折脚鼎三藏灵
／文转弹指顷法尚不
住何像／可留问谁多
事曰此贯休／

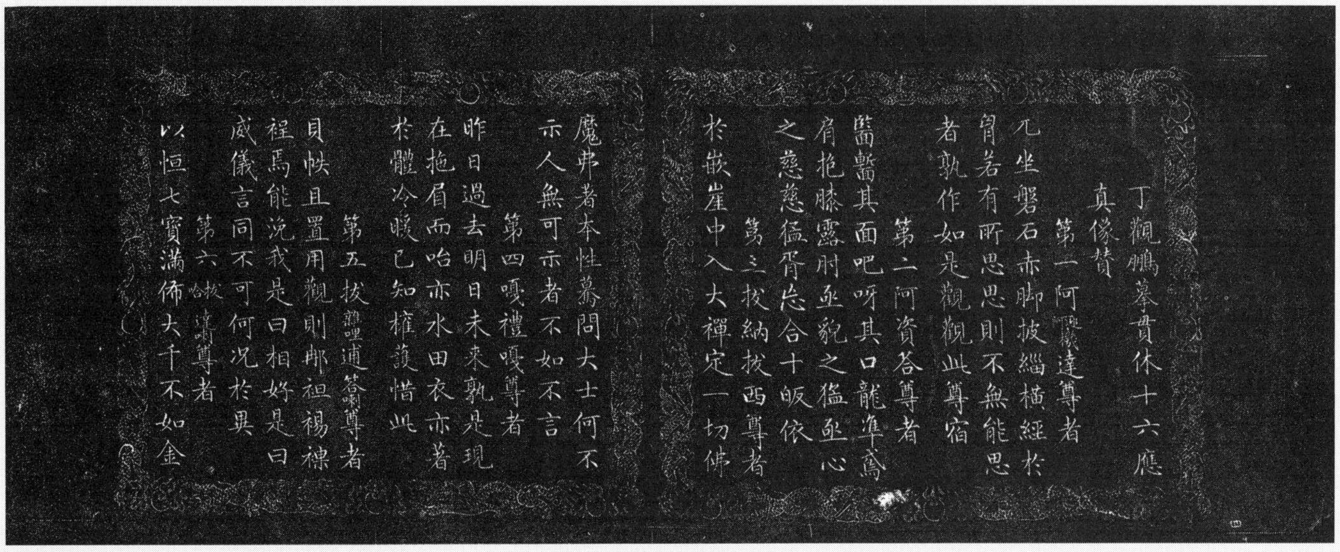

丁观鹏摹贯休十六应
/真像赞
第一阿迎阿机达尊者
兀坐盘石赤脚披缁横
经于/胸若有所思思
则不无能思/者孰作
如是观观此尊宿
第二阿资荅尊者/
Lancan 其面吧呀其
口龙准鸢/肩抱膝露
肘及貌之猛及心/之
慈慈猛胥忘合十皈依
第三拨纳拔西尊者于
嵌崖中入大禅定一切
佛/魔弗著本性蓦问
大士何不/示人无可
示者不如不言
第四嘎礼嘎尊者
昨日过去明日未来孰
是现/在拖眉而哈亦
水田衣亦著/于体冷
暖已知权护惜此
第五拨杂哩逋答喇尊
者
贝帙县置用观则那袒
裼裸/裎焉能浼我是
曰/相好是曰威仪言
同不可何况于异
第六拨哈达喇尊者/
以恒七宝满布大千不
如金/

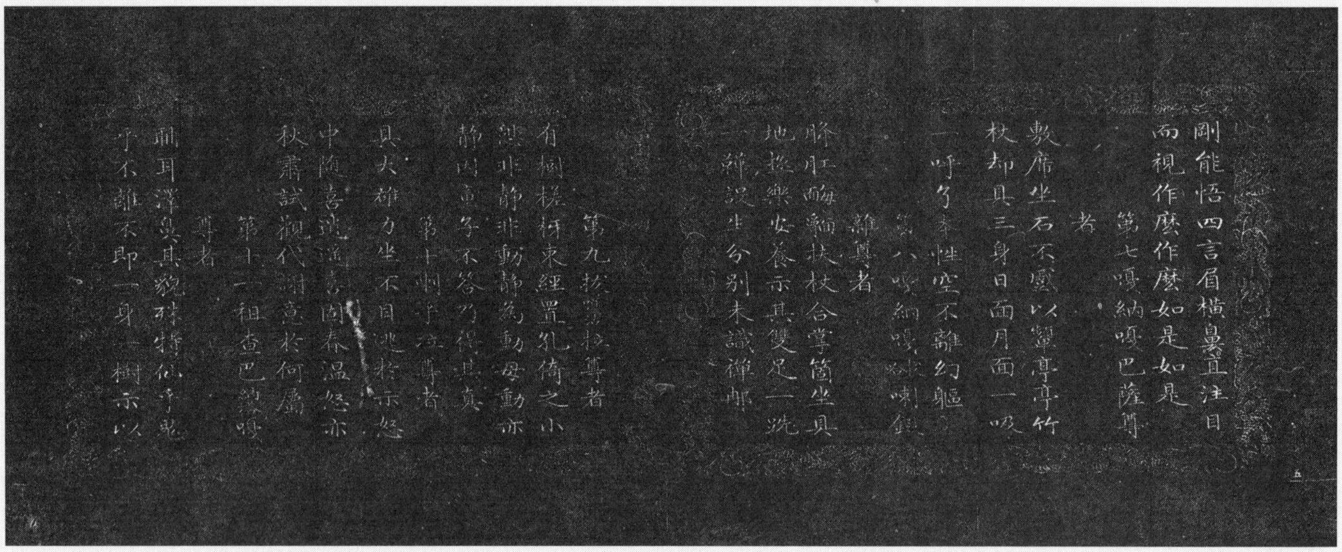

刚能悟四言眉横鼻直
注目／而视作么作么
如是如是
第七嘎纳嘎巴萨尊／
者
敷席坐石不甓以鞶亭
亭
亭竹／杖却具三身日
面月面一吸／一呼了
本性空不离幻躯
第八嘎纳嘎拨哈喇鏺
／杂尊者胮肛畮瓾扶
杖合掌个坐具／地极
乐安养示其双足一跣
／一靴设生兮别未识
禅那
第九拨嘎沽拉尊者有
树槎枒束经置孔倚之
小／憩非静非动静为
动毋动亦／静因童子
不答乃得其真／第十
喇乎拉尊者
具大雄力坐不目逃
于示怒／中随喜逍遥
喜固春温怒亦／秋肃
试观代谢意于何属
第十一租查巴纳塔嘎
／尊者／聃耳泽鼻其
貌　殊特仙乎鬼／
乎不离不即一身一树
示以／

钩沉石影

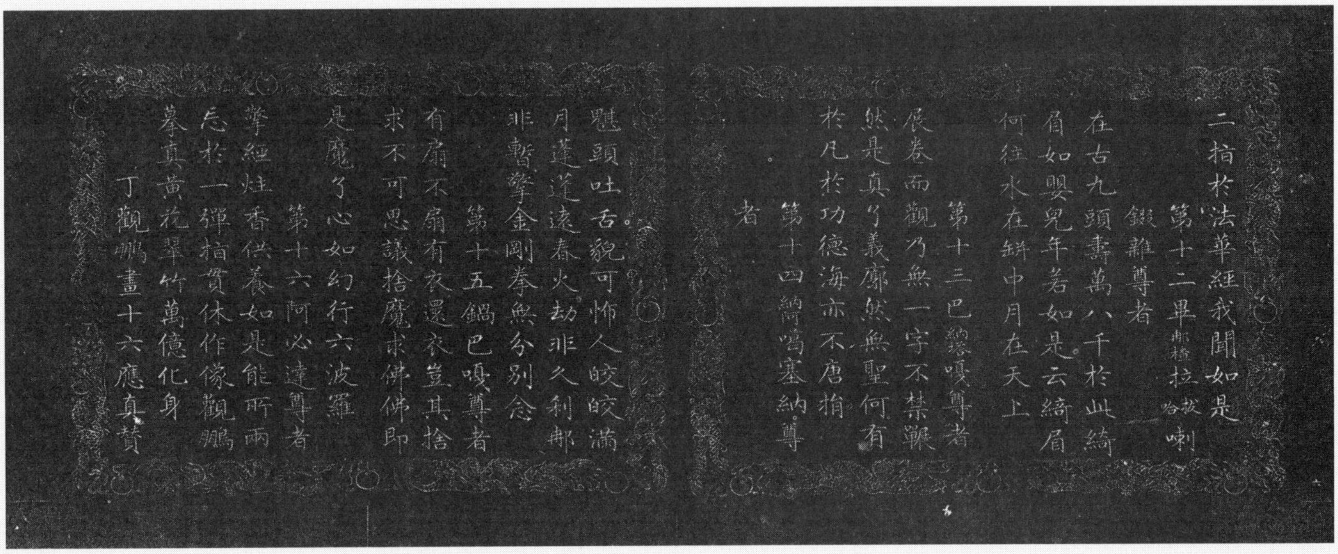

第十二毕那楂拉拨哈
喇／錣杂尊者
在古九头寿万八千于
此绮／眉如婴儿年若
如是云绮眉／何往水
在瓶中月在天上
第十三巴纳塔嘎尊者
展卷而观乃无一字不
禁輾／然是真了义廓
然无圣何有／于凡
于功德海亦不唐捐
第十四纳阿噶塞纳尊
者
魁头吐舌貌可怖人皎
皎满／月蓬蓬远春火
劫非久刹那／非暂擎
金刚拳无兮别念第
十五锅巴嘎尊者
有扇不扇有衣还衣岂
其舍／求不可思议舍
魔求佛佛即／是魔了
心如幻行六波罗第
十六阿必达尊者／
擎经炷香供养如是能
所两／忘于一弹指贯
休作像观鹏／摹真黄
花翠竹万亿化身
丁观鹏画十六应真赞

第一阿迎阿机达尊者
拄杖而坐方趾圆颅借
问是／相为有为无闻
法最先成佛／最后孰
后孰先阿喇在手
第二阿资答尊者
蓦尔遇鬼其心则怖大
士嗒／然金针已度貌
既狰狞衣亦／蓝缕孰
知其中相好尔许
第三拨纳拔西尊者
坐崖入定闭目止观云
见暗／不义具八还脱
其双鞋置之／足底是
何为哉或偶用耳／
第四嘎礼嘎尊者
有眼如盲有口如哑只
拖双／眉长过足下或
云方便以是／示度是
谓著魔不可救处
第五拨杂哩逋答喇尊
者
有涎弗吐有痒弗搔火
食不／亲其身出毛在
昔虞舜与鹿／豕游其
施沛然同源异流
第六拨哈达喇尊者持
钵塞莫转佛真言所说
云／何春暖秋寒瞬目
于空泯心／于有如是
如是则否则否

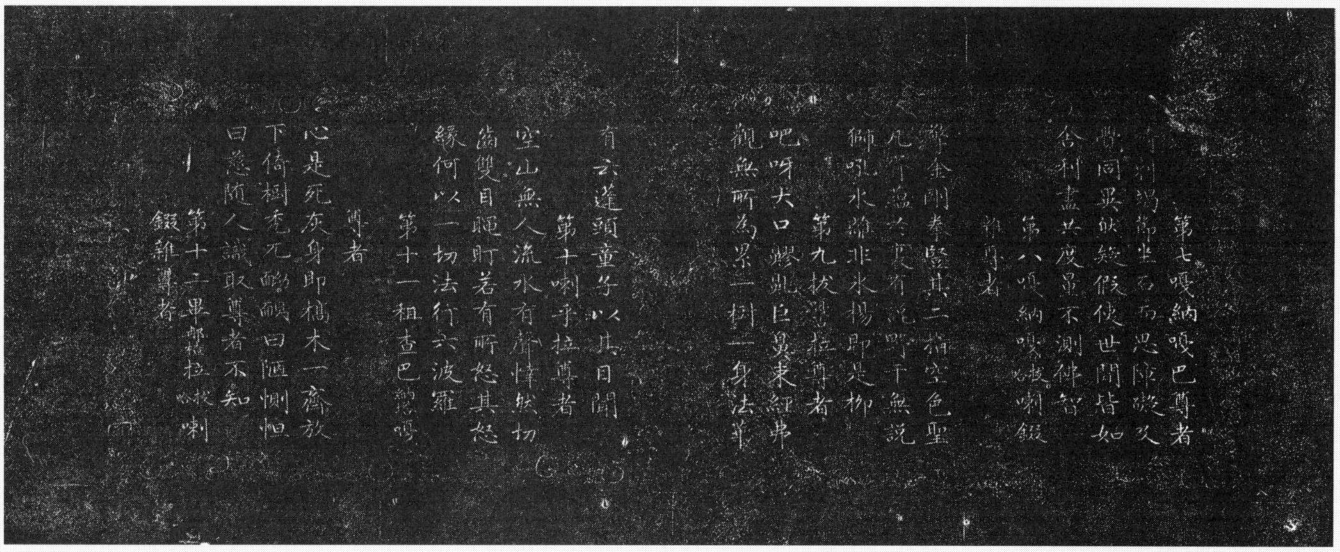

第七嘎纳嘎巴萨尊
者
倚刺竭节坐石而思
障碍及／觉同异然
疑假使世间皆如／
舍利尽共度量不测
佛智
第八嘎纳嘎拨哈喇
鏺／杂尊者擎金刚
拳竖其二指空色圣
／凡胥蕴于里有说野
干无说／狮吼水离
非冰杨即是柳
第九拨嘎沽拉尊者
吧呀大口 liaoyao
巨鼻束经弗／观无
所为累一树一身法
华／有云蓬头童子
以其目闻
第十喇乎拉尊者
空山无人流水有声
悻然切／齿双目
chengmeng 若有所怒
其怒／缘何以一切
法行六波罗
第十一租查巴纳塔／
嘎尊者
心是死灰身即槁木
一齐放／下倚树秃
兀 youqiu 曰陋恻怛
／曰慈随人识取尊者
不知
第十二毕那楂拉拨
哈喇／鏺杂尊者

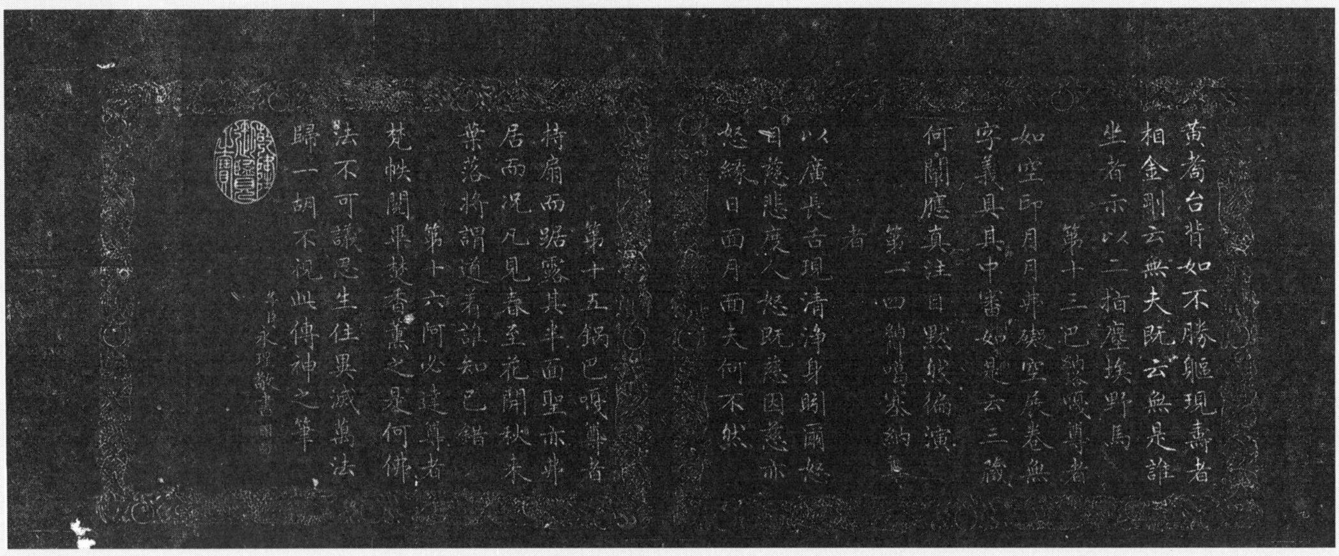

第十二毕那楂拉拨哈喇／鏺杂尊者
黄耇台背如不胜躯现寿者／相金刚云无夫既云无是谁／坐者示以二指尘埃野马

第十三巴纳塔嘎尊者
如空印月月弗碍空展卷无／字义具其中审如是云三藏／何阐应真注目默然偏演

第十四纳阿噶塞纳尊者
以广长舌现清净身zhen尔 怒／目 慈悲度人怒既慈因慈亦／怒缘日面月面夫何不然

第十五锅巴嘎尊者持扇而踞露其半面圣亦弗／居而况凡见春至花开秋来／叶落将谓道着谁知已错

第十六阿必达尊者梵帙阅毕焚香薰之是何佛／法不可议思生住异灭万法／归一胡不视此传神之笔

子臣永瑆敬书

御制集石鼓所有文
／成十章制鼓重刻／
序凡举大事者必有
其／会与其时而总
赖昭／明／天贶以
成其功武成／九次
无论矣即如四／库
全书及以国书译／
汉藏经皆始于予六／
旬之后自癸巳年搜
辑海内遗书／并于
永乐大典内采／集
散编命馆臣依经／
史子集督缮四库全／
书四分又佛经本出／
厄讷特克一译而为／
唐古忒之番再译而／
为震旦之汉其蒙古／
经则康熙及乾隆年／
陆续译成而未有国／
书之佛经先于三十／
七年亦命开馆译定／
兹二事卷帙浩繁俱／
非易于观成者乃皆／
在予六旬后始命举／
行初亦不觉其迟也
既而悔之／以为举
事已晚恐难／观其
成越十余载四／库
全书则早参考装／
潢毕以贮之阁而所／
译汉藏兹亦将告毕／

就此非／天恩垂佑俾予虽老／而善成此二事乎近／因阅石鼓文惜其岁／久漫漶所存不及半／夫以国学兴贤述古之为使千万年之后／并此仅存者胥归无何有之乡有治世之／责者视之而弗救予且不成为读书之人／矣斯事体大千古读书人所不能任亦从／无道及者予故不怍／不文及此未至耄耋／知昏爱藏此事盖石／鼓之为宣王时作与／夫宜置国学为万世／读书者津逮自以／韩昌黎之见为正车／攻吉日之章班班可／考也后人议论纷出如董逌程大昌／据左传成有岐阳之／搜以为成王鼓郑樵／据殹烝二字见秦斤／秦权以为秦鼓马定／

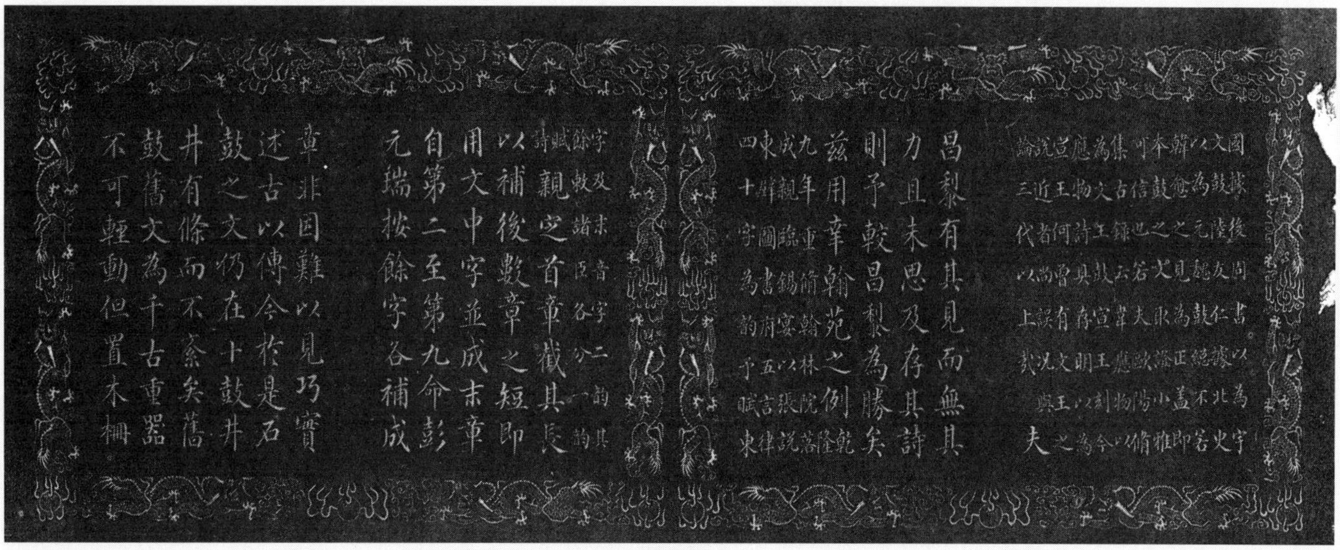

/国据后周书以为宇
/文鼓陆友仁据北史
/以为元魏鼓总不若
/韩愈之见为正盖即
/本鼓之文取证小雅
/可信也若夫欧阳修
/集古录云韦应物以
/为文王鼓宣王刻今
/应物诗具存明以为
/宣王何曾有文王之
/说近者尚误况与论
三代以上哉夫/昌
黎有其见而无其/
力且未思及存其诗/
则予较昌黎为胜矣/
兹用幸翰苑之例乾
隆/九年重修翰林院
落/成亲临锡宴以
张说/东辟图书府
五言律/四十字为
韵予赋东/字及末
音字二韵其/余敕
诸臣各分一韵/赋
诗亲定首章截其长
以补后数章之短即/
用文中字并成末章/
自第二至第九命彭/
元瑞按余字各补成/
章非因难以见巧实/
述古以传今于是石/
鼓之文仍在十鼓井/
井有条而不紊矣旧/
鼓旧文为千古重器/
不可轻动但置木栅/

蔽其风雨以永万世／
而新为十鼓以刻十／
章并列国学以公天／
下惠后儒则仍周宣／
之文也热河／文庙为
岁岁惠远诘／武之地
则亦命置之／以诏来
世庶乎宣王／中兴之
烈不泯／宣圣牖世之
道恒昭／而予及耄耋
之年尚／得蒇此崇文
之举孰／非会之萃时
之合深／蒙昊贶之所
至哉希周／家卜世之
久邕皇
清／重道之规后世子
孙／尚慎念之是为序
／遊我车既工攻遊我
／马既同遊我车既好
／遊我马既駈阜君子
员二云邋二猎其斿麀
鹿／速君子之求／右
一八句凡　　二十九
字重文三／

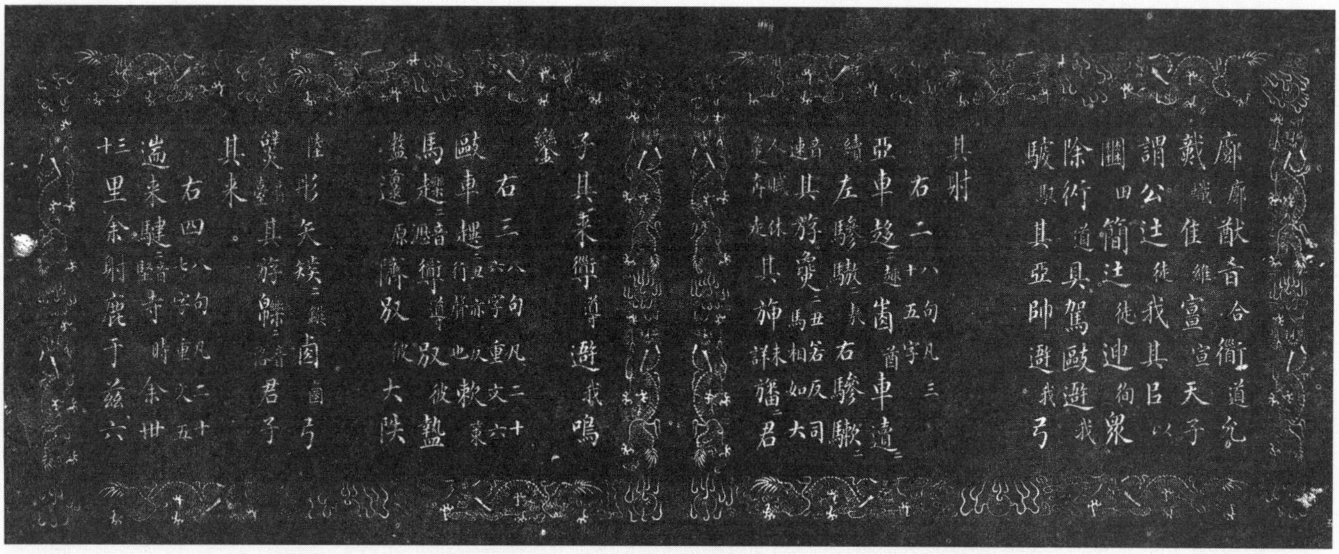

廓廓猷酓合衜道允／
戣炽隹维亶宣天子／
谓公辻徒我其㠯以／
圞田简辻徒迪徇众／
除衍道具驾敺避我／
驋驭其亚帅避我弓
／其射／右二八句
三十五字／亚车趍二
趣卤酋车遺二／绩左
骖骛二敖右骖驖二／
音速其斿㲋二丑若反
司马相如大／人赋休
㲋奔走其旃未详
旛二君／子其来衜导
我鸣／銮／右三八句
凡二十六字重文六／
敺车趩二丑亦反行声
也敕策／马䟡二音沥
衜导䢸彼盩盩／原隮
邍彼大陕／陆彤矢
𥎦二镞卤卤弓／㝃二
音台其斿䜌二音洛君
子／其来／右四八句
凡二十七字重文五／
遄来趚二音坚寺时余
卌／三十里余射鹿于
兹六／

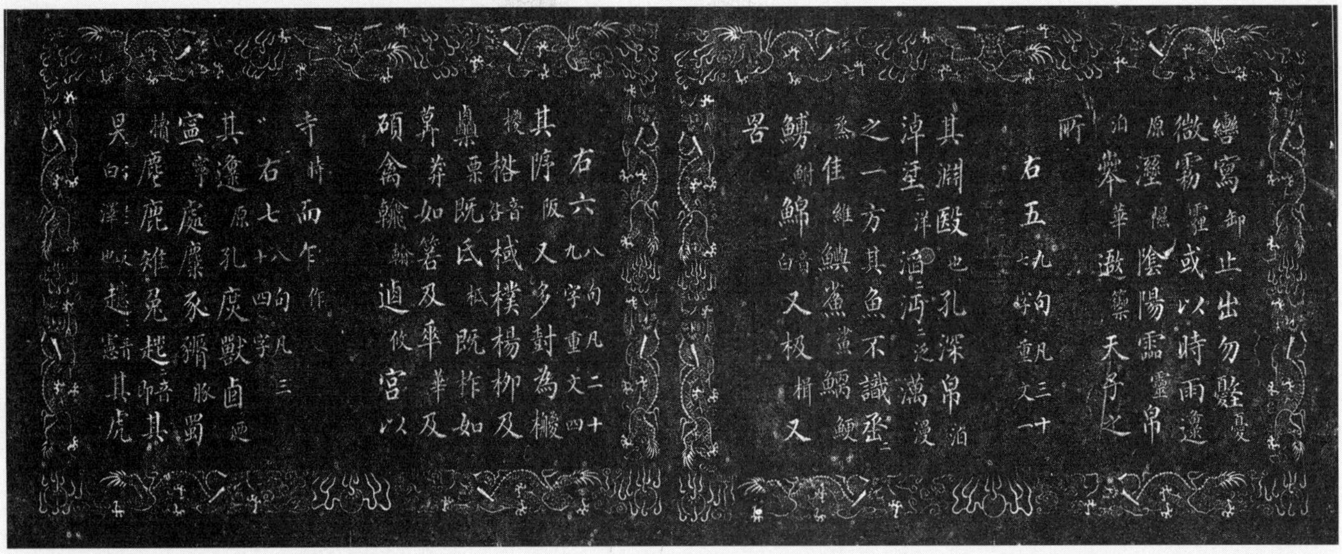

辔写卸止出勿蹵／微霿或以时雨邌／原瀝隰阴阳霝灵帛／泊㭢华避虆天子之／所／右五九句凡三十七字重文一／其渊殹也孔深帛泊／淖瀳二洋滔二沔二泛瀳漫／之一方其鱼不识蚕二／烝鲨维鲨鱅鲠／鲋鲌音白又极楫又／罟／右六八句凡二十九字重文四／其䧢阪又多封为欆／椶楷音咎棫樸杨柳及／桑栗既氐柢既柞如／萆莽如箸及平华及／硕禽翰翰逌攸宫以／寺时而作乍／右七八句凡三十四字／其邌原孔庶兽卣乃／𡨋／宁处麋豕豬豚蜀／犊麀鹿雉兔趮二音即其／昊古老反白泽也二音宪其虎／

左骖马执之大黄弓／射之／右八八句凡三十二字重文二／即鹿又奔搏麀又真／填鲜籚菹时百旨异／音拉今作朗博羹谓之肞是／申如天之禹喜潘迪作嘉／朱彝尊石鼓考据施宿引说文作喜秀／埶艺员云乍作微二未详二未详即以写乐／右九八句凡三十字重文二／徒驭既射騠我马飠凡载止用贤孔庶／康敕駉治田车既安／日佳维丙申用各为／章害曷不永宁／右十八句凡三十一字重文一／子臣永瑆敬书

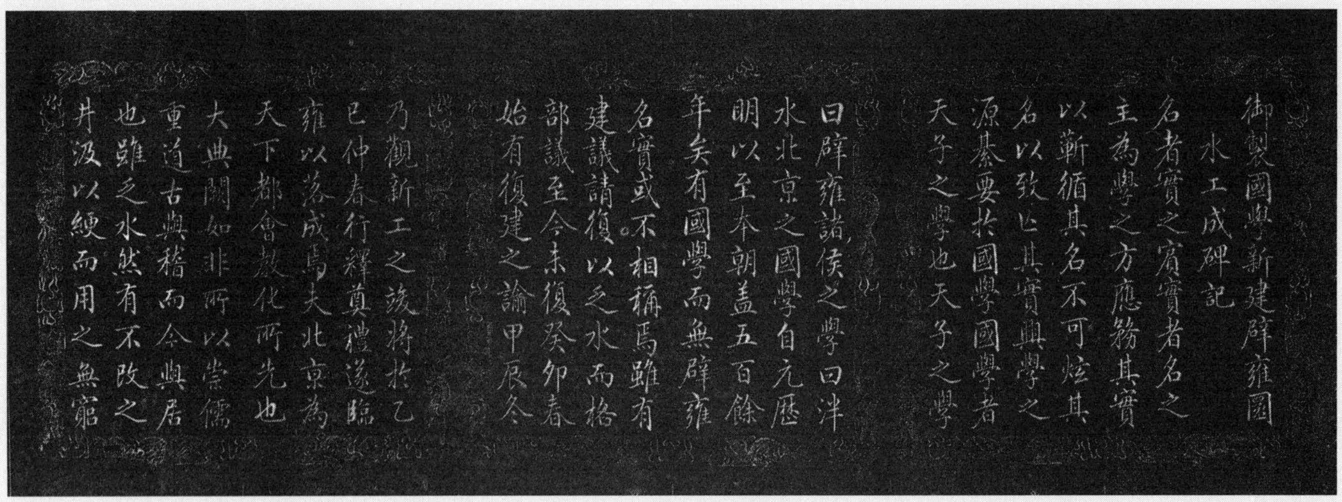

御制国学新建辟雍圜／水工成碑记

名者实之宾实者名之／主为学之方应务其实／以蕲循其名不可炫其／名以致亡其实兴学之／源期要于国学国学者／天子之学也天子之学／曰辟雍诸侯之学曰泮／水北京之国学自元历／明以至本朝盖五百余／年矣有国学而无辟雍／名实或不相称焉虽有／建议请复以乏水而格／部议至今未复癸卯春／始有复建之谕甲辰冬／乃观新工之竣将于乙／巳仲春行释奠礼遂临／雍以落成焉夫北京为／天下都会教化所先也／大典阙如非所以崇儒／重道古与稽而今与居／也虽乏水然有不改之／井汲以绠而用之无穷／

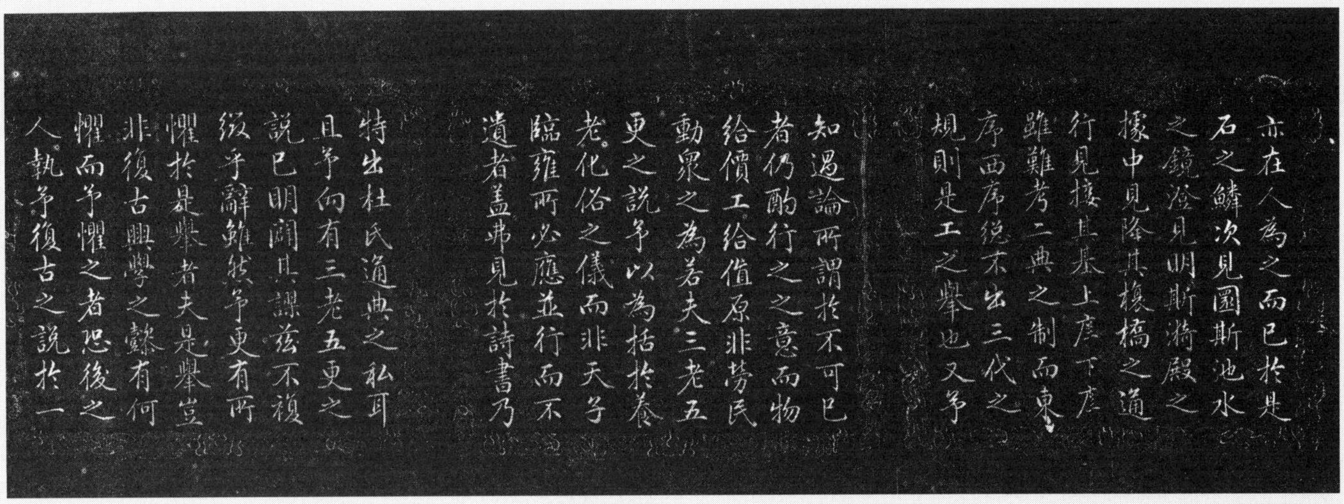

亦在人为之而已于
是/石之鳞次见圜
斯池水/之镜澄见
明斯漪殿之/据中
见隆其榱桥之通/
行见接其基上庠下
庠/虽难考二典之
制而东/序西序总
不出三代之/规则
是工之举也又予/
知过论所谓于不可
巳/者仍酌行之之
意而物/给价工给
值原非劳民/动众
之为若夫三老五/
更之说予以为括于
养/老化俗之仪而
非天子/临雍所必
应并行而不/遗者
盖弗见于诗书乃/
特出杜氏通典之私
耳/且予向有三老
五更之/说已明辟
其谋兹不复/纵乎
辞虽然予更有所/
怀惧于是举者夫是
举岂/非复古兴学
之懿有何/惧而予
惧之者恐后之/人
执予复古之说于一/

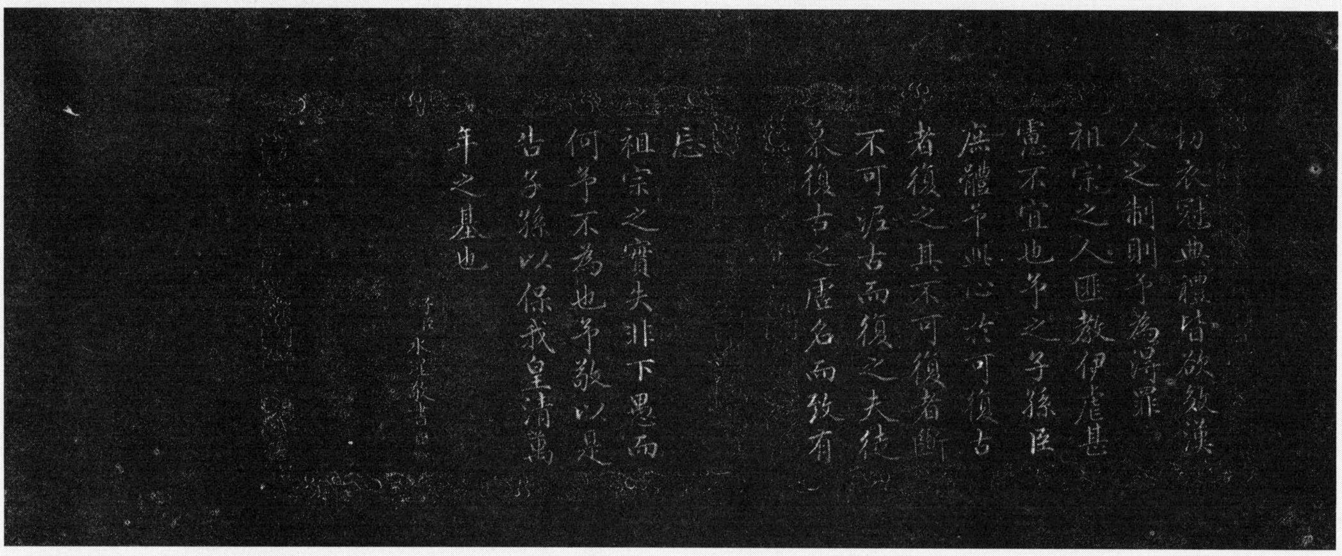

切衣冠典礼皆欲效汉／人之制则予为得罪／祖宗之人匪教伊虐甚／虐不宜也予之子孙臣／庶体予此心于可复古／者复之其不可复者断／不可泥古而复之夫徒／慕复古之虚名而致有／忘／祖宗之实失非下愚而／何予不为也予敬以是／告子孙以保我皇清万／年之基也／子臣永琸敬书

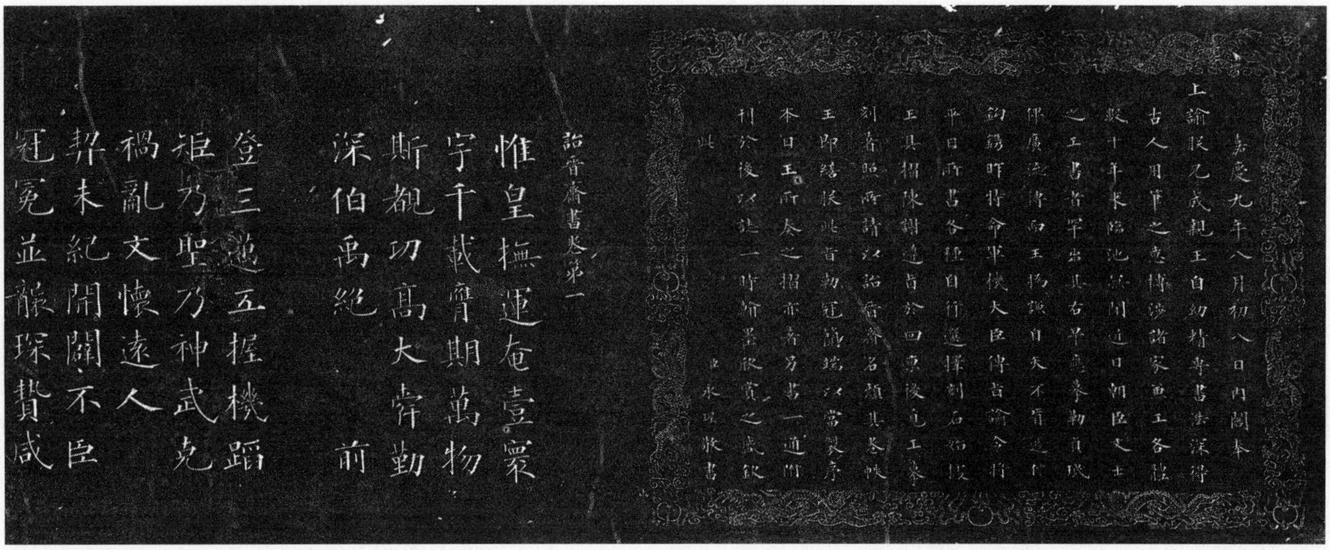

嘉庆九年上谕

嘉庆九年八月初八日内阁奉／上谕朕兄成亲王自幼精专书法深得／古人用笔之意博涉诸家兼工各体／数十年来临池无闲近日朝臣文士／之工书者罕出其右早应摹勒贞珉／俾广流传而王撝谦自矢不肯遽付／钩镌昨特命军机大臣传旨，谕令将／平日所书各种自行选择刻石始据／王具折陈谢遵旨于回京后觅工摹／刻著照所请以诒晋斋名颜其卷帙／王即缮朕此旨勒冠简端以当制序／本日王所奏之折亦著另书一通附／刊于后以志一时翰墨欣赏之盛钦／此臣永瑆敬书

臣永瑆谨／奏为恭谢／天恩事本月初七日军机大臣传／旨令臣将平日所写字迹自行选择刻石臣闻／命之下感激欢忭窃念六书之末岂比六事之／涓埃何期一艺之微犹蒙／一人之眷注臣扈／驾回京后即遵／旨办理见工摹刻约计明春恭呈／御览再臣有书斋号为诒晋斋曾见于／恩赐／御制诗中刻成即以为卷名併此／奏／闻所有感忭下忱理合具折恭谢／天恩／奏／嘉庆九年八月初八日

诒晋斋书卷第一

节录九成宫醴泉铭惟皇抚运奄壹寰／宇千載膺期萬物／斯覩功高大舜勤／深伯禹絕前／登三邁五握機蹈／矩乃聖乃神武克／禍亂文懷遠人／契未紀開闢不臣／冠冕並襲琛贄咸

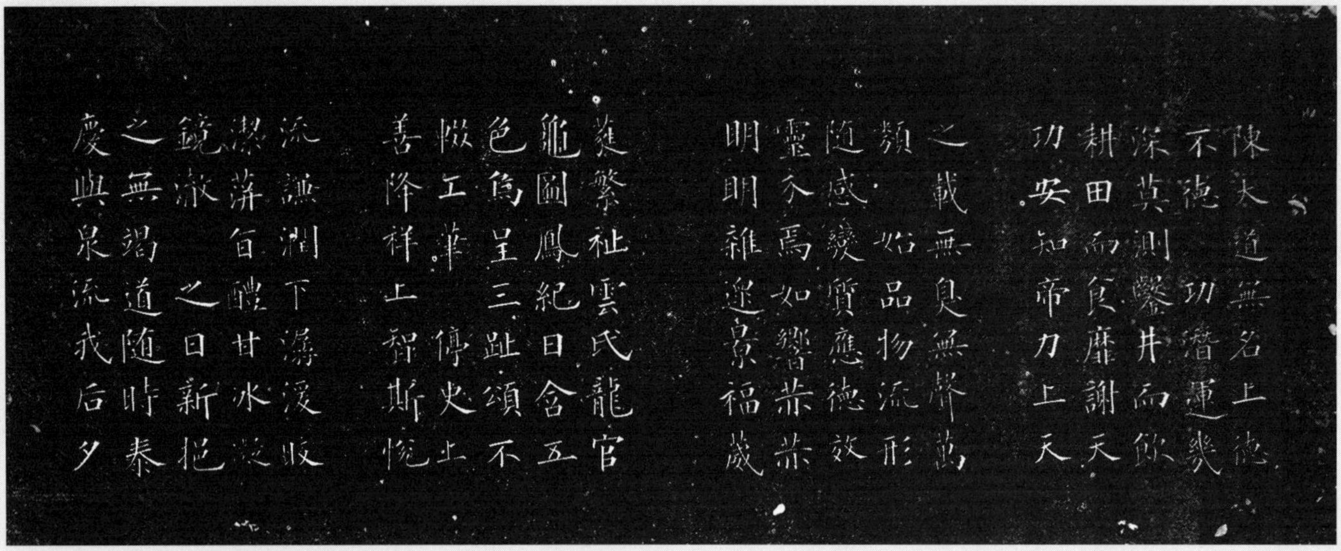
陳大道無名上德
不德功潛運幾
深莫測鑿井而飲
耕田而食靡謝天
功安知帝力上天
之載無臭無聲萬
類始品物流形
隨感變質應德效
靈介焉如響赫赫
明明雜遝景福葳
蕤繁祉雲氏龍官
龜圖鳳紀日含五
色烏呈三趾頌不
輟工筆停史上
善降祥上智斯悅
流謙潤下潺湲皎
潔萍旨醴甘冰凝
鏡澈之日新挹
之無竭道隨時泰
慶與泉流我后夕

陈大道无名上德／
不德功潜运几／深
莫测＃井而饮／耕
田而食靡谢天／功
安知帝力上天／之
载无臭无声万／类
始品物流形／随感
变质应德效／灵介
焉如乡赫赫／明明
杂还景福葳／蕤繁
祉雲氏龙官／龟图
凤纪日含五／色乌
呈三趾颂不／辍工
笔停史上／善降祥
上智斯悦／流谦润
下潺湲皎／洁荓旨
礼甘冰凝／镜澈之
日新挹／之无竭
道随时泰／庆兴泉
流我后夕之日新挹／
之無竭　道随時泰
／慶與泉流我后夕／

惕虽休弗休居崇／茅宇乐不般遊黄／屋非贵天下为忧／人玩其华我取其／实淳反本代文／以质居高思坠持／满戒念兹在兹／永保贞吉

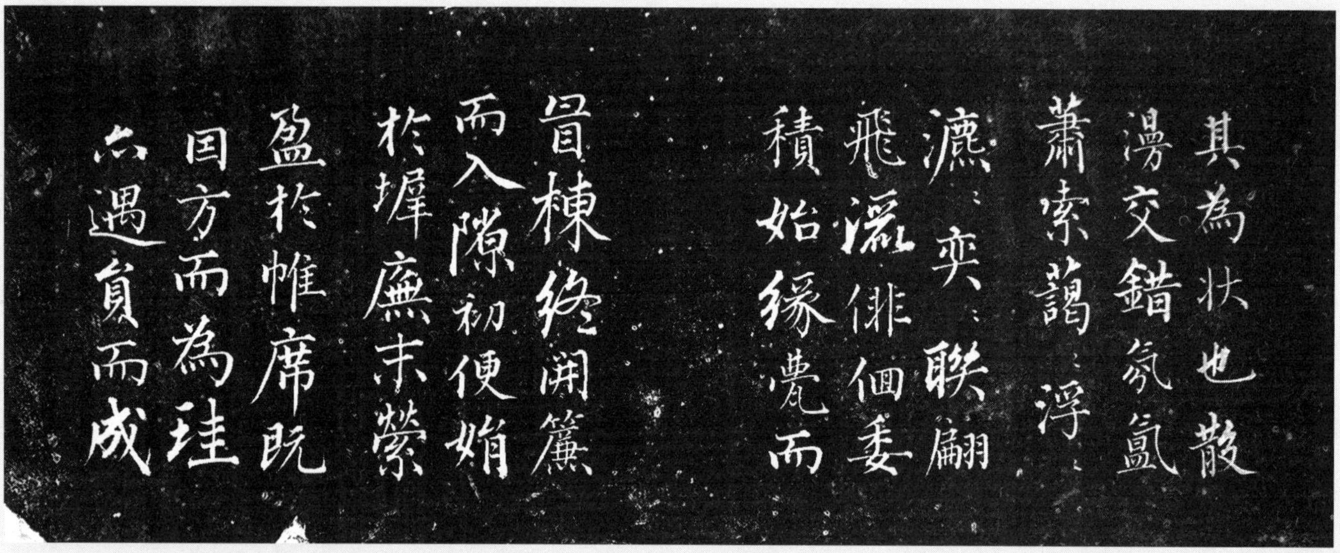

散漫交错帖（雪赋节录）
其为状也散／漫交错氛氲／萧索蔼蔼浮浮／瀌瀌弈弈联翩／飞洒徘徊委／积始缘甍而／冒栋终开帘／而入隙初便娟／于墀庑末萦／盈于帷席既／因方而为珪／亦遇员而成

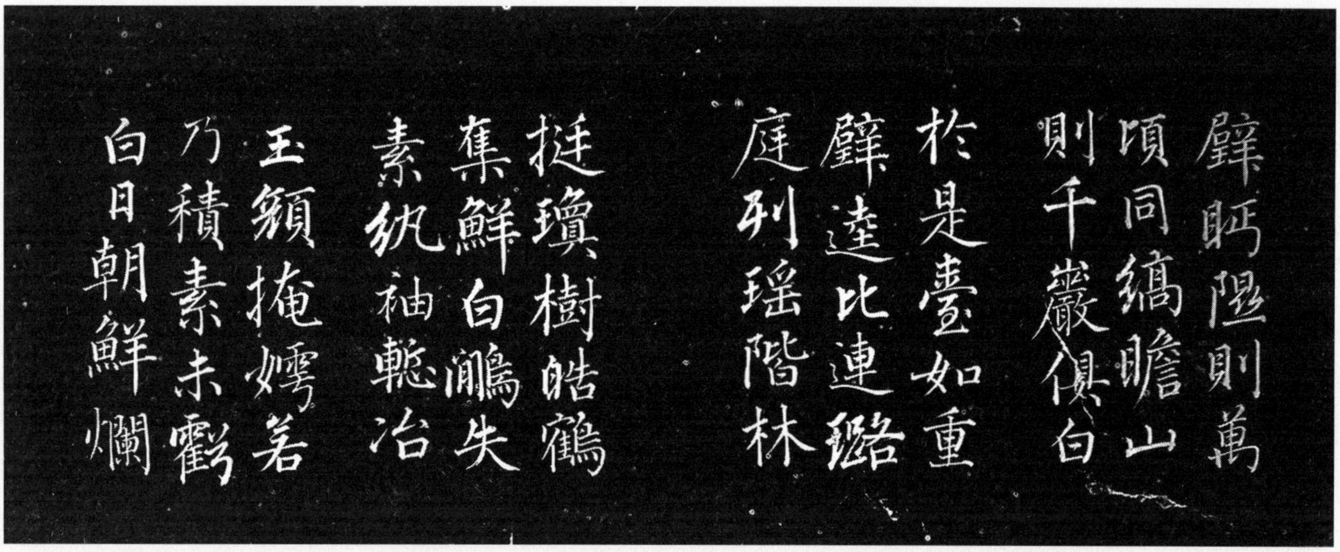

璧眄隰则万／顷同缟瞻山／则千岩俱白／于是台如重／璧达比连璐／庭列瑶阶林／挺琼树皓鹤／夺鲜白鹇失／素纨袖惭冶／玉颜掩嫮若／乃积素未亏／白日朝鲜烂／

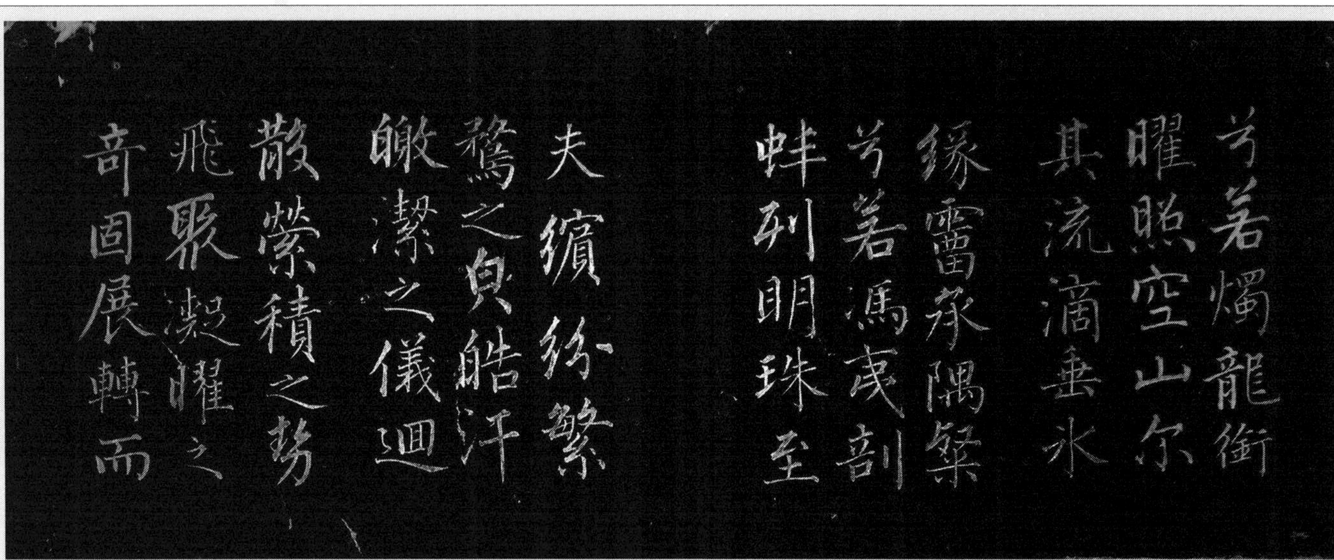

兮若烛龙衔/耀照空山尔/其流滴垂冰/缘霤承隅綮/兮若冯夷剖/蚌列明珠至/夫缤纷繁/骛之貌皓汗/皦洁之仪回/散萦积之势/飞聚凝曜之/奇固展转而/

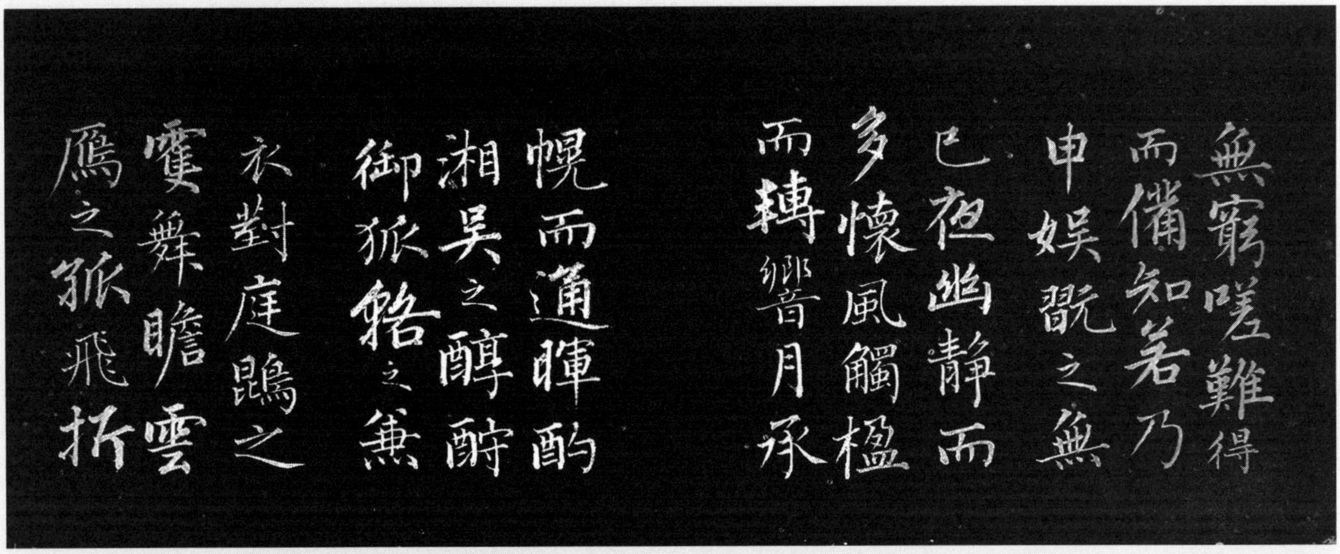

无穷嗟难得／而备知若乃／申娱玩之无／已夜幽静而／多怀风触楹／而转响月承／幌而通晖酌／湘吴之醇酎／御狐貉之兼／衣对庭鹍之／双舞瞻云／雁之孤飞折

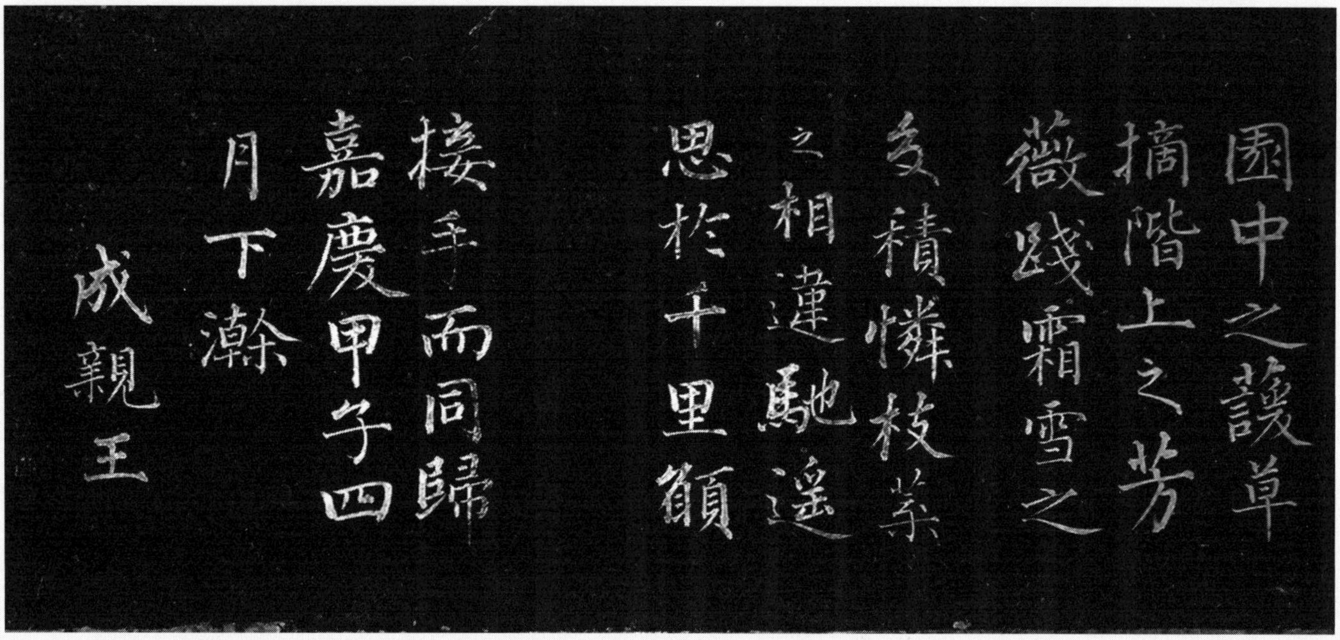

园中之护草/摘阶上之芳/薇践霜雪之/交积怜枝叶/之相违驰遥/思于千里愿/接手而同归/嘉庆甲子四月下瀚/成亲王

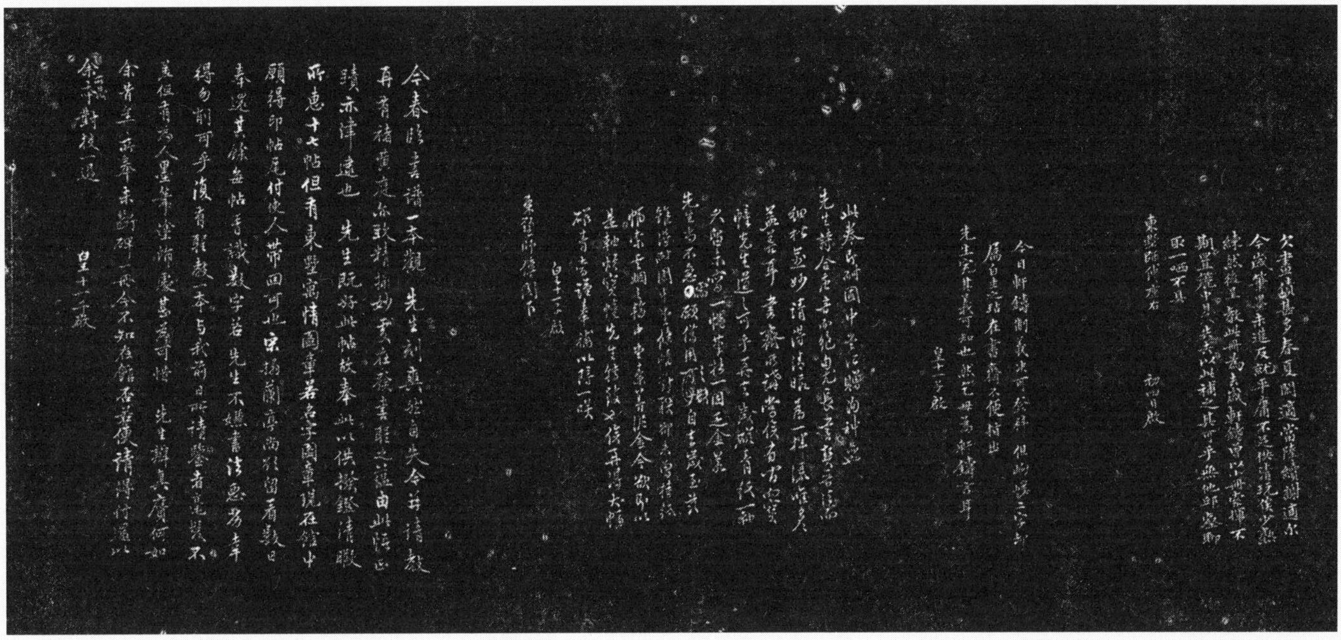

与东墅师傅书

画债甚多春夏闲适当陆续谢逋尔／今岁笔墨未进反就平庸不足共清玩俟少熟／练然后呈教此册为去岁轩铸曾以小册索挥不／期置簏中日久失去以此补之其可乎无他邱壑聊／取一哂不具／东墅师傅座右／初四日启

今日轩铸制义决可登科但峋嵝二字却／属白圭之玷在书斋不便指出／先生究其义可知也然乞毋为轩铸言耳／皐十一子启

此卷即耐圃中堂记赠洵神品如／先生诗合庚音而绝句尤长书契晋法而细楷金妙请得清暇为一挥流唯多多／益善耳书斋所讲尝俟有闲向宝／幢先生道之可乎再去岁磁青纸一轴／久留未写一愧笔拙一因乏金若／先生尚不急需愿借用之自去岁至兹／虽得耐圃中堂条幅对联却未曾持纸／幅索其烟之翰中堂素善泥金今欲即以／是轴烦宝幢先生转至也俟再得大幅／磁青当谨奉补以陪一笑／皇十一子启／东墅师傅阁下

今春临书谱一本观先生刻爽然自失今并请教／再有褚黄庭亦致精拓妙处在发书圣之蕴由此悟正／迹亦津逮也先生既好此帖故奉此以供拨镫清暇／所惠十七帖但有东墅寓情图章若名字图章现在馆中／愿得印帖尾付使人带回可也宋拓兰亭尚欲留看数日／奉还其余每帖曾识数字若先生不嫌书法恶劣幸／得勿削可乎复有圣教一本与我前日所请鉴者毫发不／差但有为人墨笔涂饰处甚为可惜先生辨真赝何如／余昔年所奉未断碑一册今不知在馆否若便请得付还以／余所藏本对较一过　皇十一子启

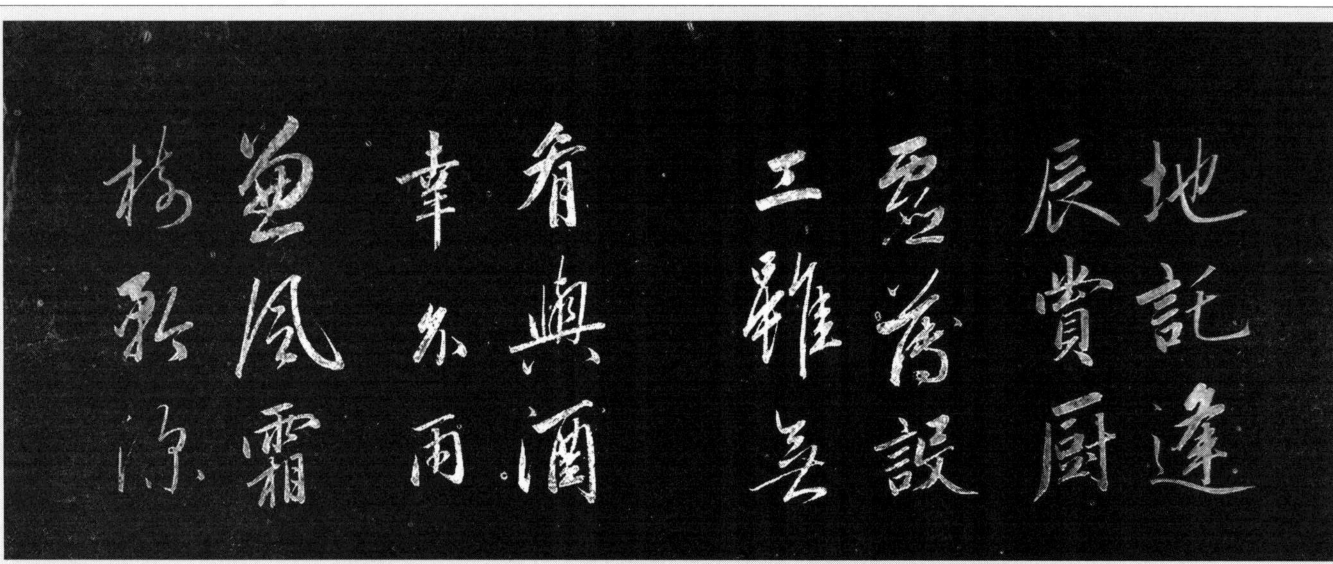

诒晋斋书卷第二

五言律诗

地托逢／辰赏厨／虚薄设／工虽无／肴与酒／幸亦雨／兼风霜／树新深

阴秋窗／拓远空／寒潭阳／存句情／味向诗／同

黄昏帖

黄昏忽／见山店／倦客欢／情倍增／茆紫清／于桂醑／松明红／似仙灯

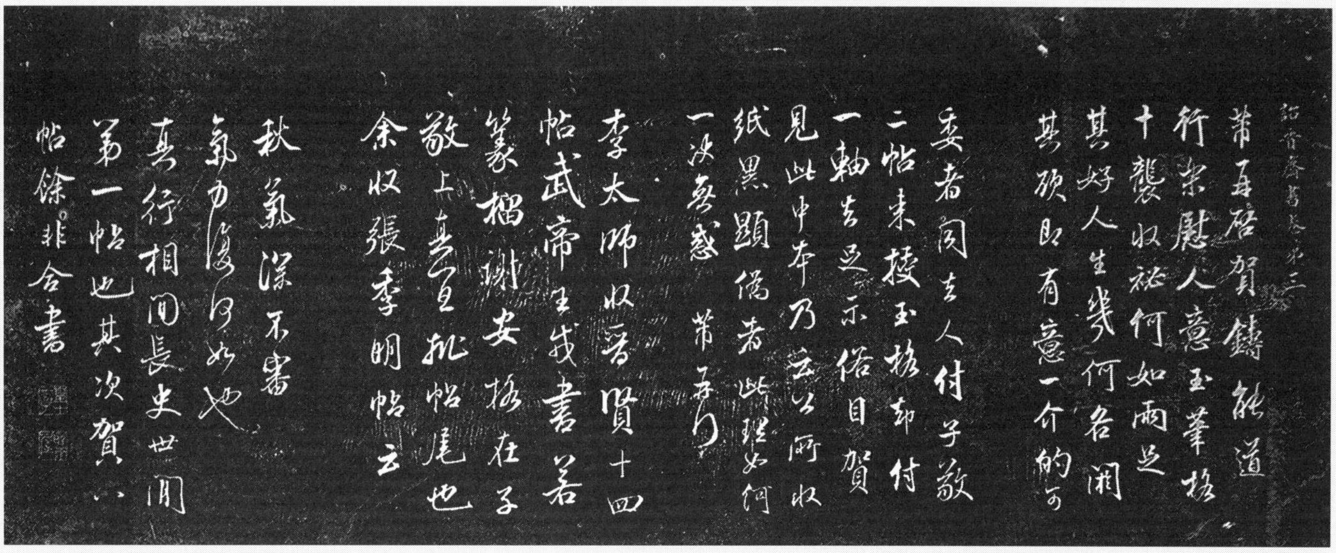

诒晋斋书卷第三

在承德府临米芾帖十种芾再启贺铸能道/行乐慰人意玉笔格/十袭收秘何如两足/其好人生几何各阏/其欲即有意一介的可/委者同去人付子敬/二帖来授玉格却付/一轴去足示俗目贺/见此中本乃云公所收/纸黑显伪者此理如何/一决无惑芾再拜

李太师收晋贤十四/帖武帝王戎书若/篆籀谢安格在子/敬上真宜批帖尾也/余收张季明帖云/秋气深不审/气力复何如也/真行相间长史世间/第一帖也其次贺八/帖余非合书

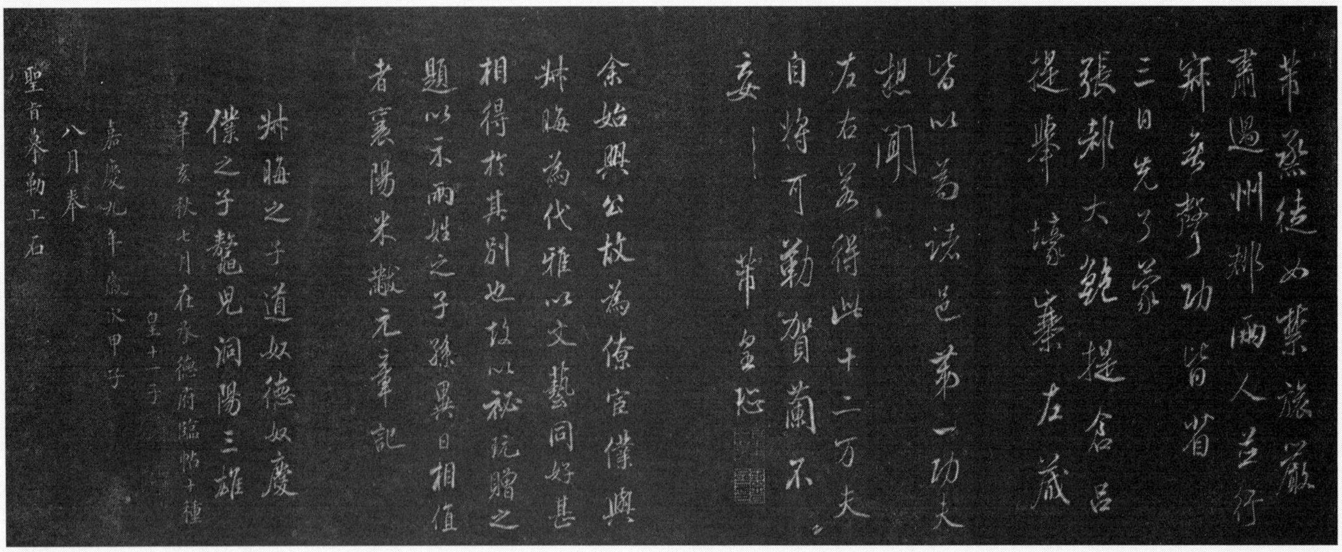

芾烝徒如禁旅严／
肃过州郡两人并行／
寂无声功皆省／三
日先了蒙／张都大
鲍提仓吕／提举壕
寨左藏／皆以为诸
邑第一功夫／想闻／
左右若得此十二万
夫／自将可勒贺兰
不／妄不妄芾皇恐／
余始兴公故为僚宦
仆与／叔晦为代雅
以文艺同好甚／相
得于其别也故以秘
玩赠之／题以示两
姓之子孙异日相值／
者襄阳米黻元章记／
叔晦之子道奴德奴
庆／仆之子鳌儿洞
阳三雄／辛亥秋七
月在承德府临帖十
种／皇十一子嘉庆
九年岁次甲子／八
月奉／圣旨摹勤工
石／

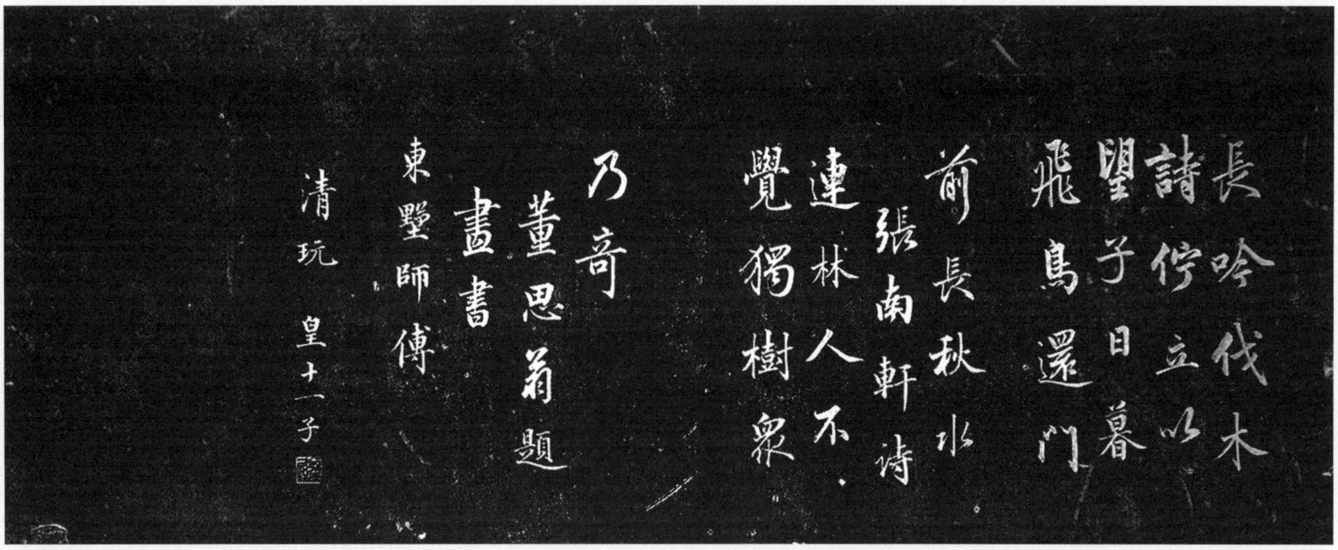

长吟伐木/诗伫立
以/望子日暮/飞
鸟还门/前长秋水/
张南轩诗
连林人不/觉独树
众/乃奇董思翁题
书画东墅师父/清
玩皇十一子

淇水烟波半含春色

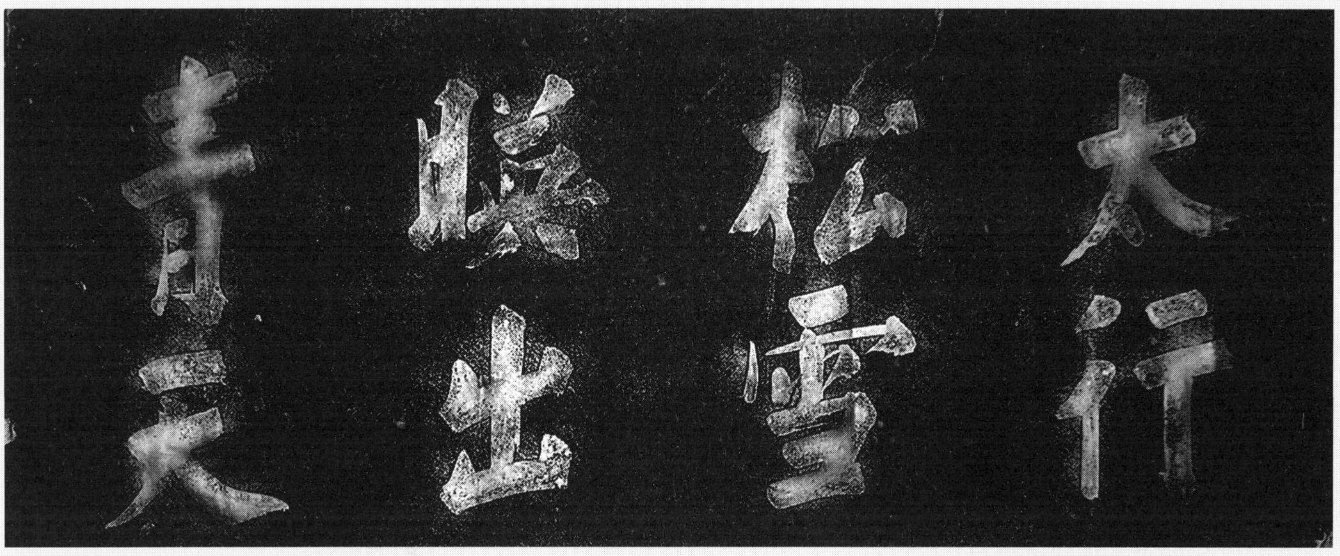

太行松雪映出青天

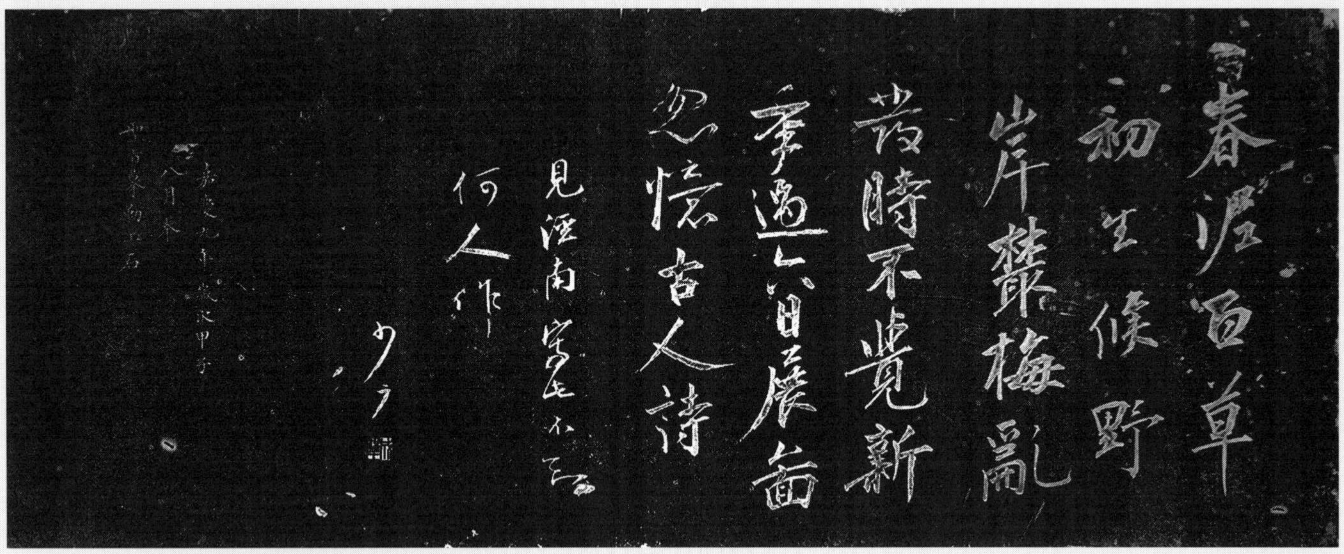

春泥百草／初生候野／岸丛梅乱／发时不觉新／年过六日展图／忽忆古人诗／见泾南写此不知／何人作／少广嘉庆九年岁次甲子／八月奉／圣旨摹勤工石／

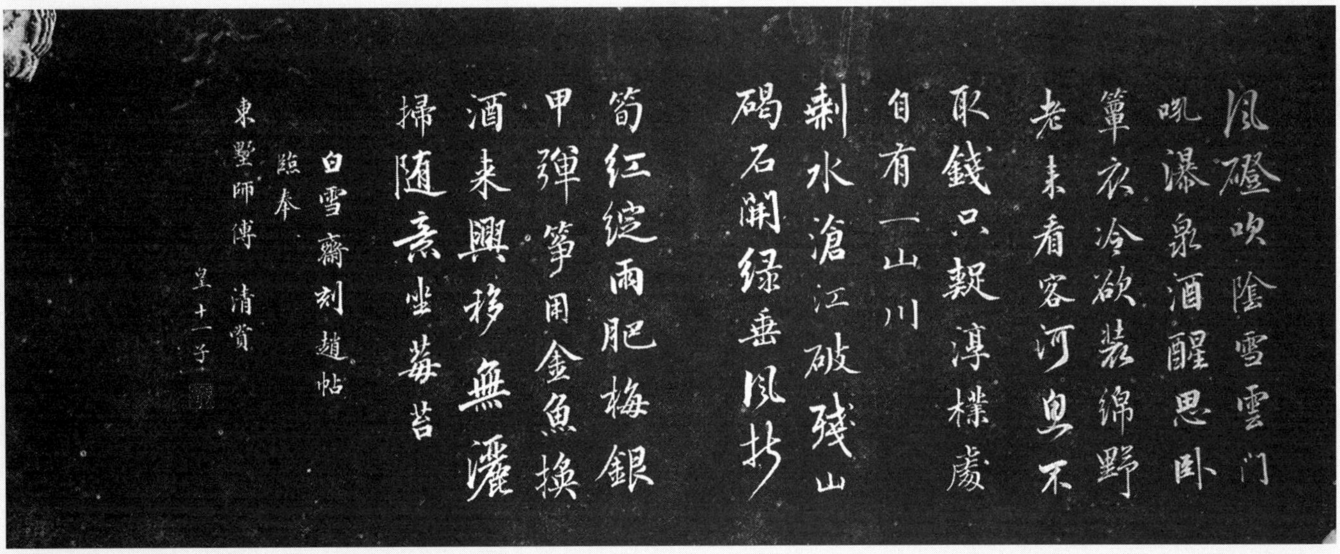

风磴吹阴雪云门／
吼瀑泉酒醒思卧
／簟衣冷欲装绵野／
老来看客河息不／
取钱只疑淳朴处／
自有一山川剩水沧
江破残山／碣石开
绿垂风折／笋红绽
雨肥梅银／甲弹筝
用金鱼换／酒来兴
移无洒／扫随意坐
莓苔
白雪斋刻赵帖／临
奉／东墅师傅清赏／
皇十一子

倦童瘦马放松门／
自把长节倚石根江／
月转空为白昼／岭
云分暝与黄昏／鼠
摇岑寂声随／起鸦
鸠荒寒影对／翻当
此不知谁主客／道
人忘我我忘言／石
梁茅屋有弯碕／流
水溅溅度两陂晴／
日暖风生麦气绿／
阴幽草胜花时
录临川集奉东墅师
傅清赏　皇十一子

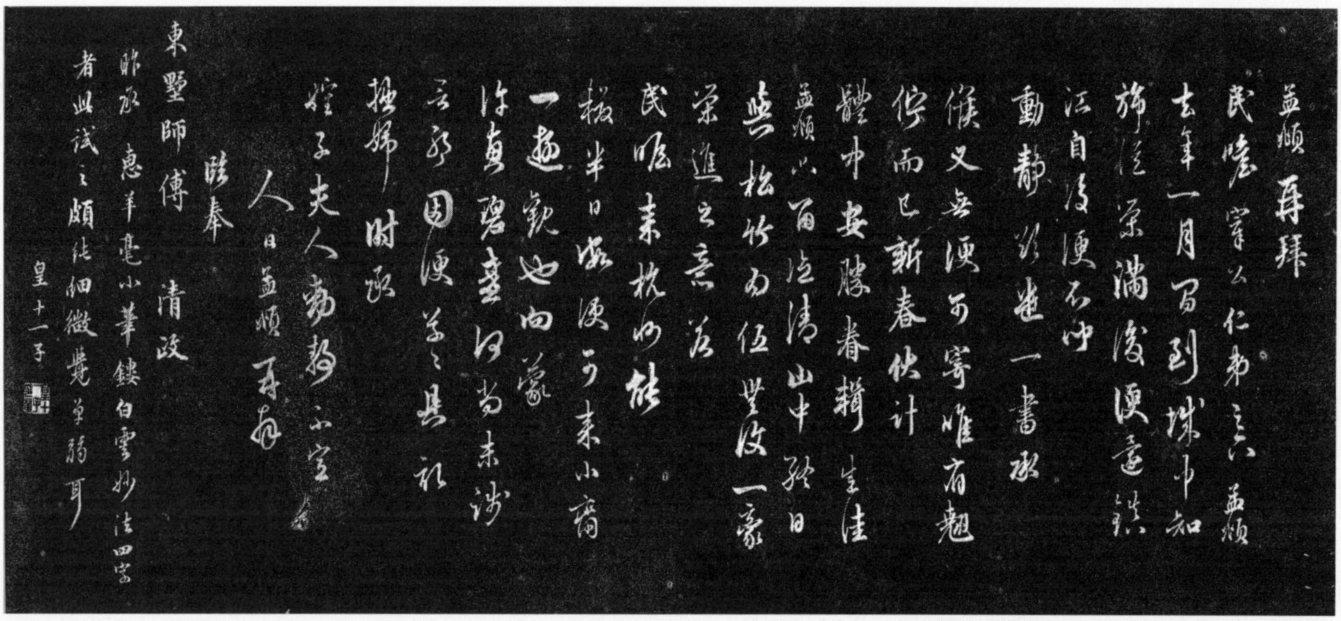

临赵孟頫与民瞻书
孟頫再拜／民瞻宰
公仁弟足下孟頫／
去年一月间到城中
知／旆从荣满后便
还镇／江自后便不
闻／动静欲／遣一
书承／候又无便可
寄唯有翘／伫而已
新春伏计／体中安
胜眷辑悉佳／孟頫
只留德清山中终日／
与松竹为伍无复一
豪／荣进之意若／
民瞻来杭州能／辍
半日暇便可来小斋／
一游观也向蒙／许
惠碧盏何尚未践／
言耶因便草草具记／
拙妇时承／婶子夫
人动静不宣／人日
孟頫再拜
临奉／东墅师傅清
政／昨承惠羊毫小
笔镂白云妙法四
字／者此试之颇纯
细微觉单弱耳／皇
十一子

得曾孙偶作七绝

老屋檐前老瓦盆自分/寒菊去年根老人怪/底能儿戏喜是初看/二世孙/嘉庆十年余年五十有四得曾孙/偶作付儿孙辈

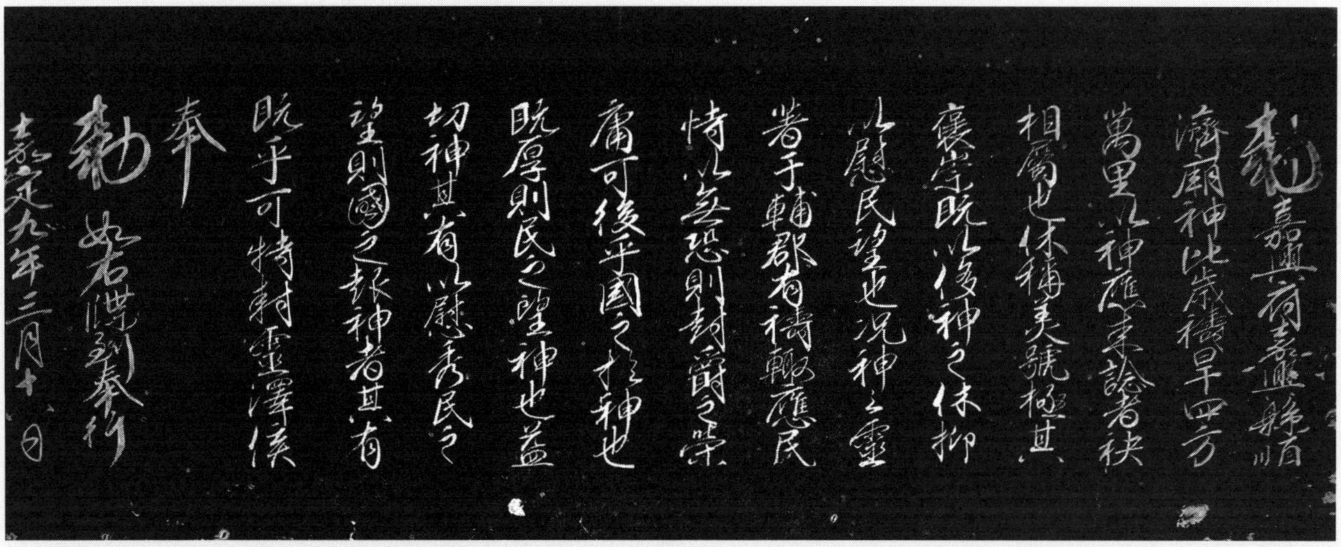

李居仁宋宁宗封灵泽侯敕

敕嘉兴府嘉兴县顺／济庙神此岁祷旱四方／万里以神应来谂者袂／相属也休称美号极其／褒崇既以侈神之休抑／以慰民望也况神之灵／著于辅郡有祷辄应民／恃以无恐则封爵之荣／庸可后乎国之于神也／既厚则民之望神也益／切神其有以慰秀民之／望则国之报神者其有／既乎可特封灵泽侯／奉／敕如右牒到奉行／嘉定九年三月十八日

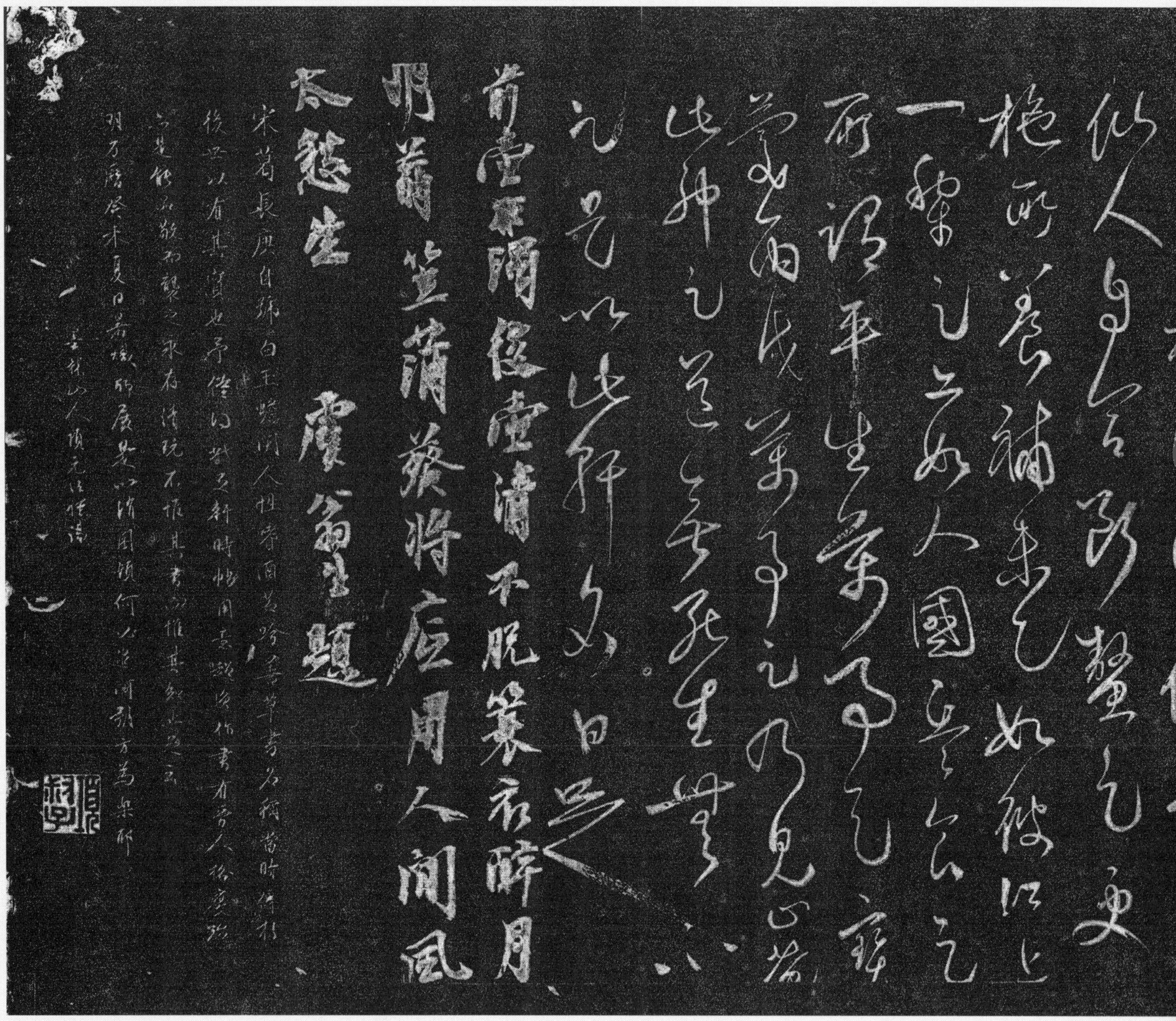

慧足极国阎王伊多足／仙人自合断鳌足／施所养补未足如彼江上／一犁足亦如人国兵食足／所谓平生万事足宝／庆丙戌万事足乃见止□／此神足道无死生无不／足是以此轩名曰足前壶□浊后壶清不脱蓑衣醉月／明篛笠蒲葵将底用人间风／太愁生虞翁生题／宋葛长庚自号白玉蟾闲人性嗜酒苦吟善草书名称当时传于／后世以有其实也予仅得此足轩时帖用意超逸作书有晋人格度殆／亦是能品敬而袭之永存清玩不惟其书而惟其知止足云／明万历癸未夏日暑识所展是以消困顿何必追问朔方为乐耶／墨林山人项元汴谨识

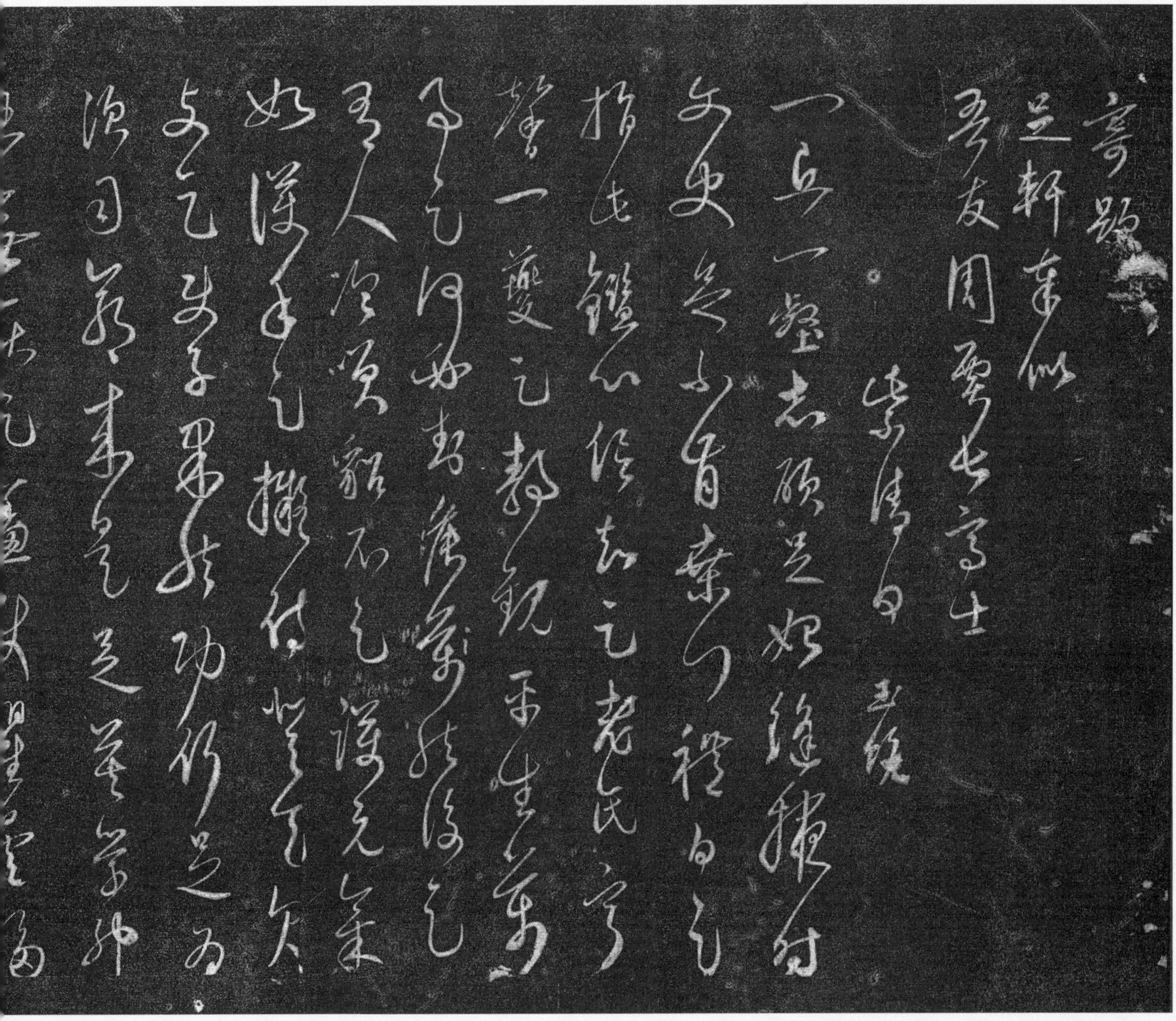

寄题／足轩奉似／吾友周云长高士／紫清白玉蟾／一丘一鞶志愿足始缝掖时／文史足不肯柰行礼自足／指此鉴心信知足老氏宁／馨一夔足静观平生万／事足何必封侯万然后足／有人冷笑招不足护元气／如护手足拟待登天欠／两足使子果然功行足为／须司命来是足莫学神／王无厌足羞使瞿昙福

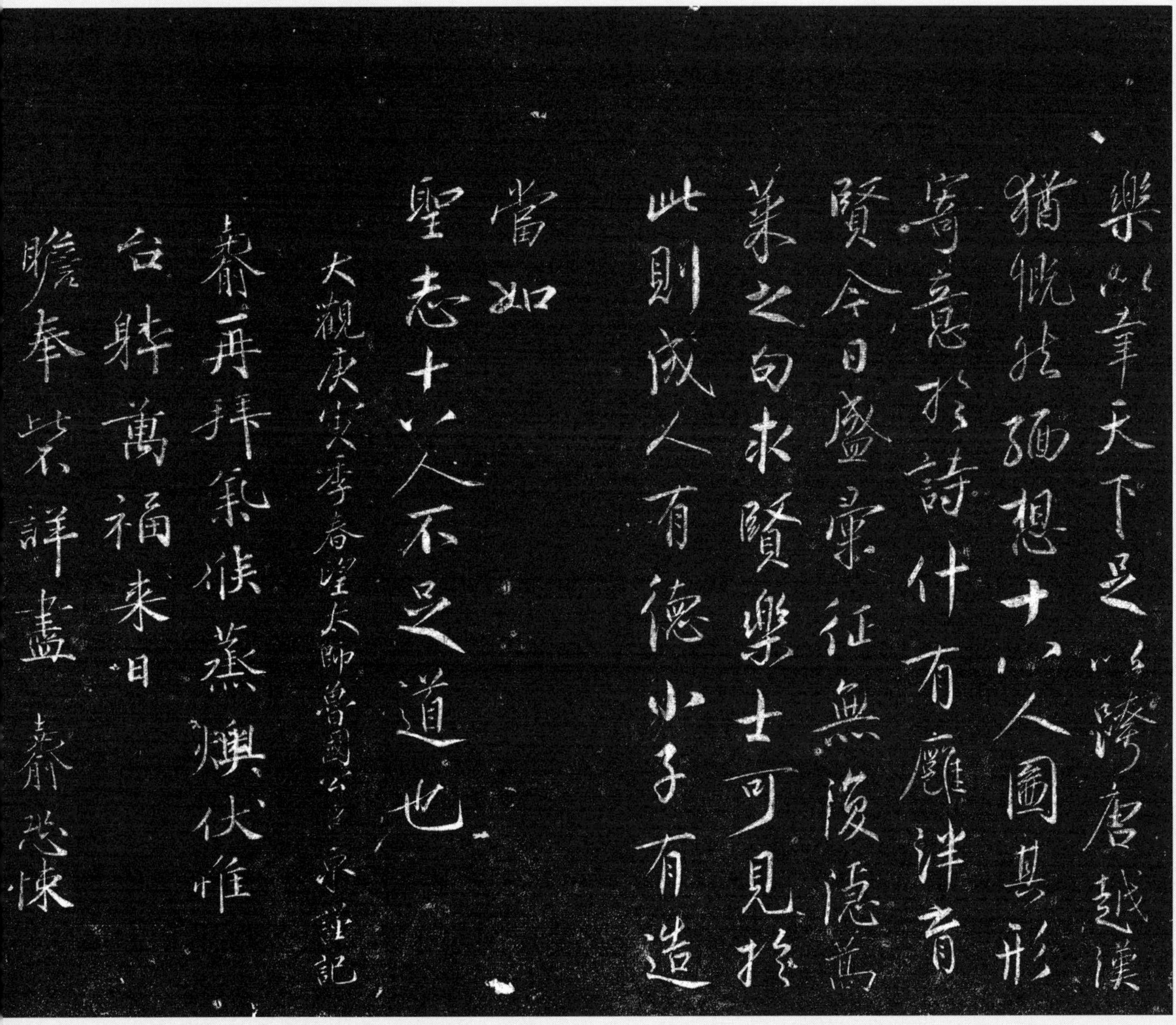

傅尧俞蒸燠帖
尧俞再拜气候蒸
燠伏惟／台体万福
来日／瞻奉此不详
尽／尧俞恐悚米芾
与章侯恶札帖芾启
要恶札是／甚字／
批及芾顿首／章侯
茂异弃疾督捕劄子
弃疾自秋初去／国
倏忽见冬／詹詠之
诚朝夕不替第缘驱
驰到官即专意督捕
日从事于兵车羽檄
／间坐是倥偬略亡
少暇／起居之问缺
然不讲非敢懈怠当
蒙／情亮也指吴会
云间未龟／合并心
旌所向坐以神驰／
右谨具／呈／宣教
郎新除秘阁修撰权
江南西路提点刑□
公事辛弃疾劄子

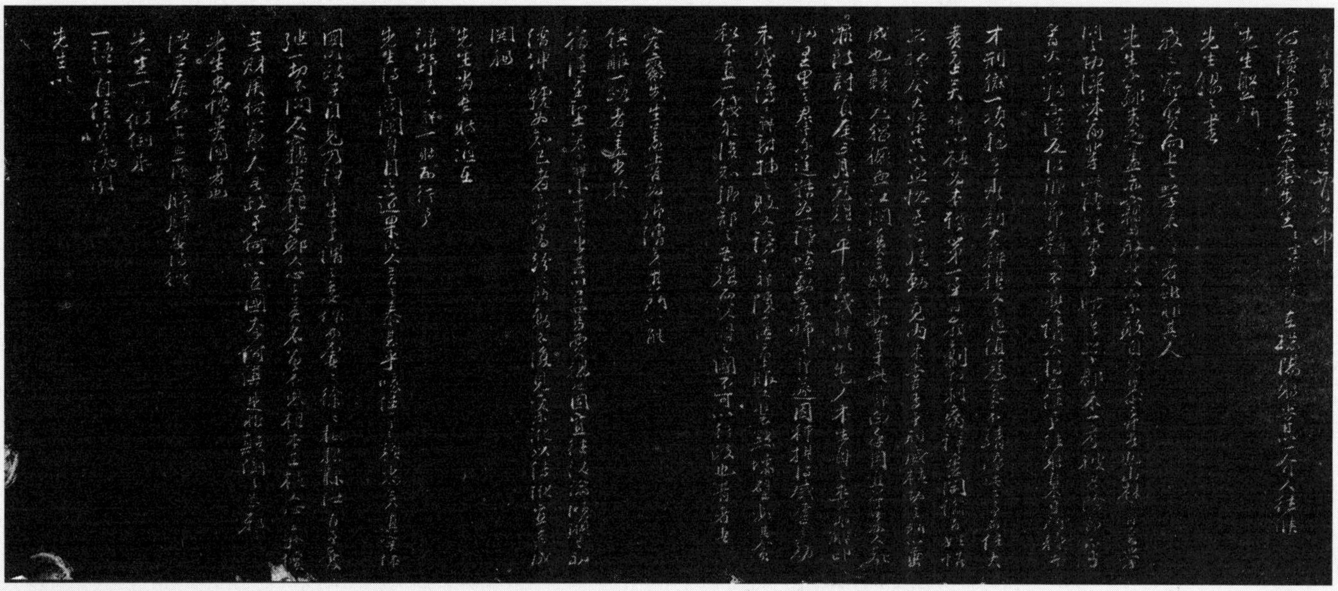

文天祥与宏斋劄子李时勉跋

天祥皇懼頓首三復□申／侍讀尚書宏齋先
生之坐前天祥在瑞陽時嘗以一介人往候／
先生盤所／先生賜之書／教之以聖賢向上
之學若天祥者雖非其人／先生不鄙夷之蓋
亦竊自啓發而不敢自爲暴棄者也山林之日
長學／問之功深味前輩此語疑吏事之妨吾
學郡未一考被召除郎即丐／香火以歸不從
反得卿節辭又不獲請不得已任事往時臬司
所職者／才刑獄一項獨去春新有秤提又適
值寇氛不靖添此二事而任大／責重矣天祥
以楮爲本職第一事日夜靡切利病詳悉開諭
百姓惟／恐拂戾大概只以血忱至公風動竟
內未嘗專事刑威楮功之所以垂／成也贛寇
猖獗血江閩廣三路十數年於此天祥白手用
兵丁萬人聲／罪致討首尾三月寇難以平未
幾天祥以先人本生母之喪即解印／歸裏裏
之群不逞結爲一嘩喧動京師天祥遂因秤提
得威虐之劾／未幾又謗天祥討捕之敗又謗
天祥隱匿重服又裝點牆壁數其貪／私不直
一錢然後知鄉鄙之甚難而父母之國不可以
行政也昔者吾／宏齋先生蓋嘗爲鄉漕矣其
所以能／鎮服一路者蓋出於／宿德重望若
天祥小生乍出其以召罵賈禍也固宜往議論
澒洞之初／縉紳之號爲知己者亦皆爲紛紛
所動不復見察訛以傳訛宜其成／哄獨／先
生當時適在／綠野凡天祥一時所行事／先
生得之閭閻耳目之近果如人言自泰甚乎噫
任事之難尚矣真實體／國以政事自見乃謂
之生事謂之妄作而虛虛徐徐相招祿仕百事
廢／弛一切不問反竊愛根本恤人心之美名
曾不思根本在楮人心在物價／無財用何以
聚人無政事何以立國奈何其是非顛倒之甚
邪／先生忠忱愛國者也／憤世疾邪者也區
區肺肝安得從／先生一日傾倒求／一語以
自信茲者伏聞／先生以／

新天子蒲輪束帛之勤／爲時一出／自大司
寇／進長六卿／典事樞／专政柄／使衛武
公之爵之德之齒千有餘歲之下／煥然重光
仆何幸身親見之天祥謹頓首爲／國賀爲世
道／賀不獨爲／先生賀也天祥謗毁之余賴
／君相保全無大督過束禮書入深林溫理故
讀爲吾所爲盖自是浩／然方外之想矣／先
生即日膏澤六合仆也蓑笠／太平與受／公
賜臨書馳／仰神爽欲　飛伏乞／台照／右
謹具／申／正月日 承心制文天祥劄子
右宋丞相文信公劄子一幅盖贺包公宏父迁
官时／书也其中言在端阳时尝遣一个人往
候先生者盖／公为刑部郎官上疏论董宋臣
之慈不报束装将出／关时相遣人谓其不可
差知瑞州故公在瑞州与宏／父通问也其曰
郡未一考被召除郎即丐香火之归不／从友
得乡节者盖公以癸亥为瑞州甲子十月召／
赴行在除礼部郎十一月除江西提刑也其曰
以先人／本生母之丧解印归里者盖公甲子
为提刑乙丑伯／祖母梁夫人殁实公尊府本
生母也其曰宏斋先生／尝为乡漕者盖宏尝
父知隆兴府兼江西转运／也其曰先生当是
时适在绿野者盖宏父为刑部／侍郎知平江
府以言事召赴阙辞改知绍兴又辞疑／是时
罢归正在景定末年公解印时也其曰先生以
新／天子蒲轮束帛之勤为时一出进长六卿
典事枢／者盖度宗初即位召宏父为刑部尚
书签书枢密／院事封南城县侯故公贺以此
书也其曰谤毁之余／赖君相保全无大督过
来礼书入涂林温理故读自／是浩然方翁之
想者盖是时台臣黄万石以公不职／论罢之
公于是辟文山筑居第为山水之游故云然／
也友覆观之其忠正之气凛然见于言辞之间
说／仰慨慕之余若将见之况当时亲炙之者
能不／感谢发奋也欤是书今建阳县尹张君
光启／所家藏者盖光启之五世从祖父日中
宏父之馆甥／也倅守兴化起兵应丞相恢复
闽广后抗节以／死是书之传也有自光启装
潢以示予留玩累日／敬书于后以归之／宣
德六年秋七月望日后学李时勉拜手敬书

录文

叔愛

理門相望越名尊賜出前日燉眉五月十
七日離都六月廿三日方抵吳門泊迷
兩渥不勝生憂功無以見須一到杭
初杖
見而曰李薦於壽曰住次畫泣
學嚴揚出
丈母大夫人恭人尊體多安和 燉勞
見夜揚出
府第一兩月便當為濟南之行不復
息期當乘日船上海裝萬戶樂不
當能親久念之或到省里
尊旁卿脫甚事至堂一侯密
到家別上此示堂
先為叔愛大頻筆當西
亦累長及甚功

叔愛

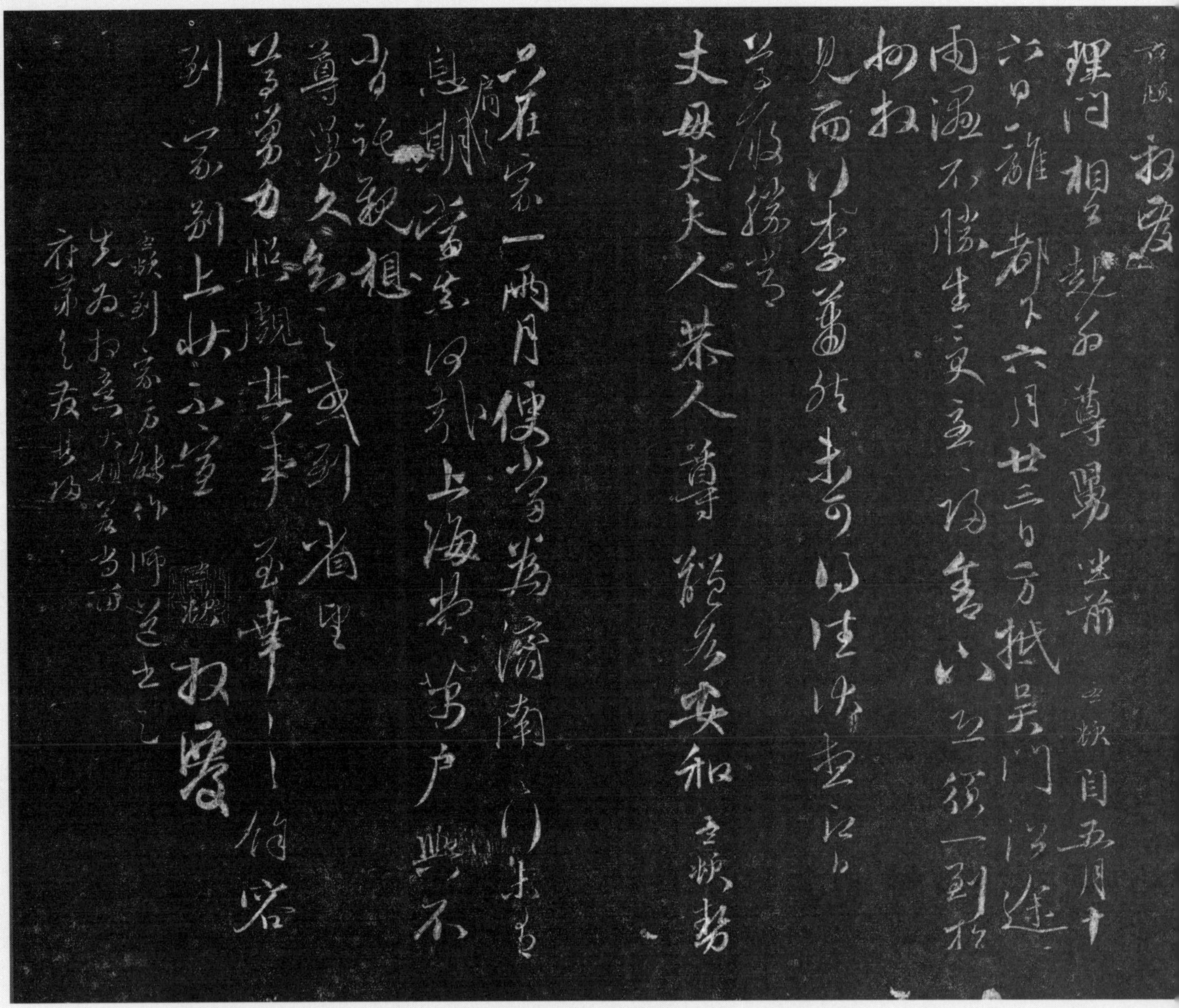

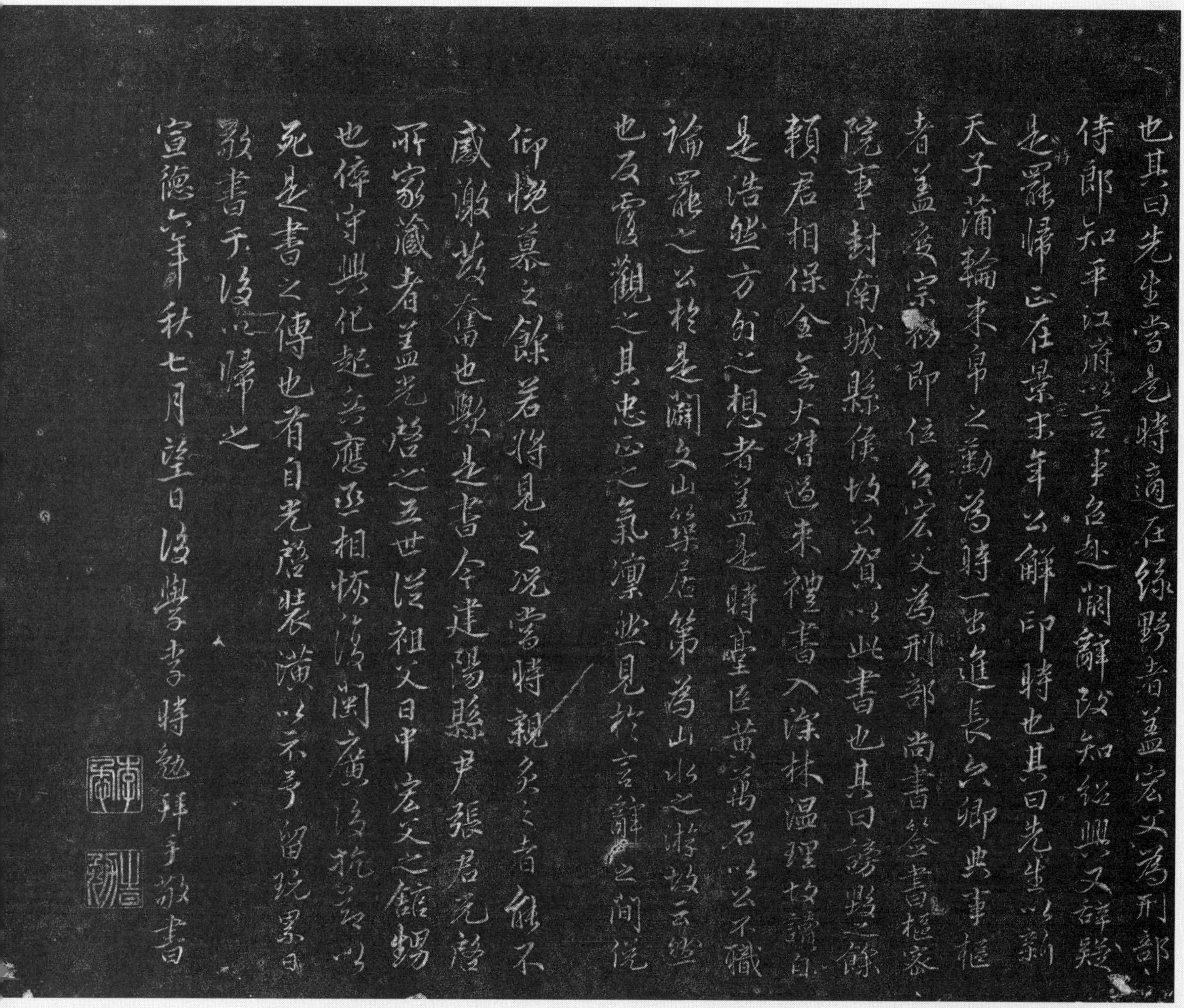

也其曰先生嘗忌時適在綠野者蓋宏文爲刑部、侍郎知平江府以言事召赴闕辭改知紹興又辭疑是羅歸正在景末年公解印時也其曰先生以新天子蒲輪束帛之勤爲時一出進長六卿典事樞者蓋度宗初即位召宏文爲刑部尚書簽書樞密院事封南城縣伯故公賀以此書也其曰謗毀之餘賴君相保全者大猎過來禮書入深林温理故諸自是造然方豹之想者蓋是時臺臣黄萬石以公不職論罷之公於是謝文山築居第爲山水之游故云然也及覆觀之其忠正之氣凜然見於言辭之間況御忱慕之餘若將見之況當時親炙之者能不感激發奮也歟是書今建陽縣尹張君光啓所家藏者蓋光啓之五世從祖父日中宏文之館甥也倅守興化趙公應丞相恢復閩廣後抗節以死是書之傳也有自光啓裝潢以示予留玩累日敬書于後而歸之

宣德六年秋七月望日後學李時勉拜手敬書

赵孟頫与起翁尊舅书

孟頫拜覆／理问相公起翁尊舅坐前孟頫自五月十／六日离都下六月二十三日方抵吴门沿途／雨湿不胜生受适归舍下

恐须一到松／州拜／见而行李叶然未可得往伏想须日／学严胜常／丈母太夫人恭人尊体为安和孟頫势／只在家一两月便当为济南之行未有／息肩之期当真何哉上海费万户与不／肖托亲想／尊舅久知之或到省望／尊舅力照觑其事至幸之余容／到家别上状不宣孟頫拜覆／孟頫到家方能作师道书之／先为拜意大姐差当留／府第分发其归

米芾秋暑憩多景楼五律何执中、平显跋

华胥兜率梦曾游天下江山第一楼冉冉明廷万灵入（缺）浮衲子来时多泛钵汉星归未觉经牛云移怒翼搏千里气霁刚风御九秋康乐平生追壮观未知席上极沧洲多景楼禅师有建楼／之意故书

钩沉石影

極其妙米襄陽宋史稱其風神蕭散
音吐清暢其書則沈著飛翥為時尤
奇崛荊以書摘其句書扇之東坡亟
譽之見重於當時如此是必書於澗之
致矣軒者何太傅目為三絕信非溢美
惜丹僧書馴致渝兒後為檜婿父子所
藏陸沈悠久天發其秘
永樂辛丑素軒冰兒自頃來朝
此余得而寶之解裹見示觀其趣逸不凡
令人痛快真所謂天馬脫銜青猊摩空孝
世家物顗欷感奇嚮逸氣翕然有歸魂
首之隨發於謓國姦臣之唇萬丈霄壤
矣不辞燕逼偕藏左方南宮有神為
六十某吉之過起歲秋孟之望松雨老
人府林平題拜題

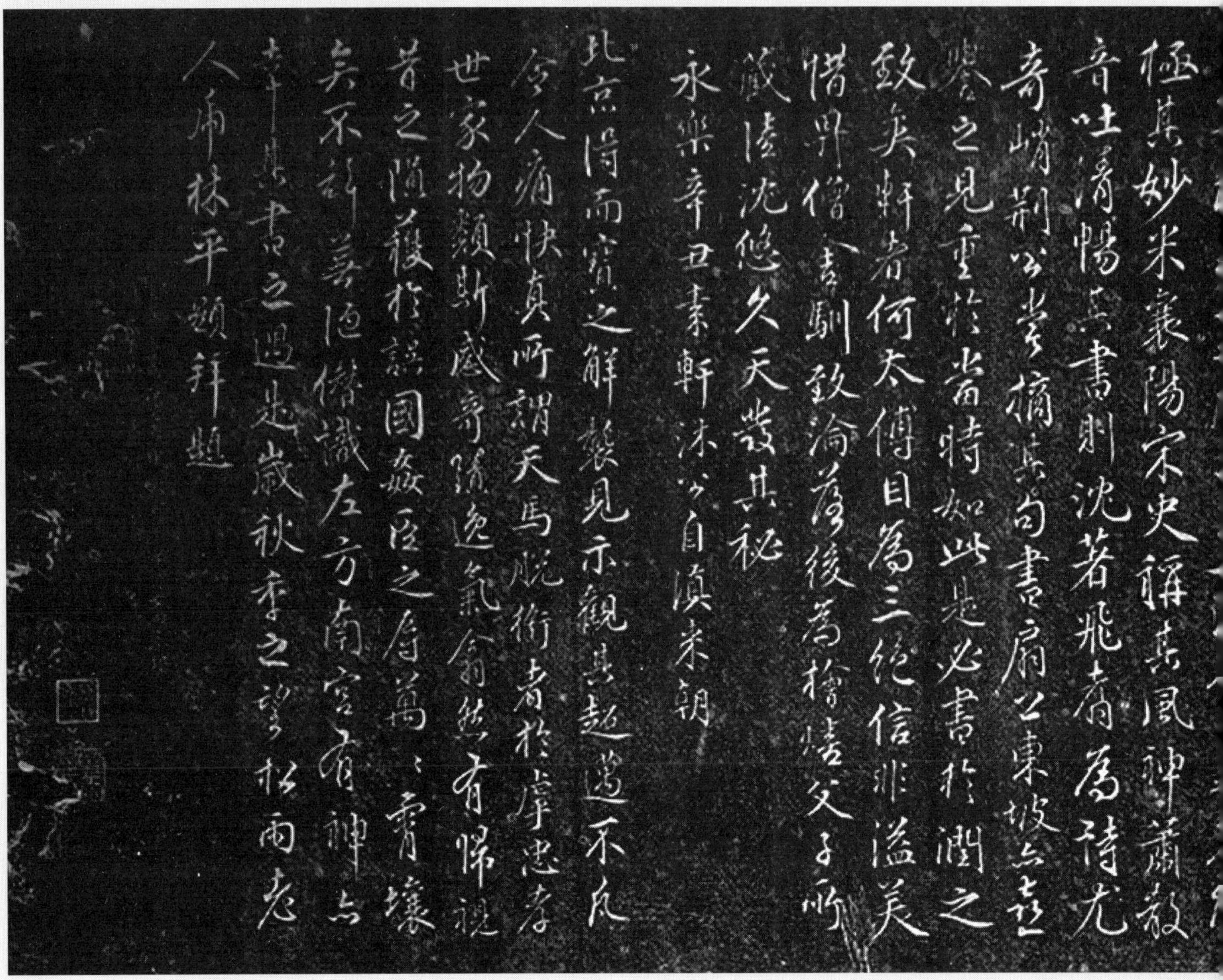

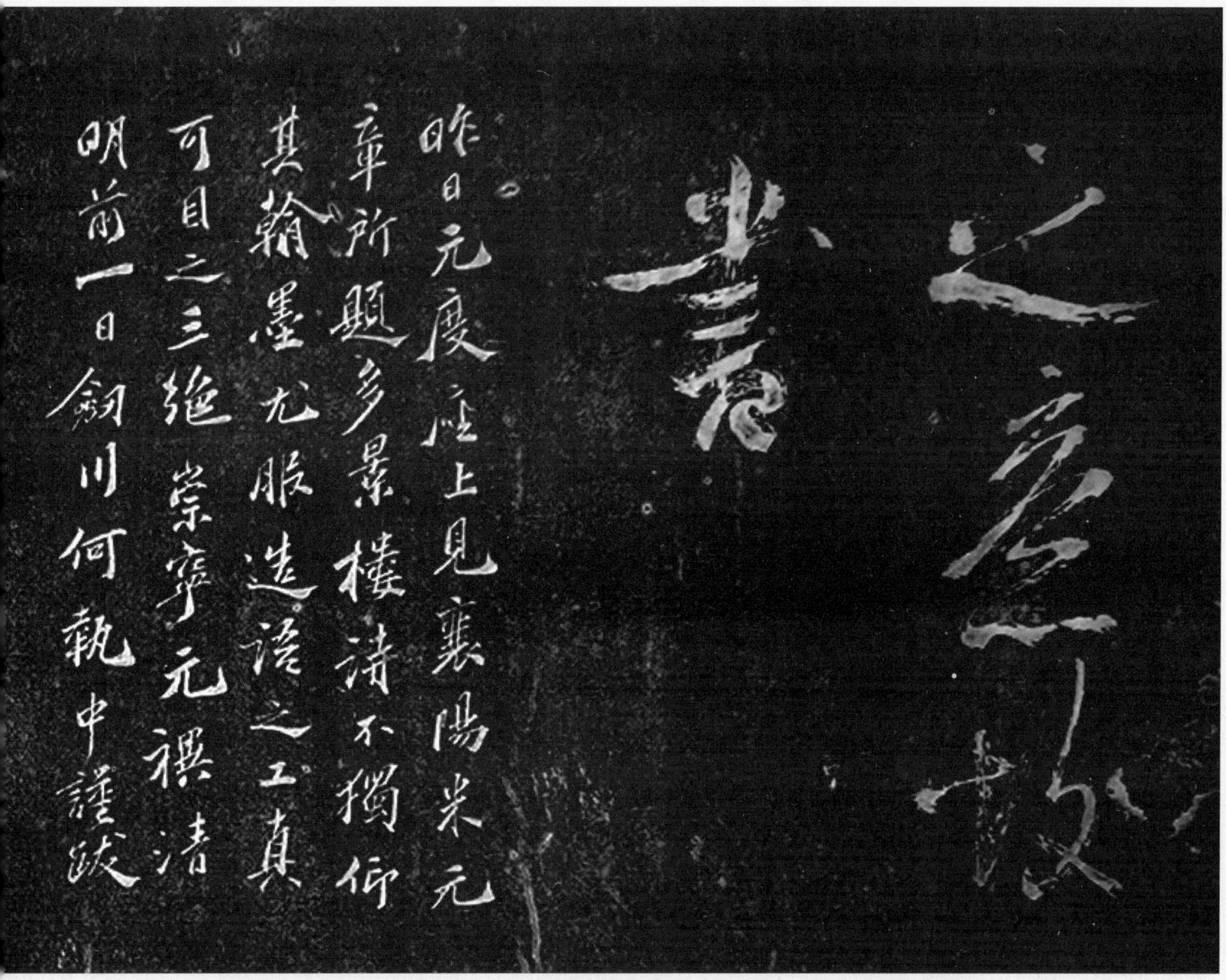

昨日元度座上见襄
阳米元／章所题多
景楼诗不独仰／其
翰墨尤服造语之工
真／可目之三绝崇
宁元祀清／明前一
日剑川何执中谨跋
多景楼第一之胜非
第一流人品题不能／
极其妙米襄阳宋史
称其风神萧散／音
吐清畅其书则沈著
飞翥为诗尤／奇峭
荆公尝摘其句书扇
上东坡亦喜／誉之
见重于当时如此是
必书于润之／致矣
轩者何太傅目为三
绝信非溢美／惜畀
僧舍驯致沦落后为
桧熺父子所／藏陆
沈悠久天发其秘／
永乐辛丑素轩沐公
自滇来朝／北京得
而宝之解袭见示观
其超迈不凡／令人
痛快真所谓天马脱
衔者于虚忠孝／世
家物类斯感奇迹逸
气翕然有归禔／昔
之陨获于误国奸臣
之辱万万霄壤／矣
不详芜陋僭识左方
南宫有神亦／幸其
书之遇是岁秋季之
望松雨老／人虎林
平显拜题／首业大
篆印二上印不可识
下印曰秦埙

黄庭坚伏波神祠五律并跋张孝祥文徵明跋／经伏波／神祠／蒙蒙篁竹／下有路上壶／头汉垒／麏鼯斗／蛮溪雾／雨愁怀人／

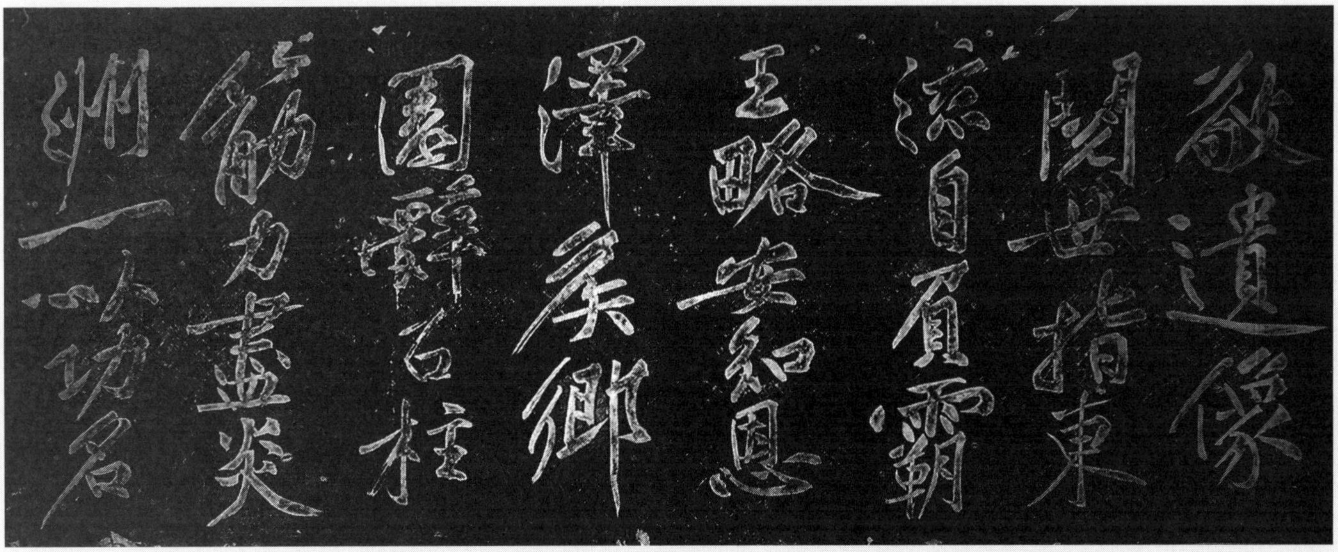

敬遗像／阅世指东／
流自负霸／王略安
知恩／泽侯乡／园
辞石柱／筋力尽炎／
洲一以功名／

累翻思马／少游／
师洙济／道与余／
儿妇有／瓜葛又尝／
分舟济／家弟嗣直／

因来乞书／会予新／病癱疡／不可多作／劳得墨潘／漫书数／纸臂指／皆乏都／

不成字若持／到淮南见／余故旧可／示之何如元佑／中黄鲁直／书也建中／靖国元年／五月乙亥

荆州沙尾／水涨一丈堤／上泥深一尺／山谷老人病／起须发／尽白／张孝祥安国氏／观于南郡卫公堂上信一代奇／笔也养正善藏／之乾道戊子／月十日

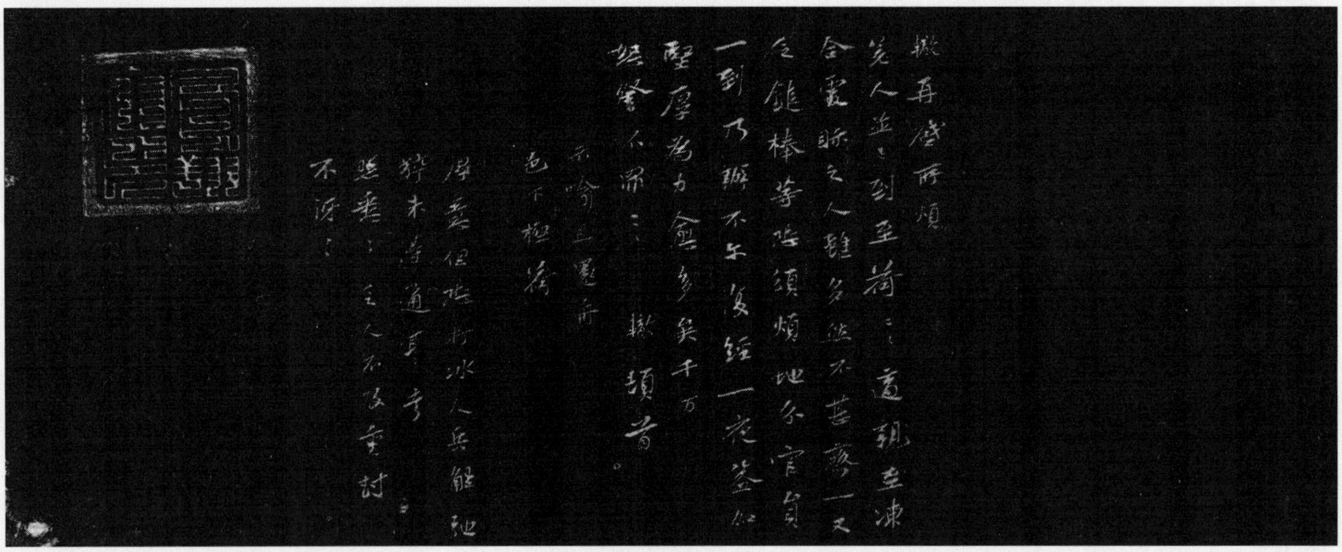

苏辙冻合帖

辙再启所烦/差人
并已到至荷至荷适
亲至冻/合处晾之
人虽多忽不甚齐一
又/乏鎚棒等恐须
烦地分官员/一到
乃办不尔复经一夜
盖加/坚厚为力愈
多矣千万/恕訾不
罪不罪辙顿首/示
喻且还舟/邑下极
荷/厚意但恐打冰
人兵解驰/猝未得
通耳者/幸照悉悉
乏人不及重封/不
讶不讶

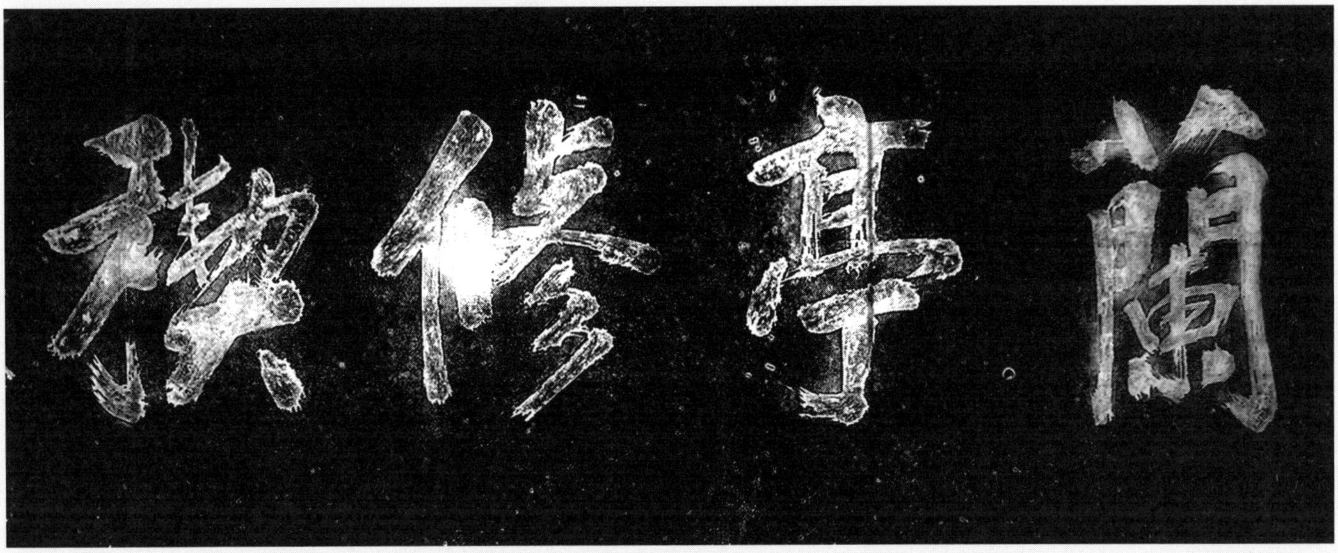
蘭亭修禊

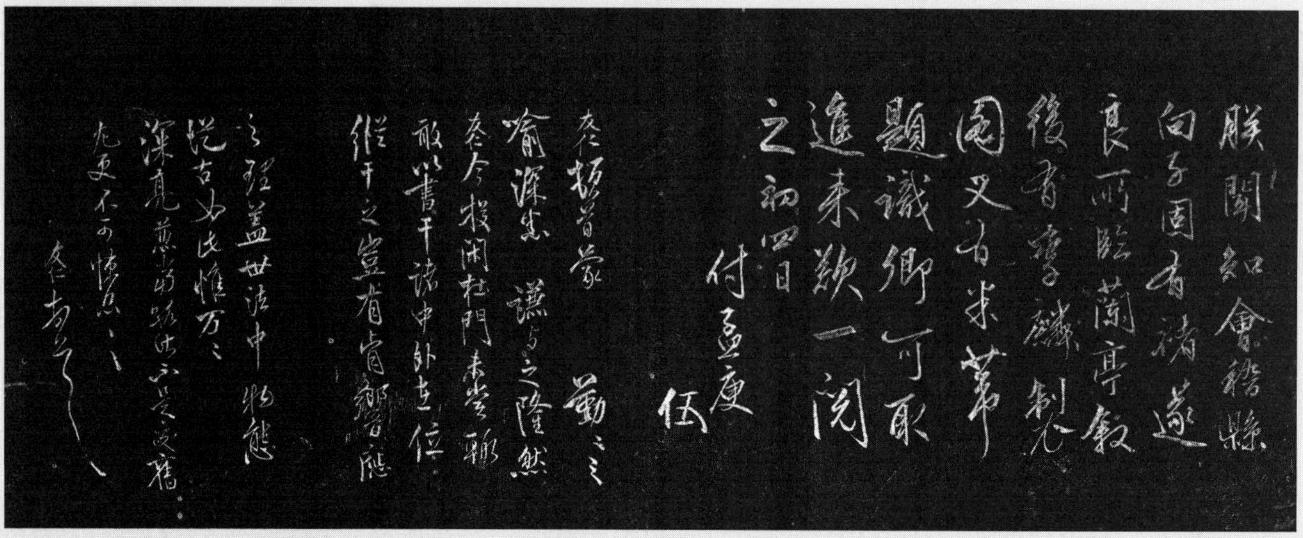

朕闻知会稽县／向
子固有褚遂／良所
临兰亭叙后有李
麟制／图又有米芾／
题识卿可取／进来
欵一阅之初四日／
付孟庾

米友仁杜门帖

友仁顿首蒙勤勤之／
喻深悉谦与之隆然／
友仁今投闲杜门未
尝辄／敢以书干诸
中外在位／纵干之
岂有肯响应／之理
盖世法中物态／从
古如此惟万万／深
亮兼当路皆不是交
旧／尤更不可悚息
悚息／友仁顿首

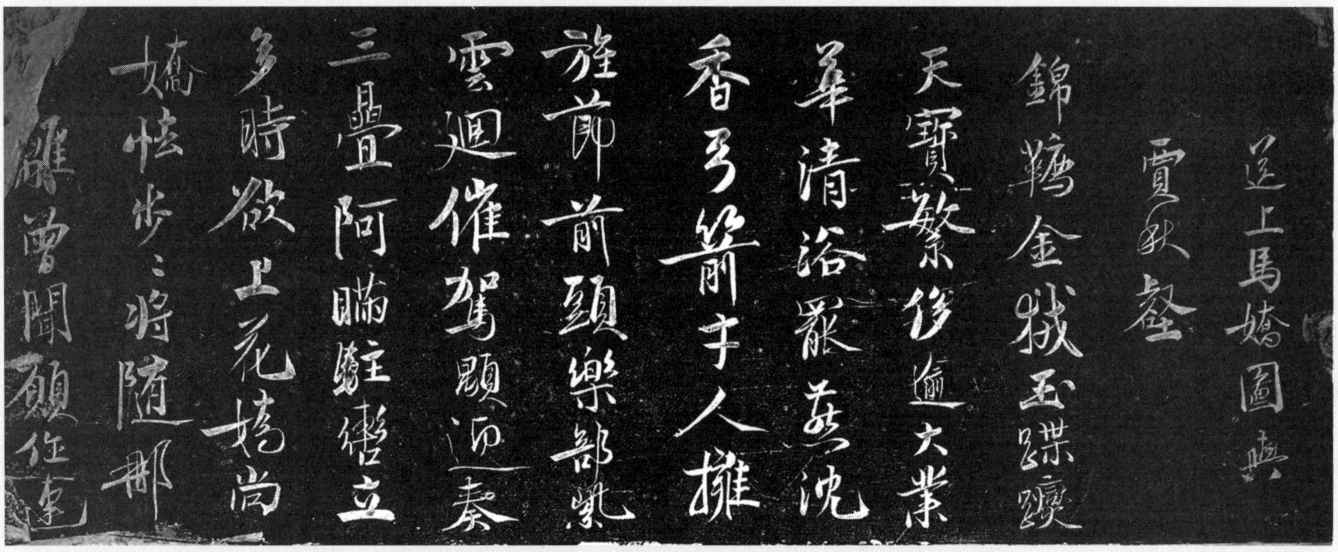

赵孟坚马娇图诗并
跋
送上马娇图与／贾
秋壑
锦鞯金狨玉蹀躞／
天宝繁侈逾大业／
华清浴罢燕沉／香
弓箭才人拥／旌节
前头乐部紫／云回
催驾颙迎奏／三叠
阿瞒驻辔立／多时
欲上花娇尚／娇怯
步步将随那／口离
曾闻愿作连／

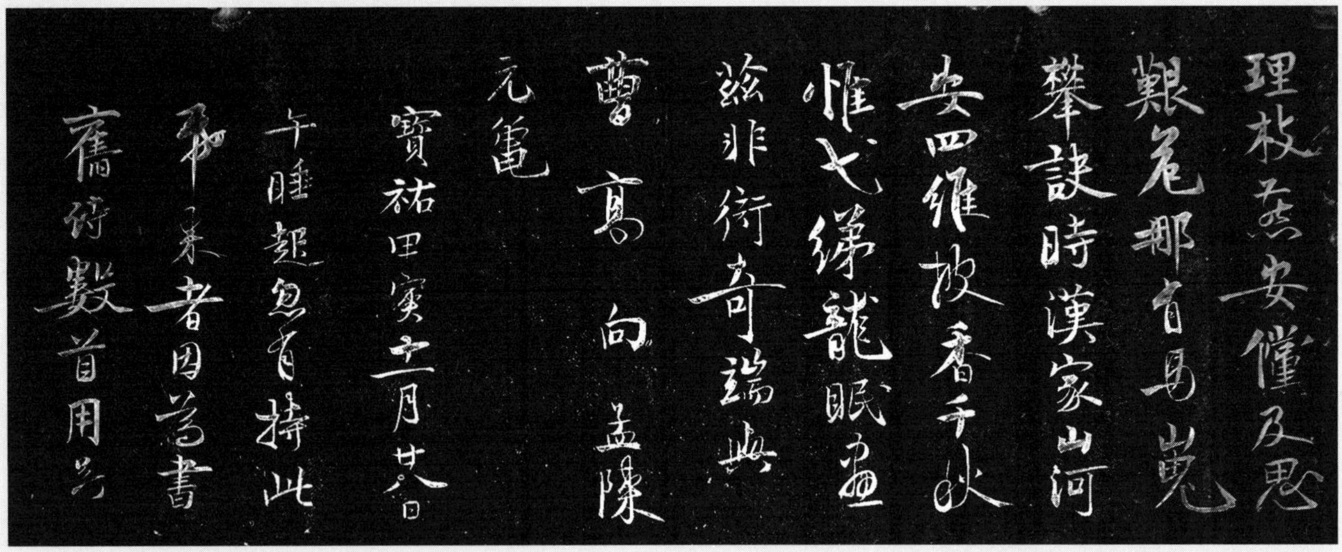

理枝燕安傥及思／艰危那有马嵬／攀诀时汉家山河／安四维披香千秋／惟戈绨龙眠画／兹非衔奇端与／曹高向孟陈／元龟／宝祐甲寅十一月廿八日／午睡起忽有持此／纸来者因为书／旧诗数首用吴／

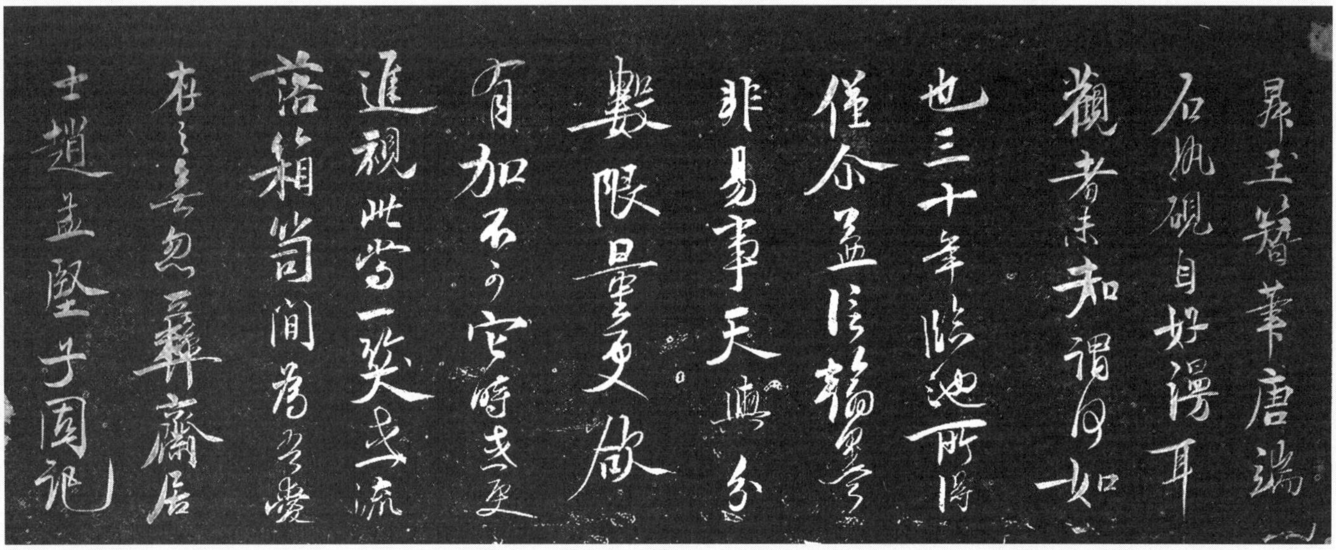

升玉簪笔唐端／石执砚自好漫耳／观者未知谓何如／也三十年临池所得／仅尔益信翰墨／非易事天与分／数限量更欲／有加不可它时或更／进视此当一笑或流／落箱筒间为吾爱／存之无忽彝斋居／士赵孟坚子固记

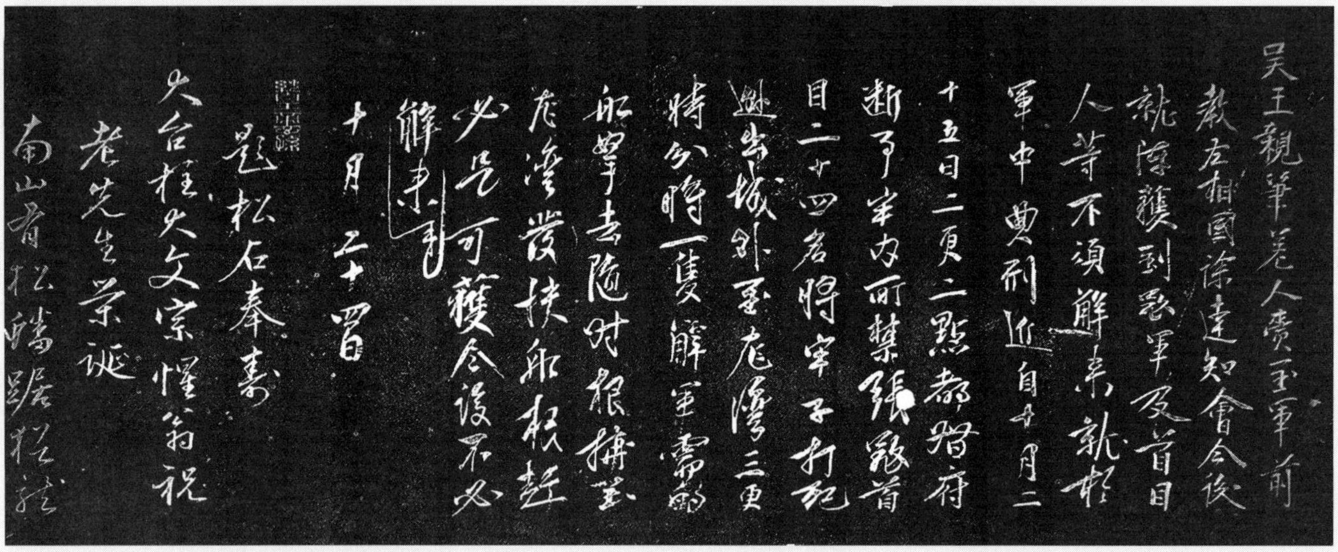

吴王親筆差人賫至軍前
敎左相國徐達知會今後
就陳獲到寇軍及首目
人等不須解來就於
軍中典刑近自十月二
十五日二更二點都督府
斷事牢內所禁張寇首
目二十四名將牢子打
死逃出城外至尤灣三更
時分將一隻解軍需的
船拿去隨時根捕呈
尤灣發快船根趕
必是可獲今後不必
解來□
十月二十四日

朱长源与徐达书

吴王亲笔差人赉至军前／教左相国徐达知会今后／就陈获到寇军及首目／人等不须解来就于／军中典刑近自十月二／十五日二更二点都督府／断事牢内所禁张寇首／目二十四名将牢子打死／逊出城外至尤湾三更／时分将一支解军需的／船拿去随时根捕呈／尤湾发快船根赶／必是可获今后不必解来□／十月二十四日

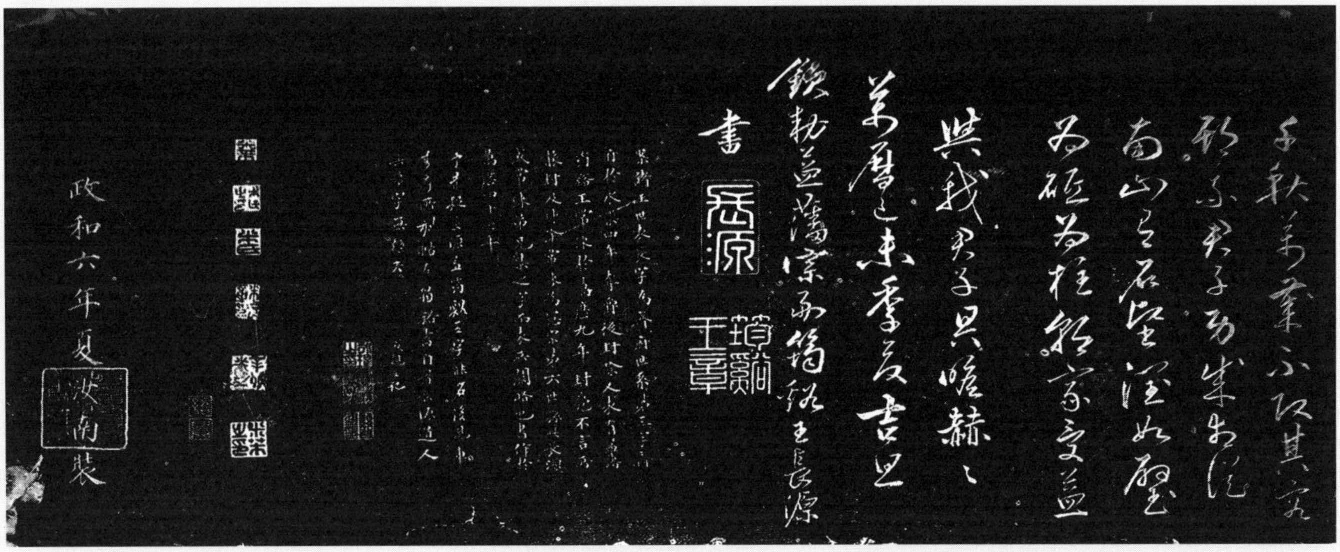

朱常涞题松石寿惺翁四言诗永理跋

题松石奉寿／大台柱大文宗惺翁祝／老先生荣诞／南山有松蟠踞犹龙／千秋万岁不改其究／期我君子功成相从／南山有石坚深如璧／为砥为柱朝家受益／与我君子具瞻赫赫／万历已未季夏吉旦／钦敕益藩宗承筠溪王长源／书

永理跋：案诸王世表长字为齐府世系第三字齐／府于永乐四年夺爵后封除又表有益藩／筠溪王常涞于万历九年封薨不言所／袭封及封除常涞为宪宗第六世孙此长源／或常涞弟兄某之字而表所阙略也书作于／万历四十七年／予昔疑长源盖筠溪王字非名后见车／万育所刻帖有筠溪书自著长源道人／其为字无疑矣成亲王记

文彦博修礼濬河两牒米友仁向水跋

适见报状已差／赵待制高张都知茂叔／郧王葬礼使副送都／厅凡干葬礼事节速／牒护葬使司并牒管勾／□贵早见集仍看详牒语／周备如法修写

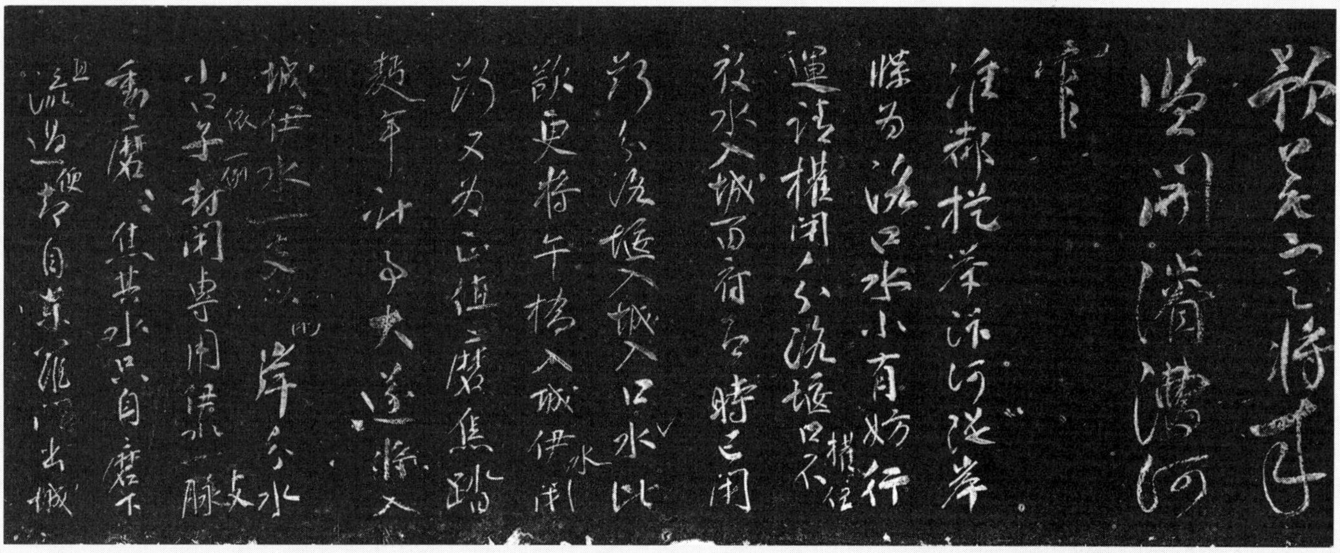

预差定将来／监开
濬漕河／官／准都
提举汴河堤岸／牒
为洛口水小有妨行／
运请权闭分洛堰口
权住／不放水入城
留府即时已闭／断
分洛堰入城入水口
比／欲更将午桥入
城伊水闭／断又为
正值磨焦踏／面年
计事大遂将入／城
伊水一脉以两岸分
水／小口子依例封
闭专用伊水一支／
动磨磨焦其水只自
磨下／且流过便却
自东罗门出城／

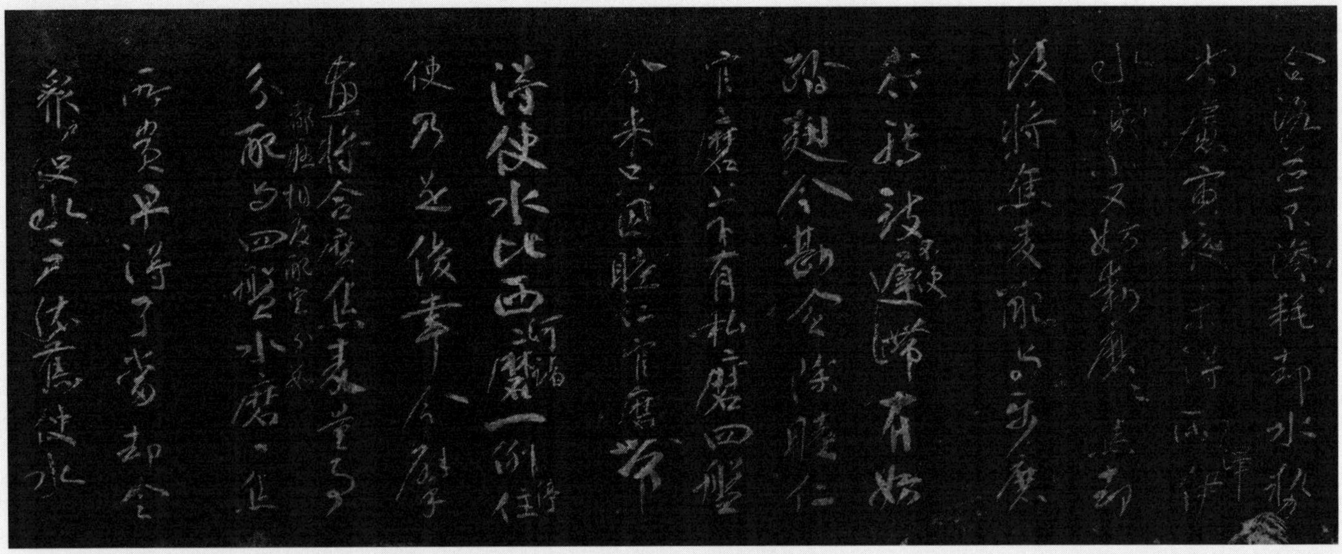

合洛并不渗耗却水
势/尚虑寅夜未得
雨泽伊/水减小又
妨动磨磨焦却/致
将焦麦配与步磨
/行转致不便迟滞有
妨/踏麴今勘会除
睦仁/官磨上下有
私磨四盘/今来只
因睦仁官磨带/得
使水比西河诸磨一
例停住/使乃是优
幸今擘/画将合磨
焦麦量事/都厅相
度配定分数/分配
与四盘水磨磨焦/
所贵早得了当却令/
众户使水户依旧使
水/

潞公于草法及留心
家／中旧亦藏数纸
今不／复有忽观此
书想见／其功业之
伟搢绅先／觉余韵
燦然在目是／可叹
赏米友仁元晖跋／
公之勋德举天下孰
不仰而／敬之公之
字法则天下之所／
未闻非未之闻也兵
火残／烬之余十真
九伪识者稀／有盖
公之真迹益艰得而／
见矣此三帖旧藏许
仲谋／家观元晖之
跋在承平时／好事
者已保而珍之况今
之日／邪然非元晖
之明则曷知／公之
于草法及留心也哉
尤／当藩子袭室而
靳诸俗眼／期百世
之传云庆元戊午元／
日寮林居士向水若
冰甫／书于月河别
止之冰斋

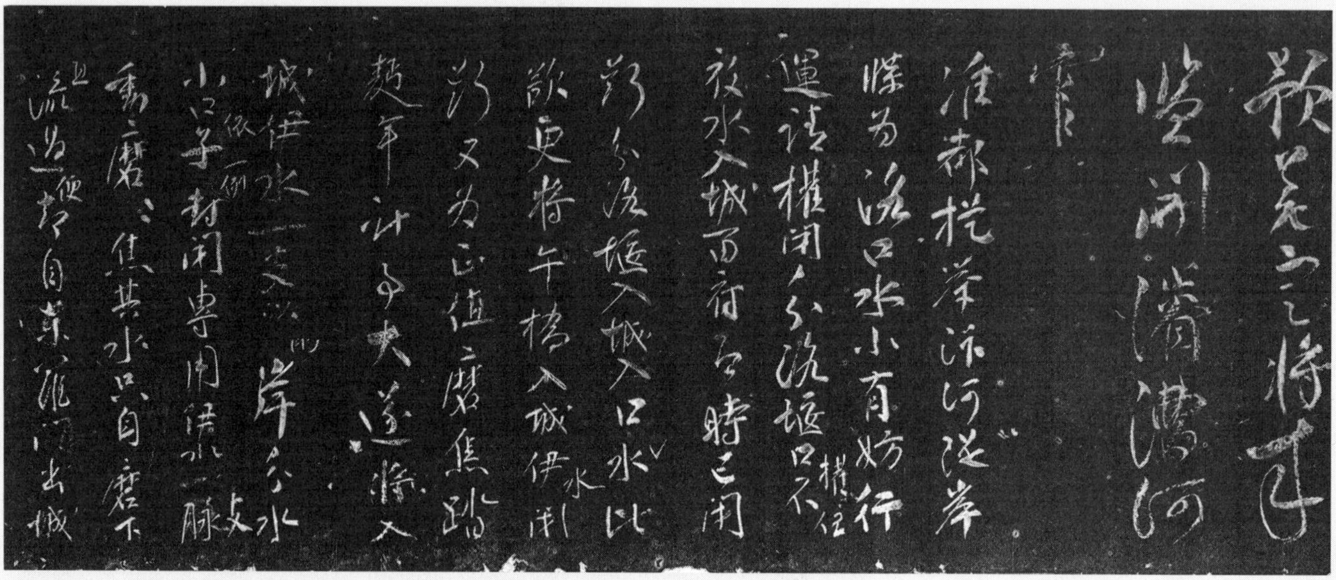

苏轼刘锡制草江德量跋

宣德郎刘锡元年一百四岁／可承事郎诏／臣／敕承事郎刘锡尚齿教民三代之义／咨尔百年之故老乃吾六世之／遗民自非吉人莫享上寿张／詹事秦柱下而至汉孝景思／邈生隋开皇而及唐永淳古有／其人乃今亲见何爱一命慰其／子孙特进尔阶故兹诏示想宜知悉尝见东坡喻著作郎范祖禹吏部郎中范纯礼知卫州王晢三制草真迹卷纸光墨采与此本正同／收藏诸印亦一一吻合有袁忠徹色槟二跋此迹的为卷中之一不知何时割出耳忠徹跋云兹稿出／吾乡史氏予家藏之已久观此纸仍有申儒等二印则藏袁氏者又数世矣忠徹字静思乃／柳庄之子同父受知成祖于燕邸官玺乡正统中休致廿余年卒年八十三颇好读书所／著有凤池吟稿符台外集故能鉴藏名迹不仅以术显也史称柳庄鄞人岂后始家南／另欤跋书于正统三年独自署尚宝司丞则进少卿仍在英宗时耳　江德量记

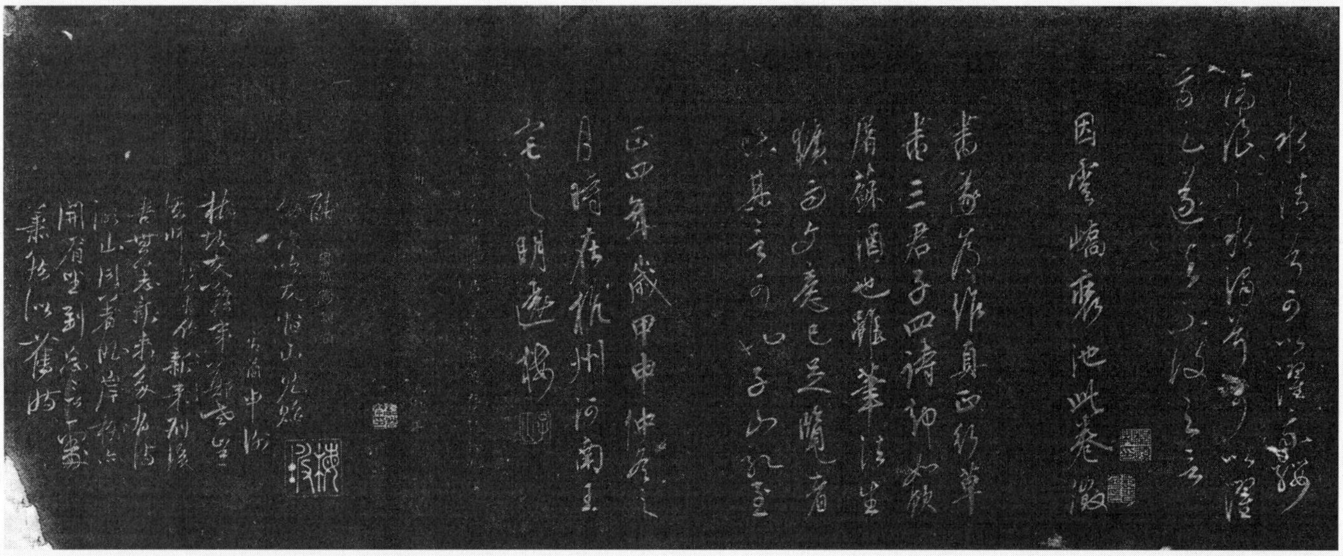

康里巎渔父词
之水清兮可以濯我缨/
沧浪之水浊兮可以濯/
我足遂去不复之言
三君子诗跋永瑆
因云峤装池此卷徵/书
遂为作真正行草/书三
君子四诗即如
饮/屠苏酒也虽笔法生
/犷而文意已
足览者/味其言可也子
山记至/正四年岁甲申
仲冬之/月时在杭州河
南王/宅之明远楼
康里子山书三君子诗亡
矣存记语九行/模勒渔
父后/成亲王
释居简酬梅坡五律酬宋
北涧和尚/梅坡以友宿
山见贻/居简申谢/梅
坡友难弟郑老岂无师坡
不长饮新来别后/长无
大志新来多有诗/湖山
同著眺岸柳亦/开眉坐
到忘言处/萧然似旧时

儀再拜咸自沔隉
睞上遷沒累年一曾枉書海上不辱
款勿不敢嗣音而
雋德相求庶或未在
耒黽校役披滿謂得盡
一旦又爾維縶其味可知
美績在人回久
頻部回翔詎得終歲討
歸庭差止動向尤屬晚春交䩭
善術無前先䨂
王羲再拜

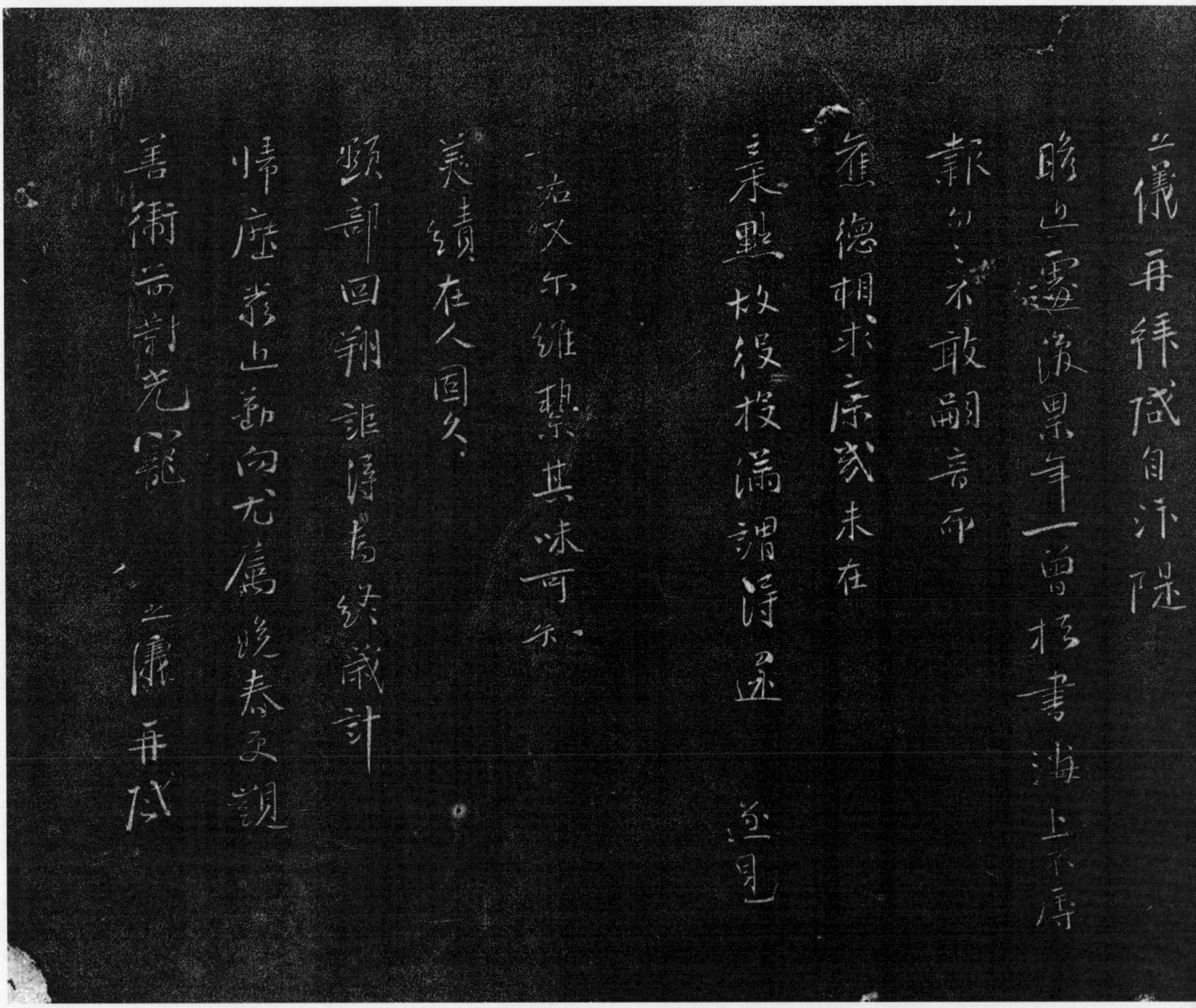

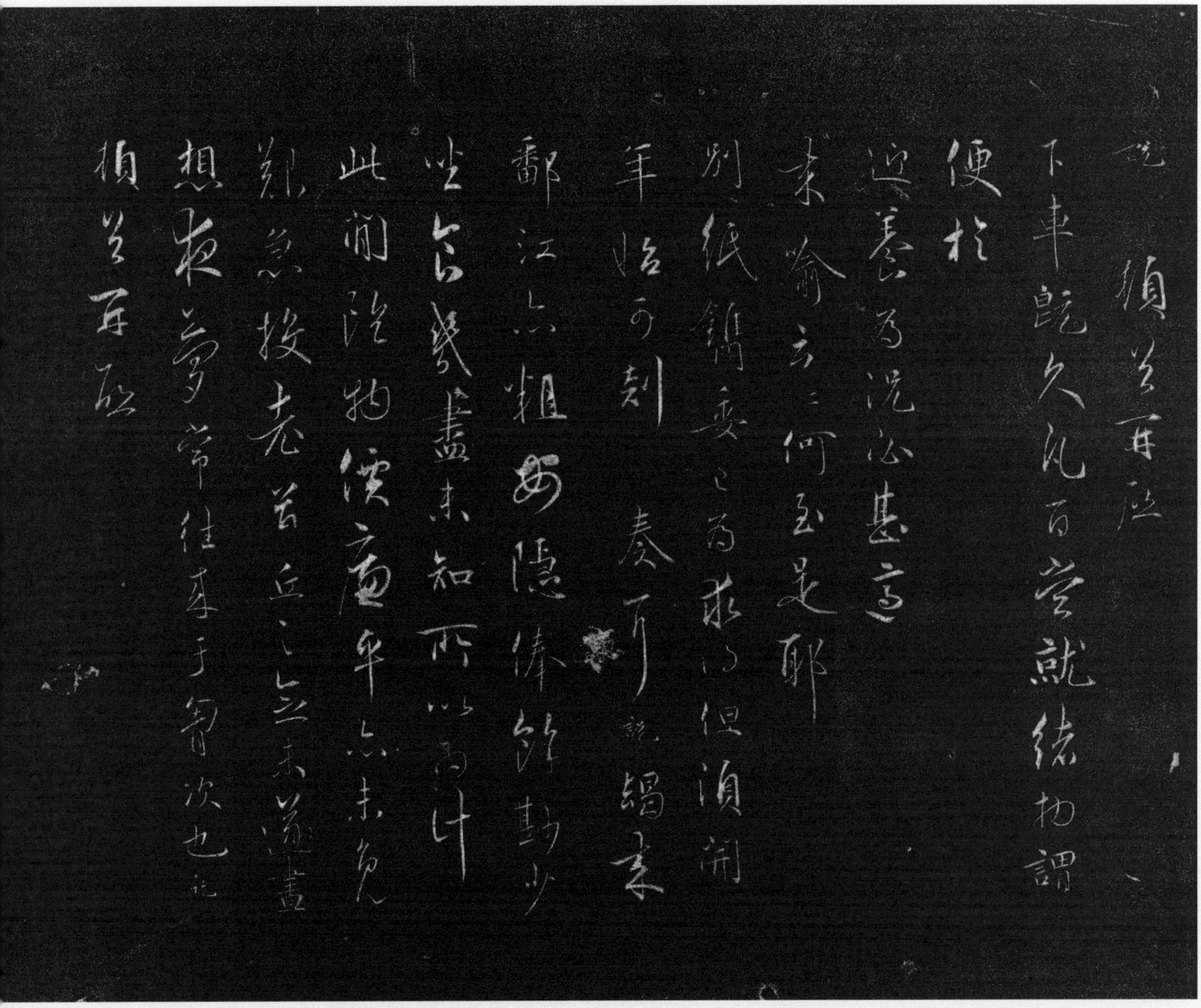

吴说下车帖

说顿首再启／下车
既久凡百尝就绪扐
谓／便于／迎养为
况必甚适／来喻云
云何至是耶／别纸
镌委已为求得但须
开／年始可剡奏耳
说谒来／鄱江亦粗
安隐俸余甚少／坐
食几尽未知所以为
计／此间此间虽物
价廉平亦未免／艰
急投老首丘之念未
遂昼想夜梦常往来
于胸次也说／顿首
再启

李之仪汴堤帖

之仪再拜启自汴隄／
瞻近遽复累年一曾
于书海上不辱／报
勿勿不敢嗣音而／
旧德相求庶几未在
／弃黜故役投满谓
得还遂见／右又尔
维絷其味可知／美
绩在人固久／显部
回翔讵得为终岁计／
归历严近勤向尤属
晚春更觊／善卫前
对光宠之仪再启

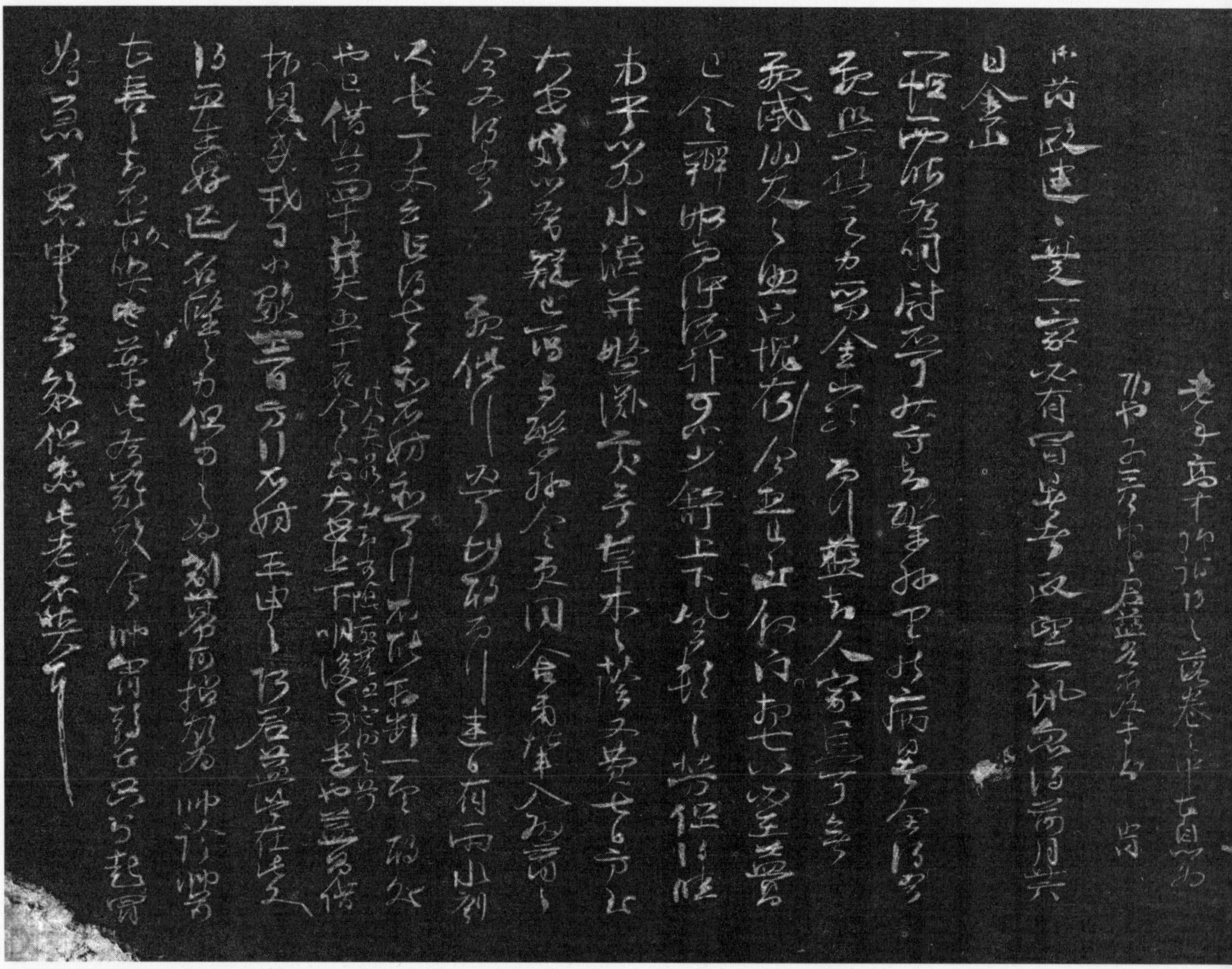

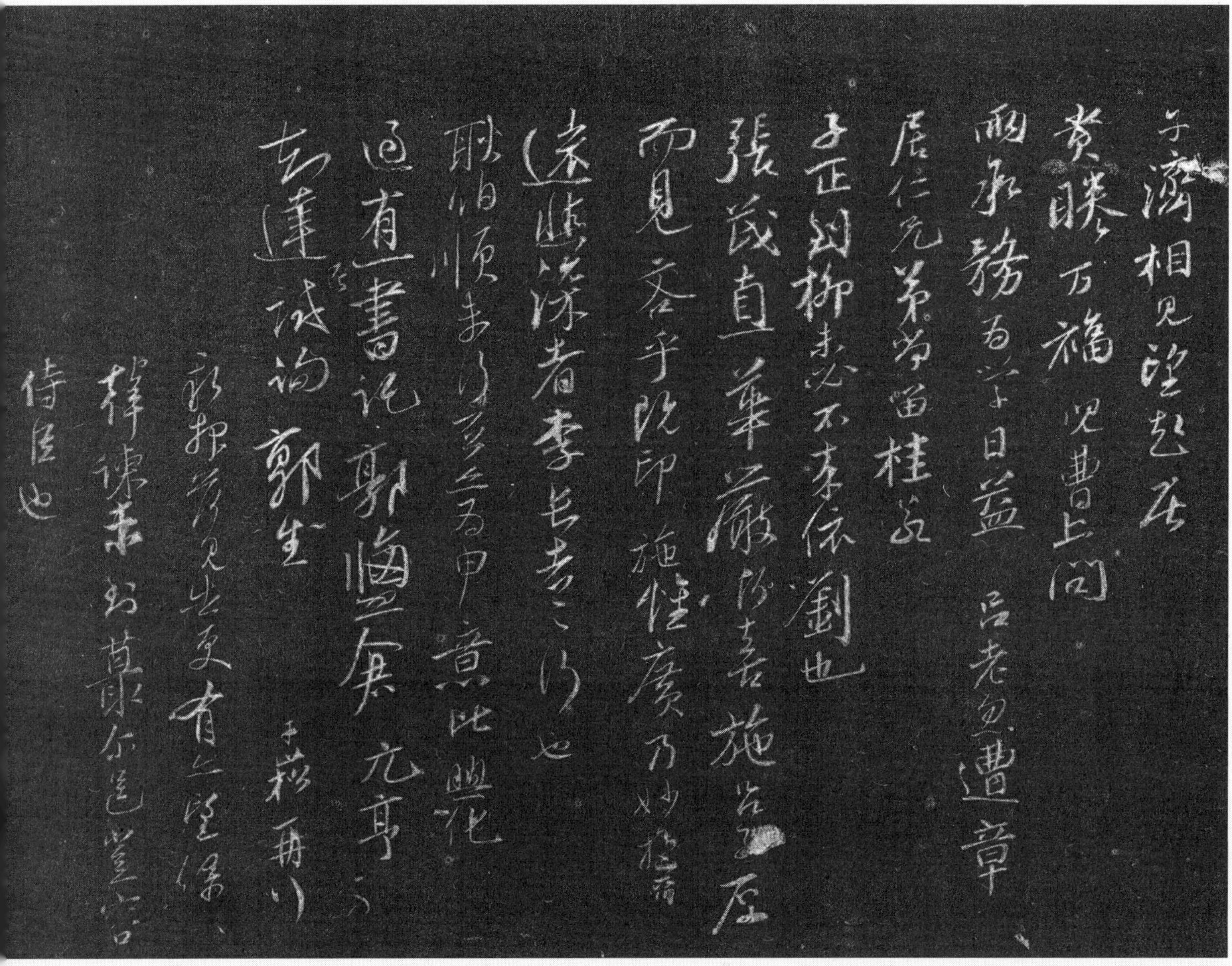

赵子崧子济帖

子济相见望起居／贵睠万福□曹上问／两承务为学日益吕老忽遭章／居仁兄弟当留桂若／子正到柳未必不来依刘 也／张茂直华严巧喜施吕□厚／而见吝乎既印施惟广乃妙□□／远幽深者李长老之行也／耿伯顺未行原亦为申意比兴化／过有一书托郭盐仓元亨／知达者试询郭生／子崧再拜

伪託雖勞豈寸效乎出於
卿畫致風朋去故舊見戎風老鞋耳重叶為
言不足以辛勞運無心自反於
明叶枚拒為
見之怪心
永叟鳴石致心為悵美嗟慰音之救出
居乘如相尋日脿叶謦啞柔正忽增刻歲
豈已歎眠却赴出胗
紀存歎恨：房信筆以言長情諫帥麈
償石討此 耆
觀卫此空

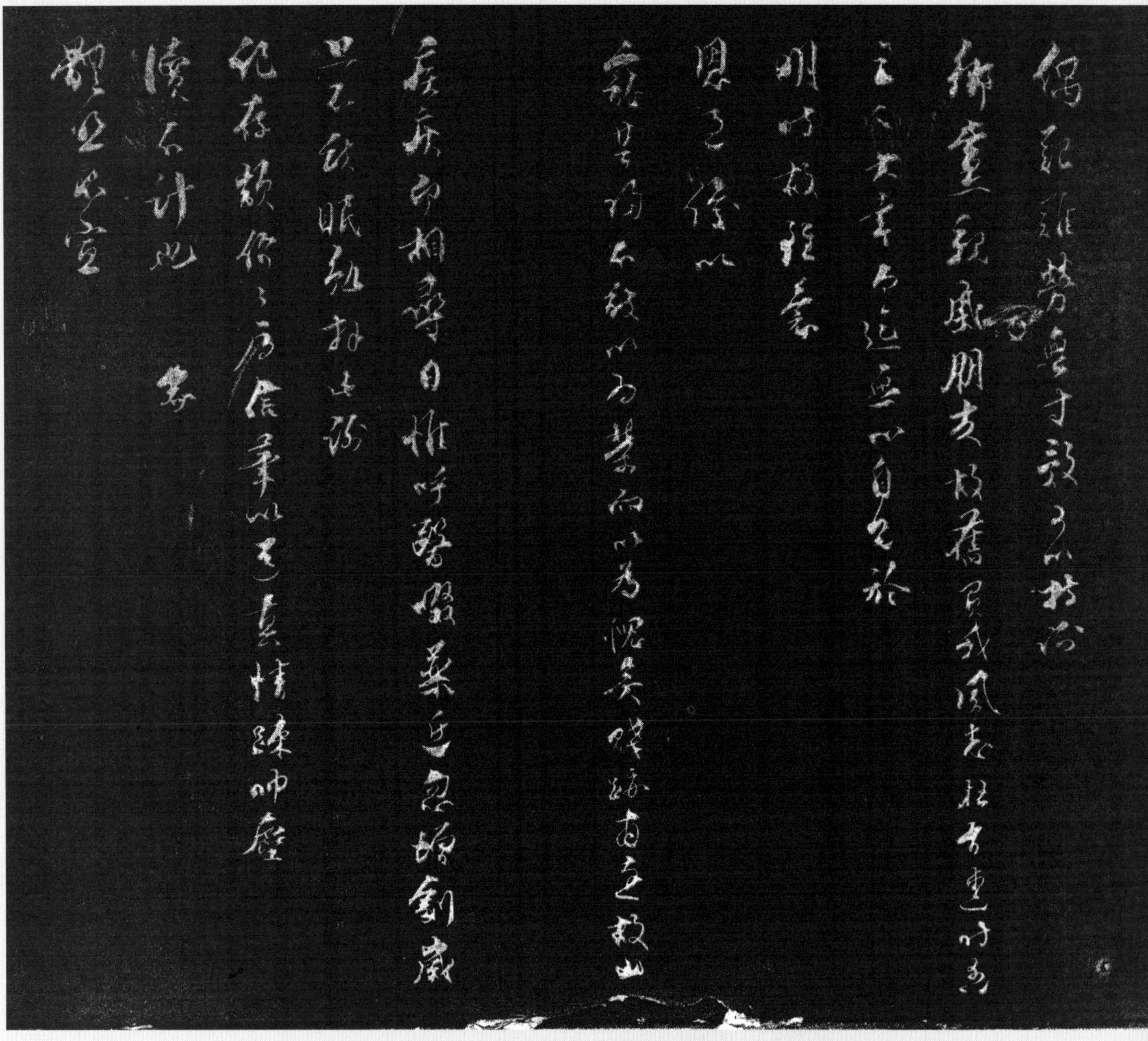

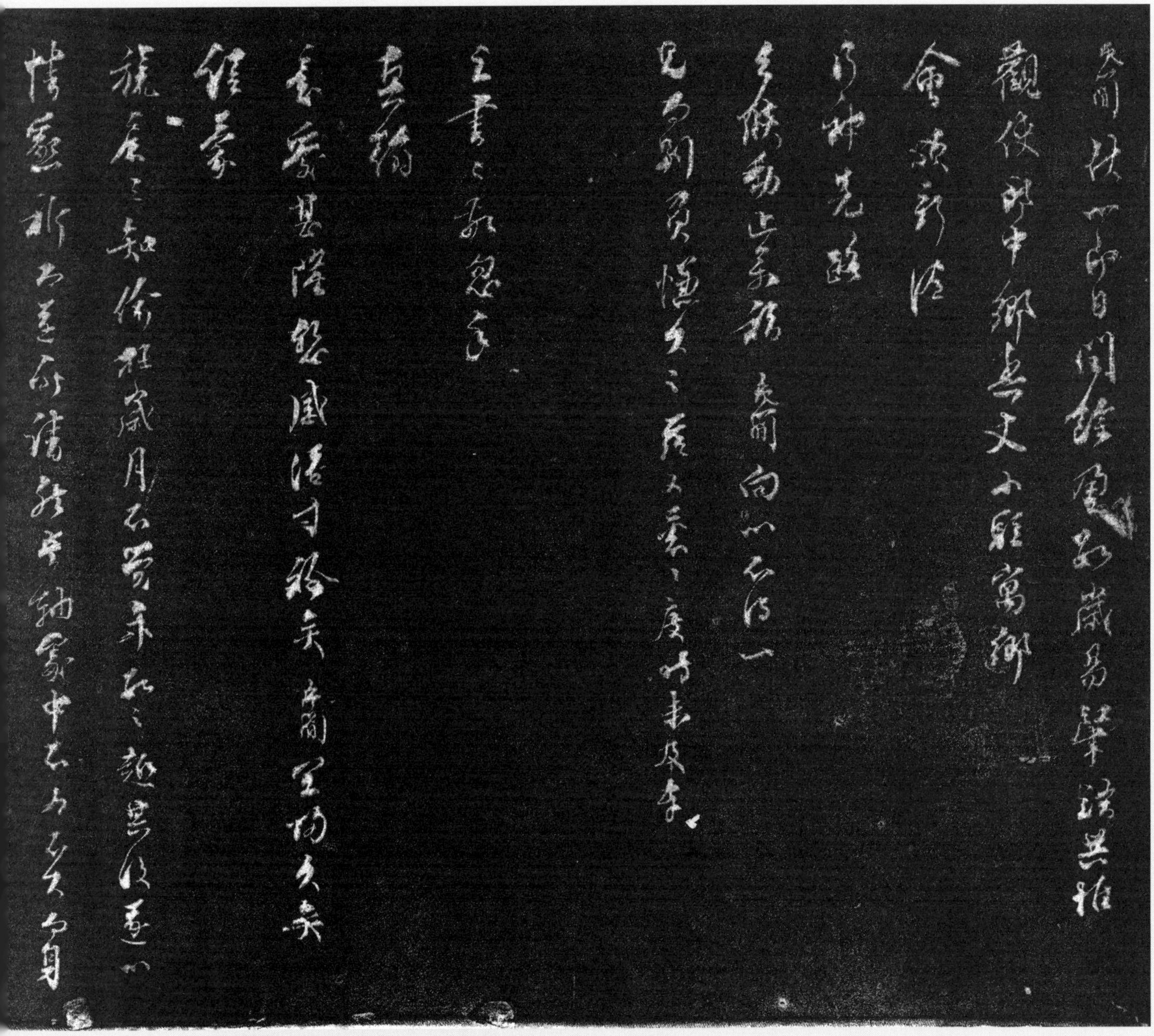

乔行简宜归帖

行简伏以即日闰馀
盈
数岁易肇端共惟／
观使郎中乡眷丈小
驻寓乡／会颁新渥
／行神先路／台候
动止万福行简向心
不得一／见而别负
慊久之兹又葱葱度
时未及奉／主书之
敬忽承／真翰／意
爱甚隆惭感溢寸衿
矣行简宜归久矣／
误蒙／旒扆之知偷
枉岁月不觉年数之
趣其後遂以／情恳
祈而遂所请然当轴
处中不为不久而身
／偶艰难劳无寸效
可以持谢／乡党亲
戚　朋友故旧负
我夙志枉有遭时遇
／主之大幸而迄无
以自见於／明时故
虽蒙／恩过优以／
宠其归不敢以为荣
而以为愧矣贱迹甫
达故山／疾疢即相
寻日惟呼医啜药近
忽增剧岁／旦不敢
眠勉拜此谢／记存
颛价之候信笔以道
真情疏吊尘／读不
计也蒙／体照不宣

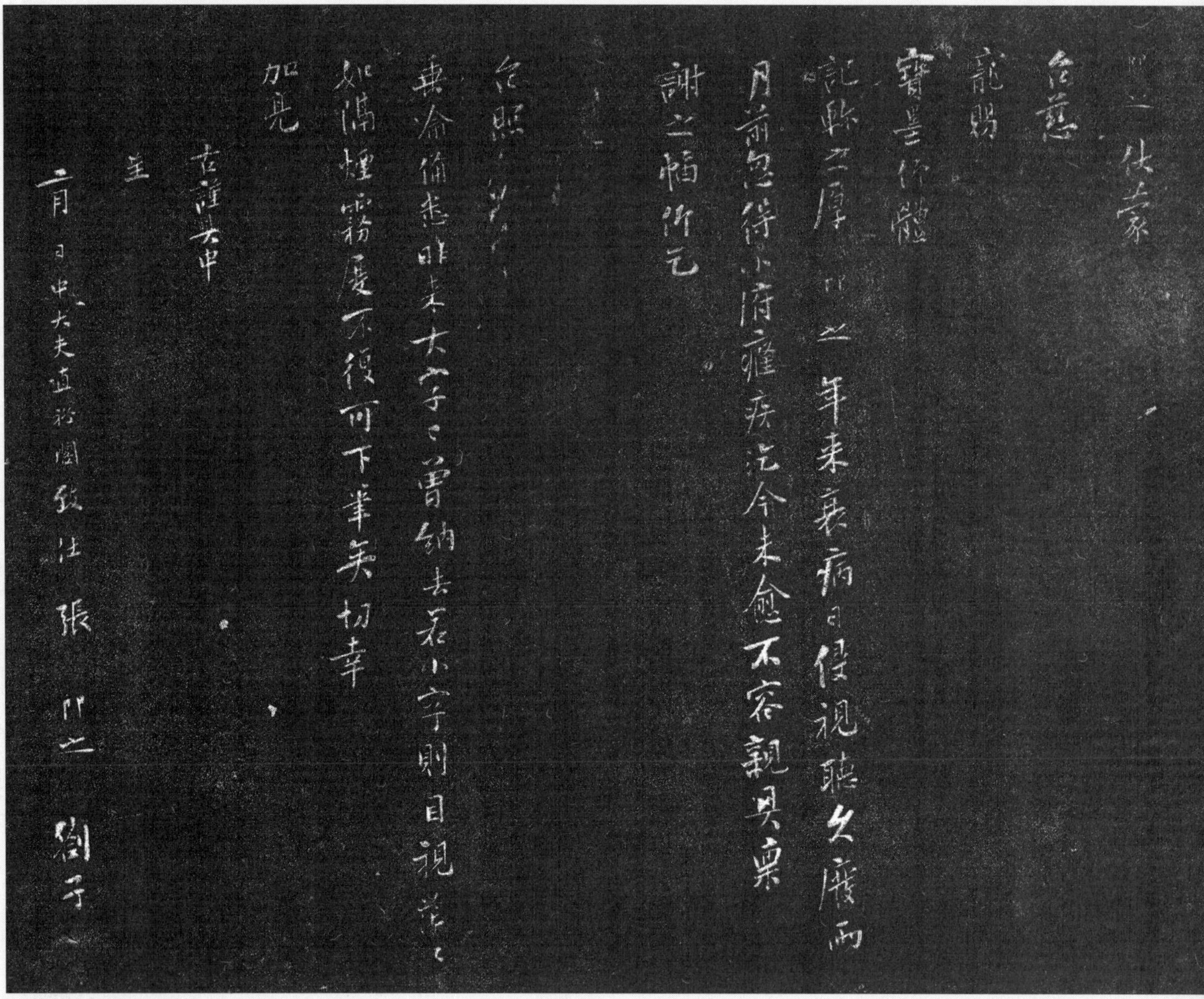
門下伏蒙
台慈
寵賜
寶墨作體
記眎之厚　門下年來衰病目侵視聽久廢而
月前忽得小府癃疾迄今未愈不容親具稟
謝之幅所乞
台照
垂念備悉昨來大字字胃納去若小字則目視茫茫
如隔煙霧殆不復可下筆矣切幸
加見
右謹具申
呈
二月　日中大夫直秘閣致仕張　門下　劄子

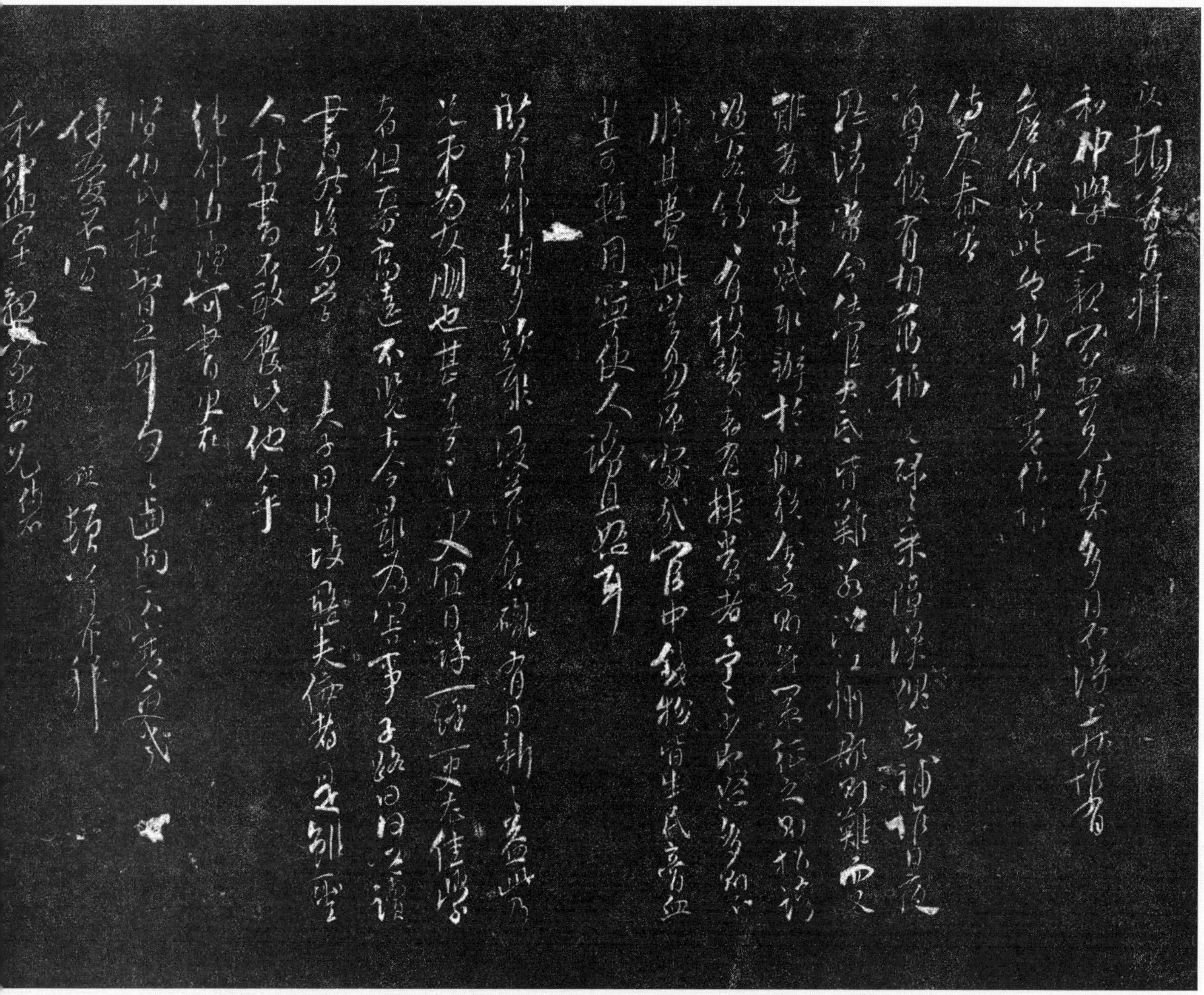

袁燮与和仲学士书

某頓首再拜／和仲學士親家
契兄侍右多日不得上狀惟有／
詹仰卽此冬杪晴寒伏惟／侍
庭春容／尊履有相萬福某碌
碌乘障深媿無補惟日夜／思
歸當今仕宦大抵皆難若沿江
州郡則難而又／難者也財賦
取辦於船稅舍之則無策征之
則招謗／過客紛紛有投贄者
有挾貴者予之止卽怒多則不／
勝其費此豈易區處哉官中錢
物皆生民膏血／豈可輕用寧
使人謗且怒耳／賢昆仲朝夕
歡聚浸欢磨
礲有日新之益此乃／兄弟爲
友朋也甚善之更宜日課一經
一史尤佳學／者但慕高遠不
覽古今最爲害事子路曰何必
讀／書然後爲學夫子曰是故
惡夫佞者是雖聖／人於書不
敢廢況他人乎／純仲近讀何
書更在／賢伯氏程督之耳匆
匆齿問天寒更幾／保愛不宣
某頓首再拜／和仲學士親家
契兄侍右

张即之宝墨劄子

即之伏蒙／台慈／宠赐／宝
墨仰体／记轸之厚 即之年来
衰病日侵视听久废两／月前
忽得小府瘫疾迄今未愈不容
亲具禀／谢之幅仰乞／台照／
垂喻备悉昨来大字已曾纳去
若小字则目视茫茫／如隔烟
雾度不复可下笔矣切幸／加
亮／右谨 具申／呈／二月
日中大夫直秘阁致仕张即之
劄子

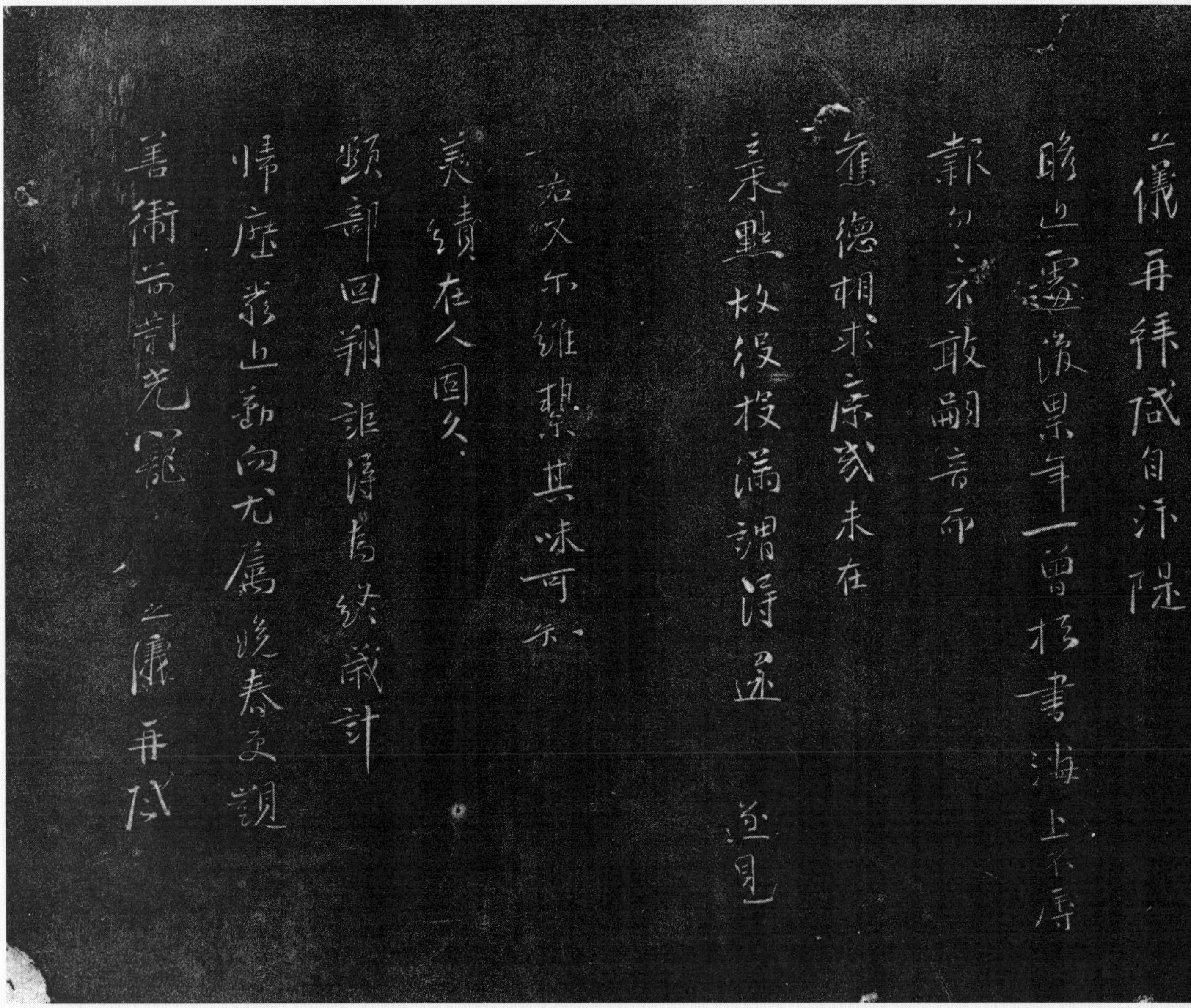
之儀再拜啟自汴隄
晤見遂邈復累年一曾於書海上不審
款如之不敢嗣音耳
進德相求之深然未在
來點校役滿謂得遂　遂見
始又不能雖堅其味可知
美績在人固久
顯郎回翔諒得為終歲計
歸歷茲近勤向尤屬晚春交觀
善衛當對光寵　之儀再啟

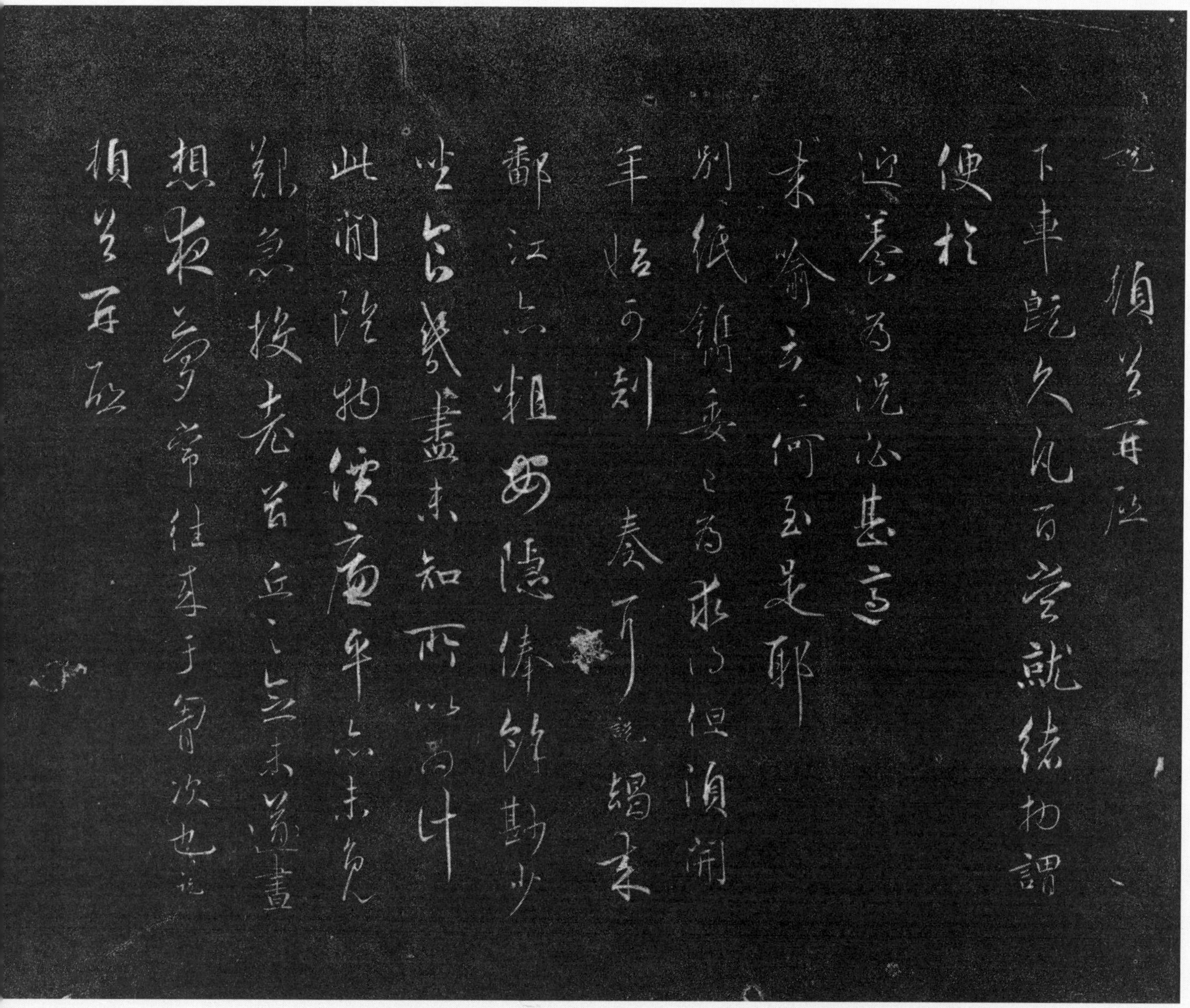

吴说下车帖

说顿首再启／下车既久凡百尝就绪扐谓／便于／迎养为况必甚适／来喻云云何至是耶／别纸镌委已为求得但须开／年始可刻奏耳说竭来／鄱江亦粗安稳俸于甚少／坐食几尽未知所以为计／此间此间虽物价廉平亦未免／艰急投老首丘之念未遂昼想夜梦常往来于胸次也说／顿首再启

李之仪汴堤帖

之仪再拜启自汴隄／瞻近遽复累年一曾于书海上不辱／报勿勿不敢嗣音而／旧德相求庶几未在／弃黜故役投满谓得还遂见／右又尔维絷其味可知／美绩在人固久／显部回翔讵得为终岁计／归历严近勤向尤属晚春更觊／善卫前对光宠之仪再启

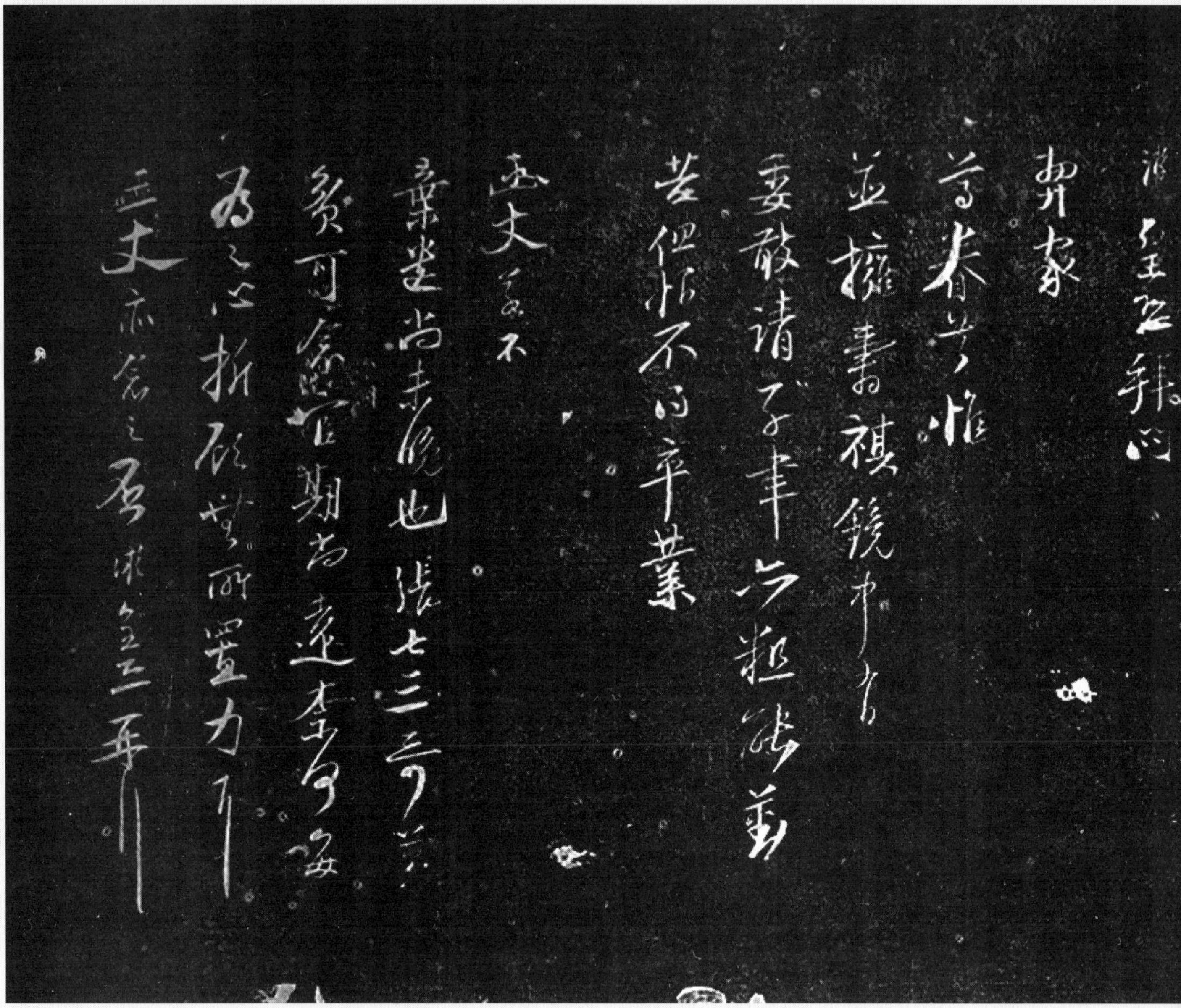

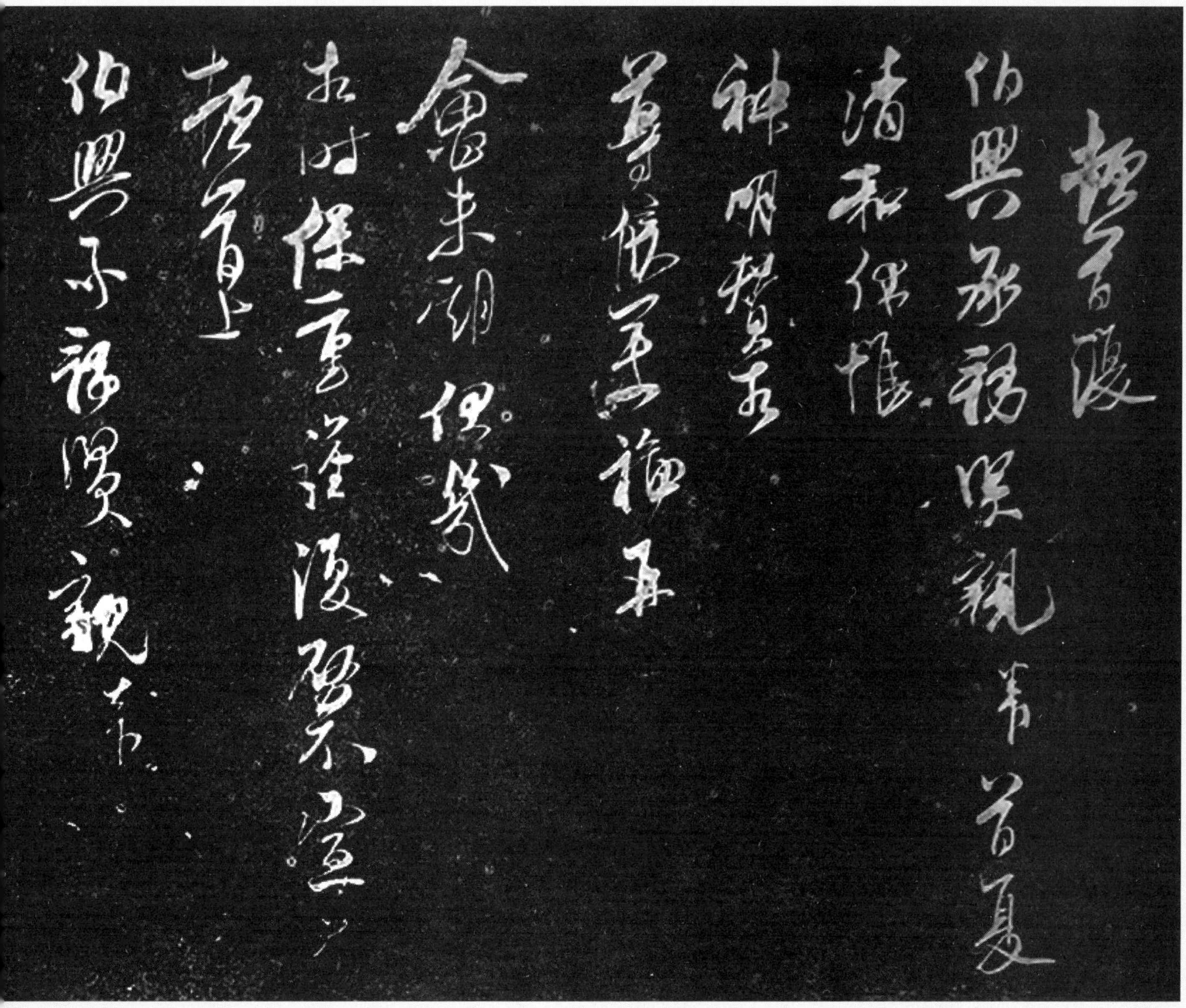

王升与伯兴承务书
顿首复／伯兴承务贤亲坐下首夏／清和伏惟／神明赞相／尊候万福再／会未期伏几／相时保重谨复启不宣升／顿首上／伯兴承务贤亲坐下

陆游契家帖
游惶恐拜問／契家／尊眷共惟／并拥寿祺镜中有／委敢请子聿亦粗能勤／苦但恨不得卒业／函丈若不／弃遗尚未晚也张七三哥苦／贫可念官期尚还奈何每／为之心折顾无所置力耳／三丈亦念之否游惶恐再拜

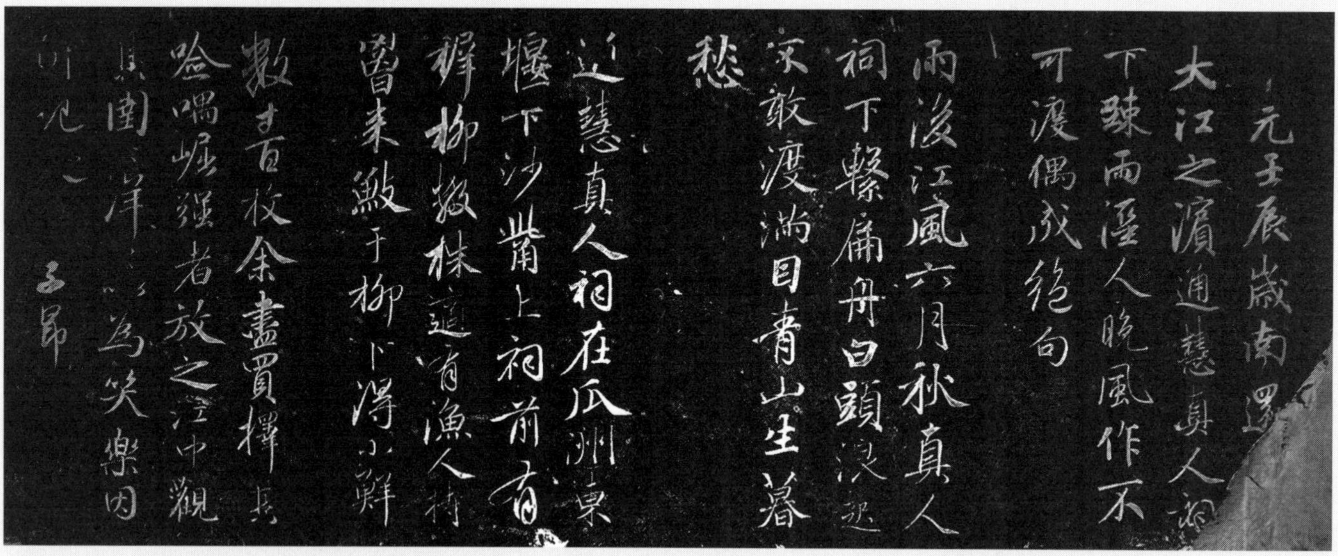

赵孟頫泊舟通慧真人祠七绝并跋

元壬辰岁南还（缺）／大江之滨通慧真人祠／下疏雨湿人晚风作不／可渡偶成绝句／

雨后江风六月秋真人／祠下系扁舟白头浪起／不敢渡满目青山生暮／愁／

通慧真人祠在瓜洲东／堰下沙嘴上祠前有／稚柳数株适有渔人持／罾来渔于柳下得小鲜／数十百枚余尽买择其／喻喁崛强者放之江中观／其圉圉洋洋以为笑乐因／径记之 子昂

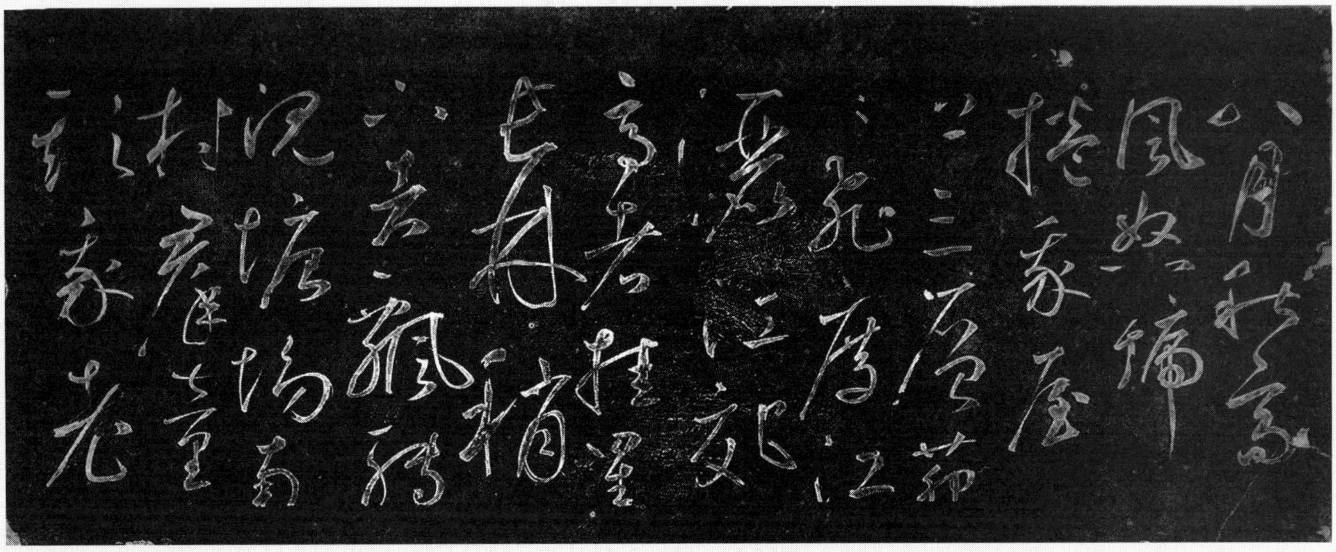

鲜于枢杜甫茅屋为
秋风所破歌并跋鲜
于去矜跋
八月秋高／风怒号／
卷我屋／上三重茅／
茅飞渡江／洒江郊／
高者挂罥／长林梢／
下者飘转／沉塘坳
南／村群童／欺我
老

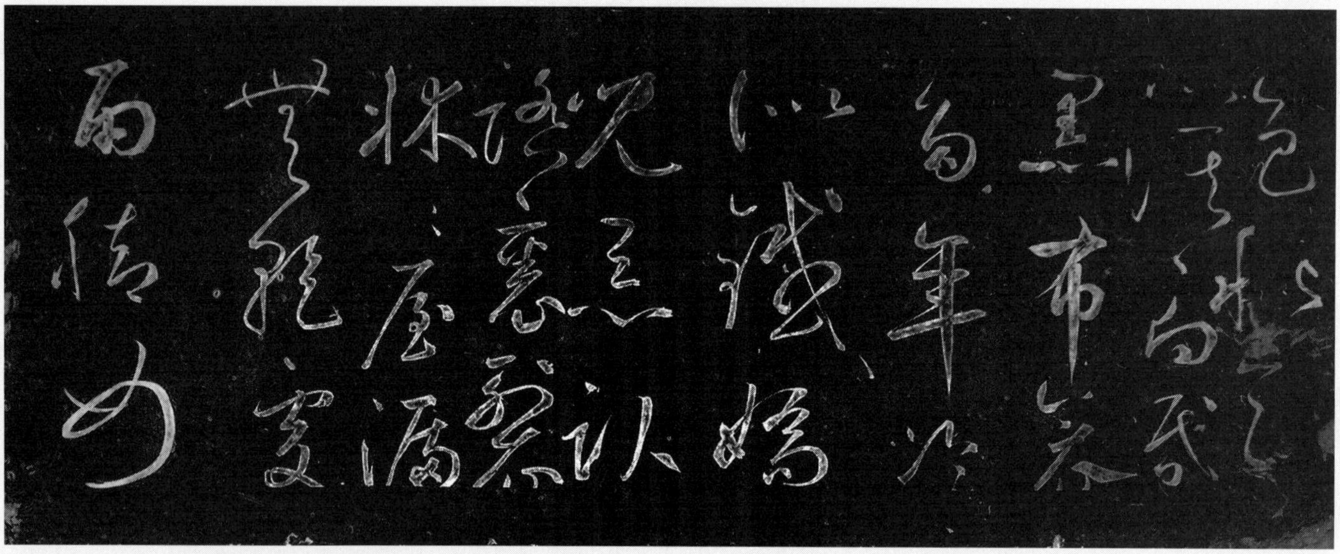

（缺）色秋天／漠漠向昏／黑布衾／多年冷／似铁娇／儿恶卧／踏里裂／床头屋漏／无干处／雨脚如

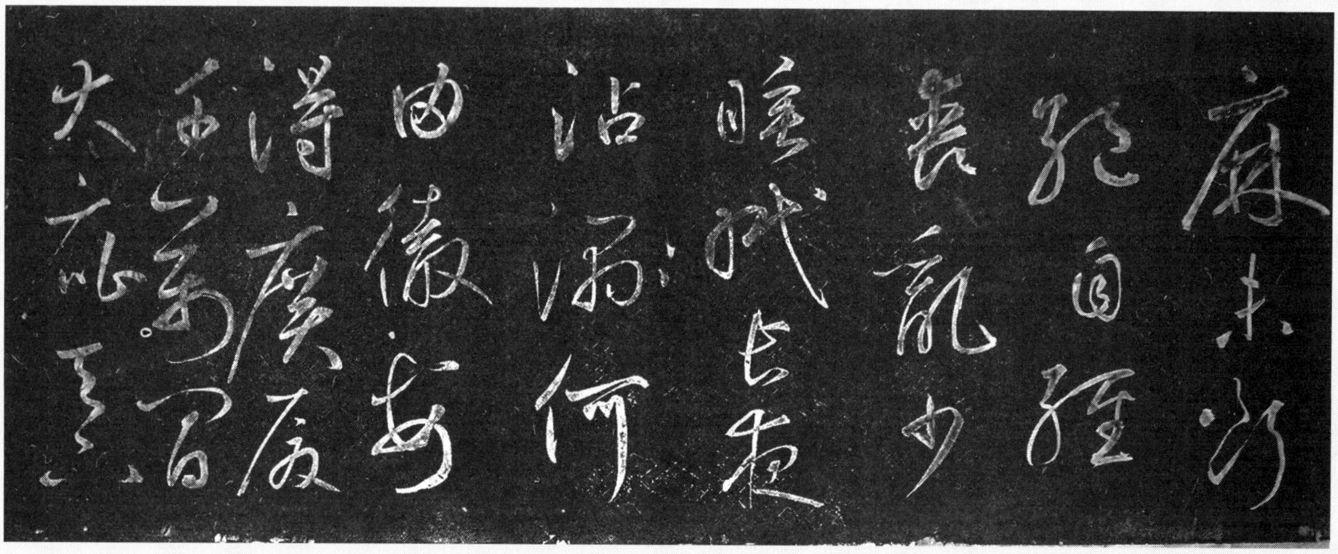

麻未断／绝自经／丧乱少／睡眠长夜／沾湿何／由彻安／得广厦／千万间／大庇天下／

寒士俱／欢颜风／雨不动／安如山呜／呼何时眼／前突兀／见此屋／吾庐

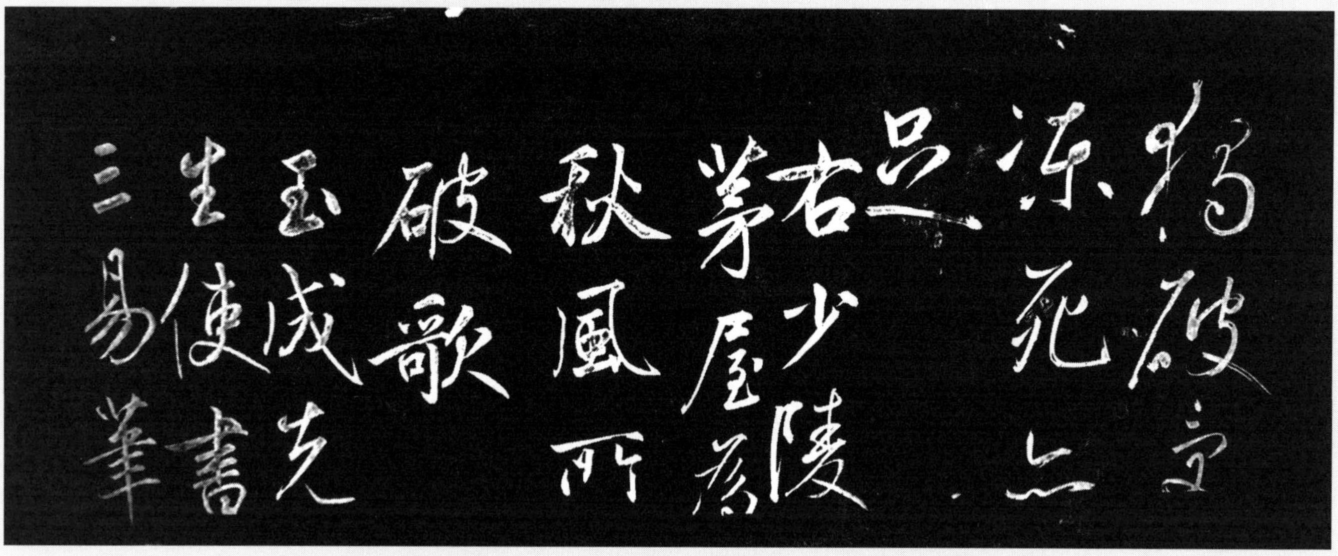

独破受冻死亦足
右少陵茅屋为秋风
所破歌玉成先生使
书三易笔

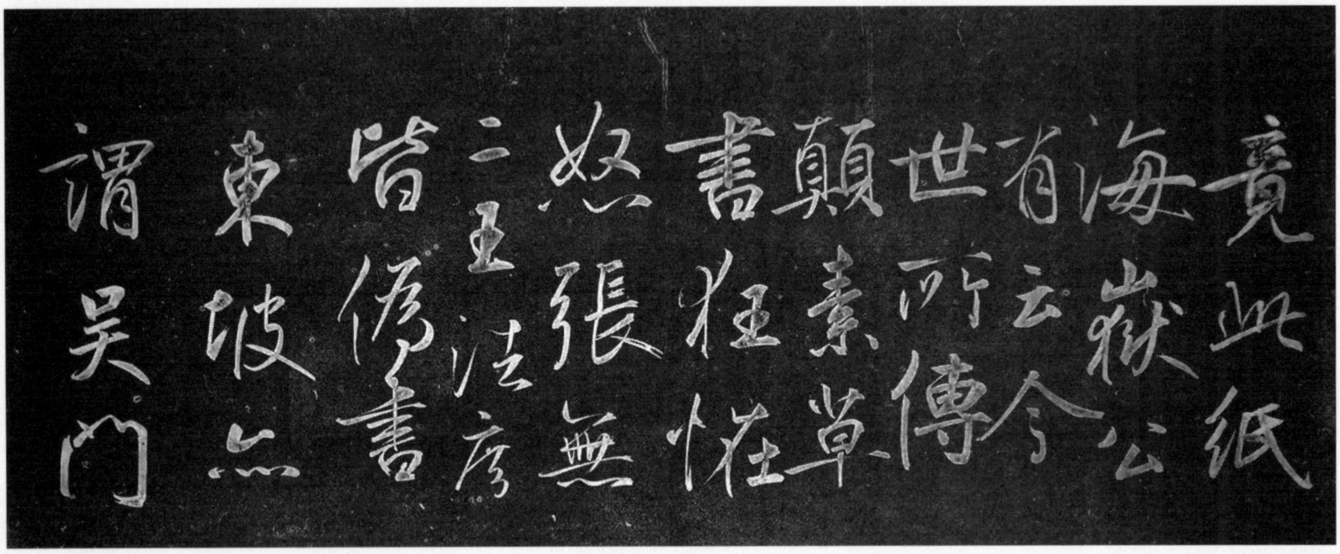

竟此纸／海岳公／有云今／世所传／颠素草／书狂怪／怒张无／二王法度／皆伪书／东坡亦／谓吴门

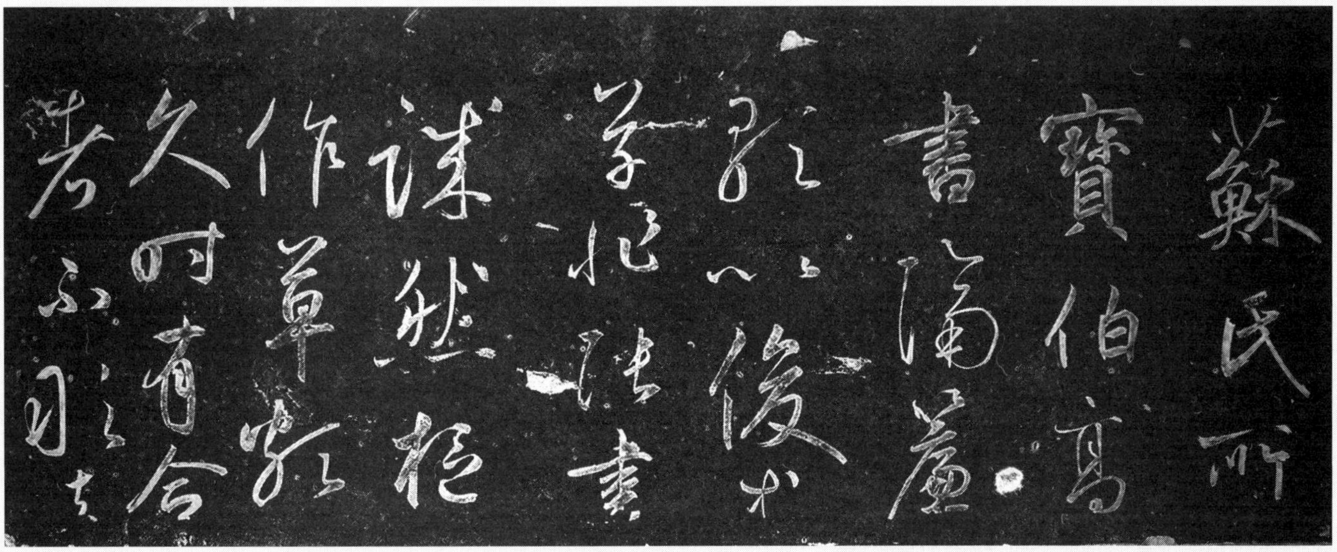

苏氏所/宝伯高/
书隔帘/歌以俊等/
草非张书/诚然枢/
作草颇/久时有合/
者不敢去/

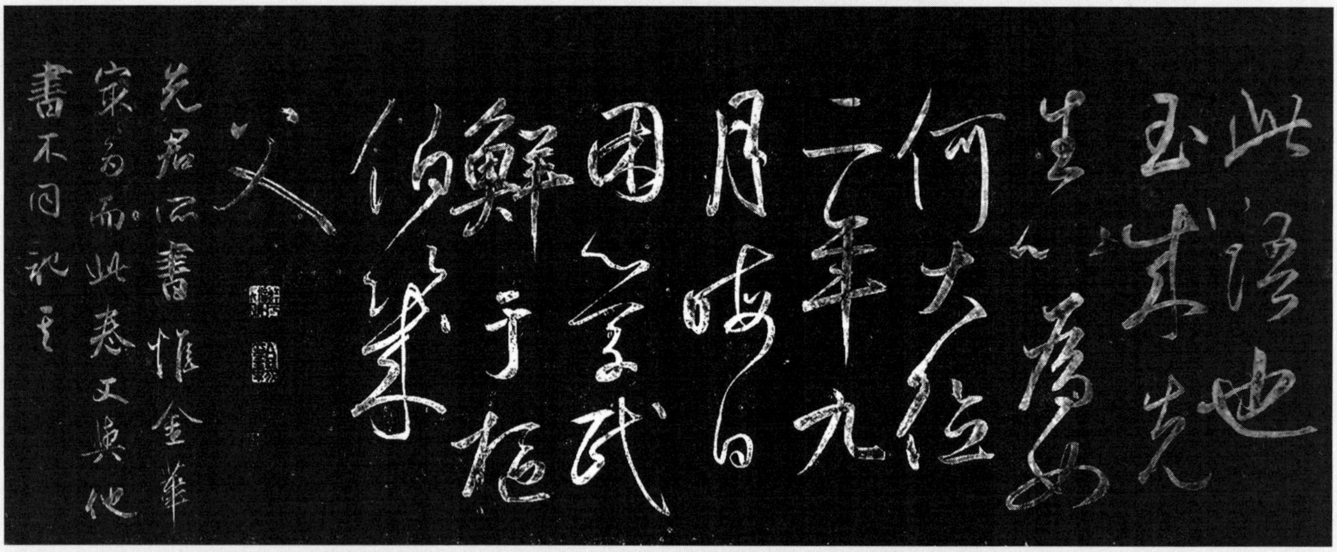

此语也／玉成先／生以为如／何大德／二年九／月晦日／困学氏／鲜于枢／伯几／父

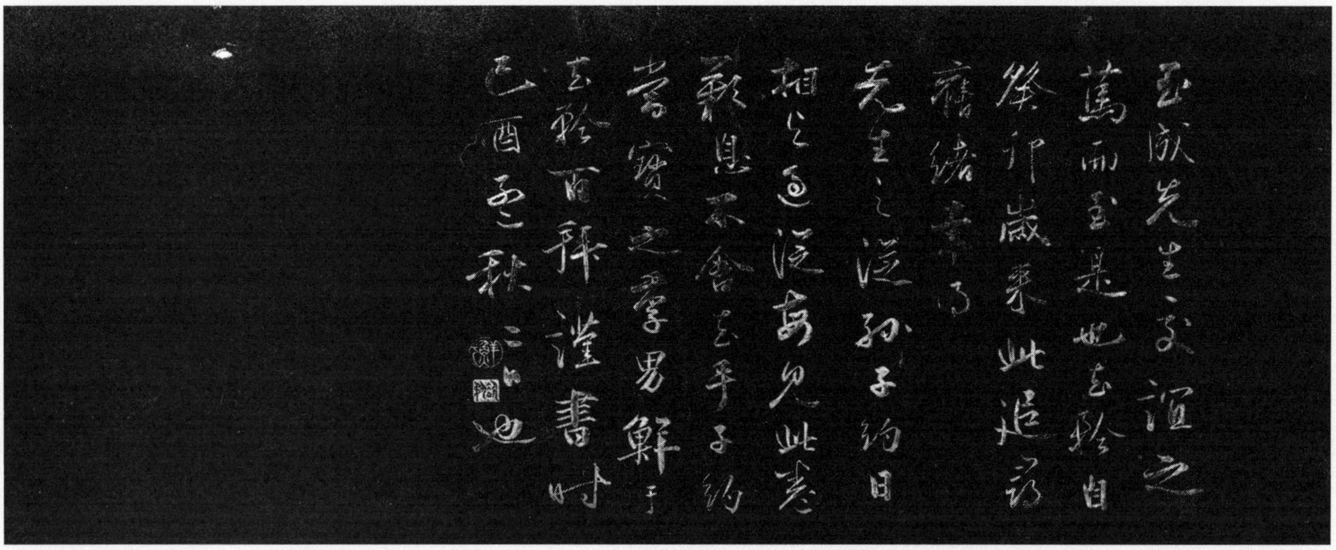

先君所书惟金华／
最多而此卷又与他／
书不同记其／玉成
先生交谊之／笃而
至是也去矜自／癸
卯岁来此追寻／旧
绪幸得／先生之从
孙子约曰／相与过
从每见此卷／叹息
不舍去乎子约／当
宝之季男鲜于／去
矜百拜谨书时／已
酉孟秋二日也／

注释

① 谢肇浙：《五杂组》卷七。

② 王澍《淳化阁帖考证》卷六《袁生帖》。

③－⑨《清史稿·李鹤年》。

⑩ 王世贞《艺苑卮言》。

⑪ 作者：《弇州山人四部稿》卷一百三十二《题文太史四体千文》。

⑫《文徵明集》附录《文先生传》。

⑬《四友斋丛说》卷二十七《书》。

⑭《明史·文徵明传》。

⑮《敬和堂法帖》之《与阳湖书》。

⑯ 文徵明：《莆田集》之《顾春潜先生传》。

⑰ http://www.zhuokearts.com/artist/art

⑱ 王世贞：《艺苑卮言》。

⑲《明史·文苑传》。

⑳㉑《文徵明集·补辑》卷二十四《题祝枝山草书月赋卷》。

㉒ 文彭《跋祝枝山书东坡记游卷》，见清汴永誉《式古堂书画汇考》书卷二十五《祝枝山书东坡记游卷》。

㉓《书法研究》总第一二八期 《论吴门书派的领袖——祝允明》。

㉔ 第一个故事也出自钱谦益的《列朝诗集小传》。《书林纪事》记载："海内索书，赀币踵门，辄辞弗见。然好酒色六博，欲得之者，伺其狎游，贿女伎掩之，皆捆载以去。尝遇困乏，欲有所贷，文休承故置茧纸室中，允明喜为书古诗十九首，大获声价。世以休承谲。得此书为艺苑一谑。"

㉕ 明末安世凤《墨林快事》。

㉖ 王世贞《弇州续稿》卷一百六十三。

㉗㉘《复初斋文集》卷第三十一·中国近代史料丛刊。

㉙——㉜㊾51 李葆恂《三邕翠墨·题跋》。

㉝《明清书法论文选》中《莫廷韩集》。

㉞——㊲㊹㊺㊻ 马宗霍辑《书林藻鉴》1984 年 5 月文物出版社出版。

㊳㊴ 董其昌《书墨禅轩说》。

㊵ 王铎《拟山园选集》卷八《讲章太激事》。

㊶㊷ 钱谦益《故宫保大学士孟津王公墓志铭》。

㊸ 王珑《大愚集》。

㊼《中国书法全集·王铎卷》p649《草书杜诗卷跋》。

㊽ 马宗霍《书林纪事》卷二。

㊿《拟山园帖》卷九《与戴岩荦书》。

52《清史稿》卷二百二十一，中华书局 1986。

⑤③⑤④《清宫史续编》卷一。

⑤⑤ 清·昭梿《啸亭杂录》卷二，中华书局(历代史料笔记丛刊·清代史料笔记丛刊)。

⑤⑥ 清·杨翰《息柯杂著》。

⑤⑦——⑤⑨⑥① 张伯英《法帖题要》·引自《丛帖目》。

⑥⓪ 清·永瑆《诒晋斋集》麟魁序。

⑥② 马宗霍辑《书林藻鉴》·北京文物出版社。

⑥③ 刘振清《从石刻论及书法艺术》·北京图书馆出版社 2003 年《北京书法家论文集》。

参考书目

徐邦达：《古书画过眼要录》，紫禁城出版社，2005 年 10 月。

刘正成主编：《中国书法全集》，荣宝斋出版社。

谢稚柳编：《中国历代墨迹大观》。

故宫博物院编：《中国书迹大观》。

王连起主编：《故宫珍品》，商务出版社，2001 年 7 月。

《石渠宝笈》。

《宋人书翰》，文物出版社，1958 年。

李佐贤（清）：《书画鉴影》二十四卷，清同治十年。

《宋拓英光堂帖第三卷》，上海书画出版社，2004 年 12 月。

黄惇：《中国书法史・元明卷》，江苏教育出版社，2002 年 11 月第二版。

刘恒：《中国书法史・清代卷》，江苏教育出版社，2002 年 11 月第二版。

顾诚：《南明史》，中国青年出版社， 2003 年 12 月第一版。

葛鸿祯：《论吴门书派》。

任道斌编（著）：《董其昌系年》，文物出版社 1988 年 3 月第一版。

《拟山园选集》。

张升编（著）：《王铎年谱》。

《（康熙）怀庆府志》。

《丛帖中的稀见拓本》——明拓元《乐善堂帖》，《北京图书馆馆刊》1997 年第一期。

附录

《丛帖目》收入《敬和堂法帖》及《诒晋斋》各帖条目，以备览：

●敬和堂藏帖八卷

同治十年，义州李鹤年撰集，黄履中摹勒。帖名篆书，无卷数，长白绍诚隶书题签。

卷一　文徵明正气歌上

卷二　文徵明正气歌下

卷三　文徵明与春潜令君书二通

与茂实书

与阳湖书二通

与春潜书

与繁祉尊亲书

与孔加贤友书

与章简甫书二通

与阳湖书

还家志喜等七律十九首

壬子岁除七律

洛神赋

卷四　祝允明评书

成趣园记

夜坐记

遂质篇、成用篇、扬权篇

昼锦堂记

卷五　董其昌与邦仲尼老兄书四通

昼锦堂记并跋

落日山水好五古二首

钟太傅还示帖、王献之鹅群帖、褚河南枯树帖、虞世南汝南公主志、怀素自叙、颜鲁公乞米帖、争座位帖

送叶少师归闽七律四首、次韵酬叶少师台山赠行七律四首

卷六　　王铎涿州等五律八首

英光堂帖临米芾帖十三通

与坦兄书四通

杨景欧等城南园亭邀饮五律十首

一次等五律四首

卷七　王铎与荆岫老亲翁书三通

与荆田老亲翁书

与荆坡老亲翁书

与荆岫杨老亲翁书

周万峰皇极数、录华山大师回札二通并识

鹫峰五古

杨凝式韭花帖

兰亭诗三首

赠吴仙台画七古

琅华馆崇古帖临沈嘉长、杜预、刘超、王徽之、王凝之五家

古人憎逖帖

卷八　永瑆过秦论

东海帖

旧竹刻竹笔筒七律

铁保东坡学道帖

梁同书春草碧色四句

李鹤年平捻纪略附

敬和堂藏帖跋

“余家藏多文、董二公墨迹。及来豫中，复得孟津王氏书数种。公余展玩，藉用遣兴。儿子辈请寿诸石，始以军务未平，不暇及此。既即清窔，有善钩勒者黄君从余幕间，因尽出所藏及假诸友人者，皆使摹以上石。两年之久，间有所得，陆续增入，于是复有枝山祝氏十余种，合为四家，通石若干方辑之可成。四帧名之曰敬和堂藏帖。付儿辈弆诸家塾，庶使名迹不磨，且得公之同好焉。四家工力不相上下，而孟津生平虽为世所讥疵，至其书，结体遒凝，趣味隽永，尤所心嗜，故不以其人而弃之。刻甫成，适奉总督闽浙之命，势不能为万里支机之载，乃谋以石寄诸京师，见者其或笑为郁林之装也耶？同治十年嘉平，义州李鹤年书于大梁节署。”

张伯英云：“敬和堂藏帖四卷，清李鹤年辑。鹤年字子和，奉天义州人。光绪间为河道总督时，刻于开封官署。祝允明、文徵明、董其昌、王铎书各一卷。李氏学颜书有圆劲之致，故选帖自无甚纰缪。

名士李葆恂号文石者之尊人也。摹勒者江西黄履中，字垣园，家贫，幼为人牧牛，携刀入山中就石上镌字，久之，练习精熟，遂成刻石高手。及官东河，为李氏刻此帖，保道员。贾秋壑没玉枕兰亭，酬刻者以勇爵，黄氏亦以此术跻身通显，不让昔人专美矣。后许振祎为河督，刻王虚舟摹古帖，仍欲属之黄氏，以衰老辞。今原石犹在北平，四家墨迹流传尚多，故石本不为世重，文、祝诸家之书皆有迹象可寻，摹刻亦易。思翁天仙化人，飞行绝迹，匠者奚从捉摸。黄氏铁笔，竟能曲传笔意，如蜻蜓点水，游丝扬空，奏刀极其微妙，恍见思翁濡毫运腕也。清季道员车载斗量，夫岂足数，黄氏不必借以为重。抱此奇技，世鲜有称及者，表而出之，使知清代刻石名家，刘雨若之后有继武也。”

又云：“文衡山正气歌一卷，明文徵明书，字约半尺许。清李鹤年曾刻祝枝山、文衡山、董香光、王觉斯四家之书，为敬和堂法帖。此种以字迹较大，在文帖以外为单行本。正气歌信国自书，铁梅庵收之人帖中者，乃伪迹。信国故不以书名，其人品学问既优，下笔自迥绝凡庸。停云馆、辨志书塾等帖所刻，具有清刚之气，行笔细瘦而不枯弱。此歌流传遍宇内，若得信国自书，洵称合璧，岂非嗜古者所快。而人帖之本，殊庸劣不厌人意，梅庵书家，失鉴若此，可异也！衡山大书未为合作，然与人帖中伪信国书自不可同日语。勒石者黄履中，此歌名书而兼名刻，故自可观。自古以刻石名者，汉石经以下，见诸碑版往往而有宜汇存名氏，备艺术家参考，黄履中亦其一矣。”

李鹤年，字子和，号雪岑，奉天义州人。道光二十五年（1845 年）进士，散馆授编修，官至署河道总督。学颜真卿书，日临争座位帖一过，不间寒暑，端严奇崛如其人。光绪十六年（1890 年）卒。

●诒晋斋书五卷

永瑆书。嘉庆九年，奉圣旨摹勒。刻工长沙陈伯玉、元和袁治。

卷首为永瑆书御制集石鼓所有文成十章制鼓重刻序

御制八徵耄念之宝记

御制十六应真像赞三种

制国学新建辟雍圜水工成碑记

卷第一

节临九成宫醴泉铭

百家姓

散漫交错帖

与东墅师傅书三通上谕、谢折

嘉庆九年。岁次甲子八月，奉圣旨摹勒上石。楷书三行，下同。

卷第二

临怀素草书千字文

五言律诗

黄昏帖

卷第三

在承德府临米芾帖十种

兰亭叙

淇水烟波帖
张南轩诗
董思翁题画句
临白雪斋刻赵帖
春泥七绝
卷第四
心经
临川集诗
临赵孟頫与民瞻书
临周南傚古谩赋四首述怀二首
得曾孙偶作七绝

永瑆，弘历第十一子，乾隆十七年（1752年）生，五十四年（1789年）封成亲王。早师赵、董，晚学欧阳，于醴泉、化度二碑尤所得力，篆隶亦有法度。藏有陆机《平复帖》，因以诒晋名其斋。道光三年（1823年）卒，年七十二。

●诒晋斋法帖四卷

永瑆撰集，嘉庆十年，元和袁治摹勒。无卷数。

卷一　陆机平复帖董其昌跋
欧阳询黄庭经
僧怀素苦笋帖米友仁鉴定，聂子述观已
米芾兰亭序跋并赞
赵构圣主得贤臣颂永瑆跋
白玉蟾寄题足轩诗虞翁生，项元汴跋
李居仁宋宁宗封灵泽侯敕
赵仲光南湖秋水七绝
蔡京唐十八学士图跋
傅尧俞蒸燠帖
米芾与章侯恶札帖
辛弃疾督捕劄子
文天祥与宏斋劄子李时勉跋
赵孟頫与起翁尊舅书

卷二　米芾秋暑憩多景楼五律何执中、平显跋
黄庭坚伏神祠五律并跋张孝祥、文徵明跋
苏辙冻合帖

卷三　兰亭序宋高宗付孟庾敕，朱熹题兰亭修禊四大字
兰亭序末有绍兴二字印
米友仁杜门帖

赵孟頫马娇图诗并跋

赵孟頫黄庭经并跋

王长源与徐达书

朱常涞题松石寿悭翁四言诗永琨跋

文彦博修礼濬河两牒米友仁、向水跋

苏轼刘锡制草江德量跋

康里巎渔父词

三君子诗跋永琨跋

释居简酬梅坡五律

卷四　吴说下车帖

李之仪汴堤帖

赵子崧子济帖

□□冒暑帖

魏了翁与机宜书

乔行简宜归帖

袁燮与和仲学士书

张即之宝墨劄子

刘岑暂别门下帖

□□大门仙紧帖

□□六姐帖

王升与伯兴承务书

陆游契家帖

赵孟頫泊舟通慧真人祠七绝并跋

鲜于枢杜甫茅屋为秋风所破歌并跋鲜于去矜跋

吕许公尺牍，首言“即日闰余盈数，岁阳肇端”，中言“宜归久矣，恳祈而遂所请”，末言“甫达故山，疾疢相寻”云云。详其辞，乃既归之后手笔也。按宋史但言“许公感风眩，仁宗翦髭赐之。三年春，敕乘马入殿门，给扶毋拜授司徒，固请老，以太尉致仕”。仁宗改元最多，而史第言三年，不著庆历年号，疏略甚矣。薛应旂宋元通鉴载：“庆历三年三月，许公罢相，改司徒，九月，以太尉致仕。”查庆历二年闰九月，其时许公尚在朝，至四年九月，公卒矣。然则“闰余”、“岁阳”及“遂所请，达故山”之云，与本传鉴纪有未合也。

宋史之粗疏泰甚，如付献简历仕仁、英、神、哲四朝，哲宗立，自知明州召为秘书少监，元祐六年（1091年）卒。而乃谓神宗临哭之，未有大谬若此者，或殿本字误耶？

之仪劄云：“自汴隄瞻近遽复累年。”案李之仪端叔尝提举河东常平，能文，工赤牍，东坡以谓入刀笔三昧。此劄不著姓，或是端叔手迹。

高邮孙升，字君平，尝言：“王安石擅名世之学，为一代文宗，及进用……遂为大害。今苏轼文章学问，中外所服，德业器识，有所不足，为翰林学士，极其任矣，若以之辅相，愿以安石为戒。”“其言在元祐初，然则朱文公”“苏氏若用，祸甚荆舒”之论，有开其端者矣。此札未委果孙升否？

鄞县袁燮者，师陆氏之学，登进士第后，调江阴尉，又为浙东帅幕沿海参议，又知江州，最后以宝文阁侍制提举鸿庆宫，起知温州。今观札中“碌碌乘障”及“沿江州郡仕宦尤难”之语，岂即袁燮手笔耶？燮字和叔。

辛幼安以宰相叶衡之荐，迁仓部郎，提点江西刑狱，平剧盗赖文政，以功加秘阁修撰。本传如是，劄中所谓从事兵间，正指平赖贼事也。手迹作宣教郎，又作江南西路提点刑狱公事，与传不合。是知宋史之多讹。此其小小者也。

魏秦公牍中有“五溪之濒，伶俜弔影”语，盖宝庆初降三官靖州居住之岁，否则五年知泸州时也。且又有“蓬州闻已开府”之文，必非公在朝时，可知也。

张温夫平生所为官，丞郎签判而已，以言者罢，丐祠告老，特授直秘阁致仕。其以何事罹难纠劾，何年得谢，均不可考。闲居时，移书贾似道，申雪阆州守王惟忠一事，论者义之。樗寮书世犹有传者。

大内收藏大字杜工部“使君意气凌青霄”一诗横卷，实合作。此劄暮年笔，较昔所见数种，则璀璨英华脱落已尽，不可几及也。

蔡京之言，犹袭王安石对神宗之语。

嘉庆十三年（1808年）春，购得宋人书，计十八人，二十一叶，名不可识者四纸。成亲王记。

郭尚先云：平复、苦笋二札，固是奇迹。

黄庭经云是信本书，细阅之，乃似钱唐，恐只是唐人迹耳。

兰亭二，大致皆陈缉熙、吴用卿辈双钩本。

黄之雄特，米之横厉，皆其得意迹。文衡山跋，亦清畅可观。

秦埙上印是“伯和”二字。

朱子他书，平生所见皆以古横胜。此“兰亭修禊”四字，独秀伟。

文信国书，曾见正气歌卷，瘦俊似李泰和，与此微异。

黄石斋先生行笔，幽异，此劄子若合符然，意忠臣义士书类如是。

赵子固善画水仙，此卷有其风致。

筠溪引首一印，曾于益摹兰亭额上见之。芳坚馆题跋。

张伯英云：“诒晋斋摹古帖十卷，清成亲王永瑆辑。成邸自书亦名诒晋斋帖，此其所藏墨迹，嘉庆乙丑摹勒上石。晋则陆机平复帖，唐则怀素苦笋帖，宋则高宗、苏子由、黄山谷、米元章、米友仁、朱元晦、赵子固、周南、文文山、僧北磵，元则赵子昂、康里子山、鲜于伯几、白玉蟾、赵仲光，明则吴王朱长源。卷数不分次第，每卷或一帖或三四帖，皆真迹，未有赝者。惟黄庭经二种，乃是一人所书，其一有子昂款，其一列宋帝王书中，审其笔致，非出松雪，疑明代人所为，尤非宋也。嘉道间，刻帖之风颇盛，如粤之潘氏、伍氏等，多与此刻同时，然皆徒侈卷帙之富，真赝在所不计。成邸势位既崇，收藏亦多，是帖所刻只廿余种，由其鉴别之识，远出时流以上，不惟其多，惟其真，刻帖者宜取法也。晋唐遗墨流传日少，宋人所辑已不能无识，况又在数百年后。以成邸深嗜笃好，具有收藏之大力，所得仅平复、苦笋二帖。近代收藏家高谈魏晋，动盈箧笥，实与古人渺不相涉，而勒石传世，贻误后学，虽名家不免此弊。二帖气韵高古，灼然可信。宋元诸家，选择亦慎，袁治钩摹，颇称精善，视其他刻本为胜。卷首诒晋斋帖四篆字，乃成邸自书也。”

永瑆号幼庵，弘历第十一子，乾隆五十四年（1789年）封成亲王。幼工书，从赵孟頫上溯欧阳询，虽偶涉诸家，终不离两家法，篆隶亦有法度。道光三年（1823年）卒，年七十二。

●诒晋斋巾箱帖四卷

永瑆书。嘉庆十二年（1807年），金匱钱泳摹勒。帖名隶书，无卷数，前有木版目录。

第一卷　　永瑆书黄庭内景经

心经裕瑞、钱泳跋、铁保观欵

法华经如来寿量品刘墉跋

第二卷　临钟太傅宣示、白骑二帖

黄庭经

东方朔像赞

鸭头丸帖

孔子庙堂碑

颜真卿自书告孙虔礼狮子赋钱泳跋，盛时彦观欵

第三卷　临赵松雪豳风七月

过秦论

雪赋

头陀寺碑

千字文

棘树寒云五律钱泳跋，孙尔凖、梁同书观欵

案：以上三卷，皆是节书。

第四卷　临洛神赋十三行

赠雏凤楼弹琴五古

春水五古

月午五律二首

夜出朝阳门题废寺五律二首

载酒五律

嘉庆丁卯春王正月，金匱钱泳谨模上石。隶书二行，每卷同。

钱泳云："泳既刻诒晋斋主人书十六卷，复取吉光片羽刻为此帖，用南史衡阳王传中语名曰巾箱。自淳化、大观、绛、潭诸帖以来，从未有小本而成部者。刻成之后，海内风行，翻版纷纷至十余部。而书估中又将他人仿书刻石，亦为四卷，名曰续巾箱帖，后亦有金匮钱氏模勒字样。以此冒名射利，愈刻愈劣，愈翻愈行，真奇聿也。"写经楼金石目卷十。

张伯英云："诒晋斋巾箱帖十六卷。清成亲王永瑆书。嘉庆十二年，钱泳摹刻四卷，名巾箱帖；十六年三月，增刻四卷，曰集锦帖；十七三月，增刻四卷，曰藏帖；十七年六月，又增四卷，曰藏真帖。后三种皆袁治摹，以其均为小册，故统谓之巾箱帖。"钱泳题云："成亲王书博涉诸家，而尤深于赵荣禄，因荣禄而直追羲献，从羲献而退入欧虞，精心四十余年，极尽变化。仲尼七十从心，右军晚年多妙，将来不知又当何如？"英和题云："诒晋斋种种法书沾被艺林，盖以天纵之才，兼笔塚墨池之功，故能为翰墨中金科玉律，石刻之富，古未有也。"董诰题云："成邸书陶冶百家，包含众有，殆合钟、王、虞、欧、赵、董为一手，我用我法，不主故常，而实无非古人妙处，所谓具十二种意外巧妙也。"诸家称美，可谓尽致，惟成邸书究能当此而无愧耶？抑揄扬太过未足为定评耶？又黄钺题云："笔墨之故通乎性情，米南宫萧闲堂记有愉悦之色。"萧闲堂记海岳伪迹，备极尘俗之状，左田亦复称道及之，真昧于鉴古者。成邸于鉴别古书颇精，而此所临乃有山谷梅花诗何也？全帖摹印工美，足供玩赏，晚拓则不逮矣。"

年少有追求

1992 年我调入北京石刻艺术博物馆时，看到了一位满脸稚气的女孩儿。当时她在行政办公室工作。但却对业务十分感兴趣。从其谈吐中看出她颇具搞业务的条件。但是韩永馆长很快接受了她的请求和大家的建议。让它转到业务部门。从此她便与石刻结下了缘。

小李文静内向，有时写出的文章还狠老到。在业务工作中她开始注意了帖石这一类的文物。尤其是在北京地区石刻它是特殊项目。于是开始了她的搜索资料、查证史料的工作。参观现有实物。阅读前辈的论文、著作。丰富自己的只是的历程。

帖石是我国书法流传的另一种表现形式。在印刷术尚未发明之前，其前身碑刻无疑是我们祖先智慧的结晶之一。魏晋时期是我国书法繁荣的时期，造就了一批书法大家。但由于当时受禁碑令的影响。书碑者日渐稀少。直至南朝的宋、齐、梁、陈，因流习所致，立碑刻石仍然不多。但是，人们在日常生活中对书法的需求，却日益迫切，尤其造纸逐渐代替布、帛、木简而成为书写的主要载体，再加上书写工具的不断改进，使书法的应用就更为广泛。尤以信札之风尤盛。迄止盛唐，因社会稳定，经济文化昌盛，人们对文字的书写从使用外还有了高的要求。并逐渐认识到帖还能表现出笔墨的情韵和风采。一时间，人们访购名人墨迹摹勒以求师法者亦增多。于是，供人们欣赏和临习的法帖就应运而生了。由于法帖有艺术性和可效法性，到了宋代法帖大兴以后，人们开始从历代名人书法中吸取精髓，省悟其意。使帖学又呈现出一个高峰。明代时最高统治者明成祖、孝宗、神宗等大力提倡“赏帖遣兴”，刻帖者甚多。发展到清代，刻帖已有近千年的历史。但当时文人学士潜心研究金石之学，抛出了“抑帖扬碑”之论，致使帖学受到一定影响。

法帖不仅是石刻的一类，亦是一批重要的文字史料，具有文献价值。既是研究我国书法艺术价值的宝贵文化遗产，也是国人学习书法的最佳范本。

北京自古文化悠久，人文荟萃。帝王中也有颇善书者，如康熙皇帝、乾隆皇帝以及皇子们都留下了珍贵墨宝。今日遗存在皇室、别苑中的法帖帖石就镌刻着其御书或临摹的书迹。虽然年代仅涉及到清代和民国，但其历史价值和艺术价值同样重要，并且又有良工镌刻，更从技术上最大限度地反映了墨迹的原貌。

李魏女士慧眼选择了这样一类文化遗产进行研究、付梓，真可谓年轻但有魄力。并能在请教老师后深思熟虑地编排、论述，使之成为反映北京历史和石刻博物馆特色的一份礼物。在著作即将面世之时，我以老文物工作者和石刻馆同仁的身份向她祝贺，也为石刻博物馆在先后出版多部著作后又一具特色的书籍奉献给北京及全国读者而兴奋，并愿与年轻学者一同努力，在我国文化事业发展的号召下贡献菲薄之力。

北京石刻艺术博物馆从韩永馆长始就有重视发挥业务人员专长的作风。因此已有多部石刻专著问世。相信在新的领导班子的关注和支持下，石刻专著和普及类作品也会不断地呈现给读者。

吴梦麟

后记

首先，感谢石刻博物馆首任馆长韩永先生，当时曾经有人建言组织人力整理这批诒晋斋石刻，韩馆长说还是留给后来人做吧。谁承想，我却成了这个自不量力的“后来者”。感谢韩锐先生，韩先生于历史文化积淀深厚，引经据典，信手拈来。我自 1991 年进馆，开始涉入文物考证方面的文章，都是得到了韩先生谆谆教诲，尤其是写了一篇关于元好问诗文刻石方面的文章，受益匪浅。素无潘叶师生之缘，惟斟薄酒一杯，向韩先生致敬。感谢吴梦麟先生，吴先生作为学委会主任，时常提携馆里的年轻人。因为参加她主编的《北京文物精粹大系·石刻卷》，给我分配了书法刻石这一章节，使我在此基础上开始关注馆藏书法刻石，有了建立课题的想法。感谢熊鹰女士，使这件事进入实质性阶段。感谢藤艳玲女士，在课题申报讨论会上为我美言；曾经为我提供了北京书法史方面的思路，可恨我是个懒惰的人，有负于她的一片好意。感谢刘卫东先生，同事多年，始终像师长，给我很多帮助。

另外，感谢徐自强先生，在设立课题时给予的帮助。感谢文物出版社主编李牧先生，在酝酿阶段无偿地为本课题提供出版预算，并为本书提出了很好的建议，我也是遵循这一原则的。感谢施安昌先生，在释文辨识上，给予了帮助。施先生曾谆谆告诫，进行释文工作，没有捷径，唯有多花时间，多费精力。感谢吴元贞先生，在我查阅资料时给予了很多帮助。感谢胡海帆先生，给予中肯的建议。感谢苏芸女士，我曾随她目睹了故宫收藏的诒晋斋初拓本。

还要感谢当今网络的发展，在查阅资料时，得到了事半功倍的效果。

此外还有一些遗憾，由于本人学识浅薄，缺乏文思泉涌的天分和临池尽墨的勤奋，研究书法文字的确吃力，更无能力涉及到真伪的辨别；刻石中没有题刻跋语部分等，为没有能够完全反映书迹原貌更是留下了一些欠缺。由于截稿仓促，有些还能深入的话题没有展开。由于篇幅所限，许多精美的书法图片无以呈现。

仅仅是资料性地整理，介绍石刻博物馆保存这样珍贵的历史文物，为研究者和爱好者提供一些方便，做一铺路石。

难免有错讹之处，望方家指正。

李巍

图书在版编目（CIP）数据

钩沉石影 ：北京石刻艺术博物馆馆藏法帖原石 / 李巍著 . -- 北京 ：北京燕山出版社，2014.11

ISBN 978-7-5402-3704-2

Ⅰ . ①钩… Ⅱ . ①李… Ⅲ . ①碑帖－鉴赏－中国－古代 Ⅳ . ① K877.424

中国版本图书馆 CIP 数据核字 (2014) 第 261117 号

钩沉石影——北京石刻艺术博物馆馆藏法帖原石

审　　稿：徐元邦　韩锐　施安昌　吴梦麟　董建

特约编辑：徐元邦

责任编辑：夏艳　章懿

拓片来源：北京石刻艺术博物馆拓片资料库

装帧设计：北京双子山峰文化传媒有限公司

出版发行：北京燕山出版社有限公司

社　　址：北京市西城区陶然亭路 53 号

邮　　码：100054

电　　话：86-10-65240430（总编室）

印　　刷：三河市灵山红旗印刷厂

开　　本：889mm*1194mm　1/16

字　　数：410 千字

印　　张：17

版　　别：2014 年 10 月第 1 版

印　　次：2014 年 10 月第 1 次印刷

ISBN　978-7-5402-3704-2

定　　价：80.00 元